퍼지신경망 제어

Matlab/Simulink를 중심으로

이병룡 지음

UUP

퍼지신경망 제어
(Matlab/Simulink를 중심으로)

2017년 10월 13일 2판 **1쇄 인쇄**
2017년 10월 20일 2판 **1쇄 발행**
2012년 09월 03일 **초판 발행**

- **지은이** 이병룡
- **펴낸이** 오연천
- **펴낸곳** uup(울산대학교출판부) 680-749 울산광역시 남구 대학로 93(무거동) 울산대학교 출판부
- **전화** (052)259-2488 팩스 (052)277-3011
- **홈페이지** http://uup.ulsan.ac.kr
- **출판등록** 제370-1996-000001호(1996.3.13)
- ₩ 15,000

ISBN 978.89.7868.413.2 (93550)

머리말

퍼지 및 신경망제어는 인간의 판단 및 학습능력을 수학적으로 모델링하여 체계화한 제어기법으로써 학계 및 생산현장의 공정제어나 시스템 규명에 많이 응용되고 있으며 기존의 제어이론과 병합되어 제어성능을 향상시키는 목적으로도 많은 분야에 적용되고 있다. 과거에는 컴퓨터공학분야에서 주로 연구되고 응용되었으나 지금은 기계공학, 전기전자공학, 화학공학 등의 공학 전반의 시스템제어나 공정제어 등에도 많이 적용되고 있을 뿐만 아니라 경제 경영 등의 분석에도 많이 응용되고 있다.

저자는 기계공학 및 전기전자공학을 전공하는 학생들에게 퍼지 및 신경망제어를 강의함에 있어 많은 국내외 관련서적을 조사하였지만 논문을 준비하는 대학원생이나 졸업작품을 준비하는 학부학생들에게 좋은 길잡이가 될 만한 서적을 찾는데 많은 어려움을 겪어 왔다. 어떤 책은 너무 기본 이론에 많은 지면을 할애하여 실제시스템에 적용하기를 원하는 학생들에게 별 도움이 되지 않았고, 어떤 책들은 너무 사례 위주로 집필되어 학생들이 설계하는 방법을 알기가 어려웠다.

따라서, 저자는 그 동안 수집하여 왔던 강의자료를 토대로 퍼지 및 신경망을 공부하는 학부학생 및 논문을 준비하는 대학원생들에게 설계의 기본방법 및 기존의 제어시스템에 결합하는 방법 등을 자세히 설명하고 MATLAB/SIMULINK를 이용하여 접근하는 방법을 상세히 설명함으로써 학생들에게 실제적인 도움을 줄 수 있을 거라는 확신을 갖고 이 책을 출판하기로 마음 먹었다.

다른 참고서와 달리 이 책에서는 퍼지 및 신경망 자체의 기본 이론은 가능한 줄였고, 학생들이 퍼지 및 신경망 시스템을 쉽게 설계하고 제어할 수 있도록 설계 단계별로 설명하려고 노력하였으며, 퍼지 및 신경망의 프로그래밍이 어떻게 이루어 지는지를 MATLAB으로 작성된 프로그램을 이용하여 요소 별로 설명하여 학생들이 자신의 프로그래밍을 작성하는데 도움을 주고자 하였다. 그리고 적절한 예제 프로그램을 통해서 여러 가지 시스템에 대한 설계 방법들을 가능한 쉽게 이해 하도록 하였다. 이 책은 퍼지 신경망제어의 쉬운 부분부터 제법 난이도가 높은 제어부분까지 망라하고 있으므로 이 분야를 처음 공부하는 학생뿐만 아니라 고급설계를 원하는 학생들에게도 도움이 되도록 하였다. 이 책은 내용은 기본적으로 MATLAB/SIMULINK에 바탕을 두고 집필하였다. 제어를 공부하는 학생들 대부분이 MATLAB을 잘 사용할 줄 알기 때문에 MATLAB 자체에 대한 설명은 피하였고, SIMULINK를 사용하여 제어시스템을 구성하고, 또 퍼지나 신경망블록을 제어시스템에 어떻게 구현하는가 하는 부분에 많은 설명을 하였다.

아무쪼록 이 책이 퍼지나 신경망을 공부하는 학생들이나 산업현장에 이 기술을 적용하고자 하는 연구자 들에게 실제적인 도움이 되기를 바라는 마음 간절하다. 이 책의 원고를 준비하면서 자료정리에 많은 도움을 준 김형석 박사와 원고의 편집을 위해 애써주신 울산대학교 출판부 김혜지 씨를 비롯한 관계자 여러분에게도 감사 드린다. 끝으로, 나에게 조언을 아끼지 않고 묵묵히 참고 옆자리를 지켜온 사랑하는 아내 황보숙과 든든하게 믿음을 주는 두 아들 승규, 옥규에게 이 조그만 결실을 바친다.

2012년 8월 15일 울산대학교에서

저자 이병룡

목 차

1장 Simulink의 기초

1. Simulink 소개

Simulink는 Matlab의 확장자로서, 동적시스템 (dynamic system)을 simulation하는데 있어서 그래픽을 사용하여 사용자가 더욱 편리하도록 만든 프로그램으로 다음과 같은 특징을 갖추고 있다.

- 그래픽을 이용한 각각의 아이콘 블록(icon block)은 실제로 제어시스템에서 블록 다이어그램 (block diagram)을 구성할 때 각각의 블록과 같은 역할을 하도록 만들어졌다.
- 마우스를 사용하여 각각의 아이콘들의 모델을 집어서 연결하면 자동적으로 Matlab code를 통해 계산되어진다.
- 각 공정의 모델을 마우스로 집은 블록을 통해서 만든 뒤에 입력에서부터 출력까지 각 블록을 연결함으로써 시스템의 응답을 알아볼 수 있다.
- 주어진 입력의 종류도 다양하여 사용자가 지정할 수 있고, 출력도 사용자가 원하는 데로 할 수 있다.

Simulink을 실행하려면 항상 Matlab을 띄워 놓은 상태에서 할 수 있으며 Matlab의 자체 기능에 더 많은 기능을 첨가 시켰다. 그리고 비선형 모델을 사용한 비선형 시스템의 응답을 쉽게 확인할 수 있도록 하였으며, 동적 시스템을 나타낼 수 있는 적분계산 능력을 간단한 블록으로 계산이 가능하다.

2. Simulink의 사용법

Matlab 명령창에서 Simulink를 타이핑하던 지혹은 Matlab의 초기화면에서 Simulink 메뉴를 더블클릭하면 다음과 같은 Library Browser 화면을 팝업시켜준다.

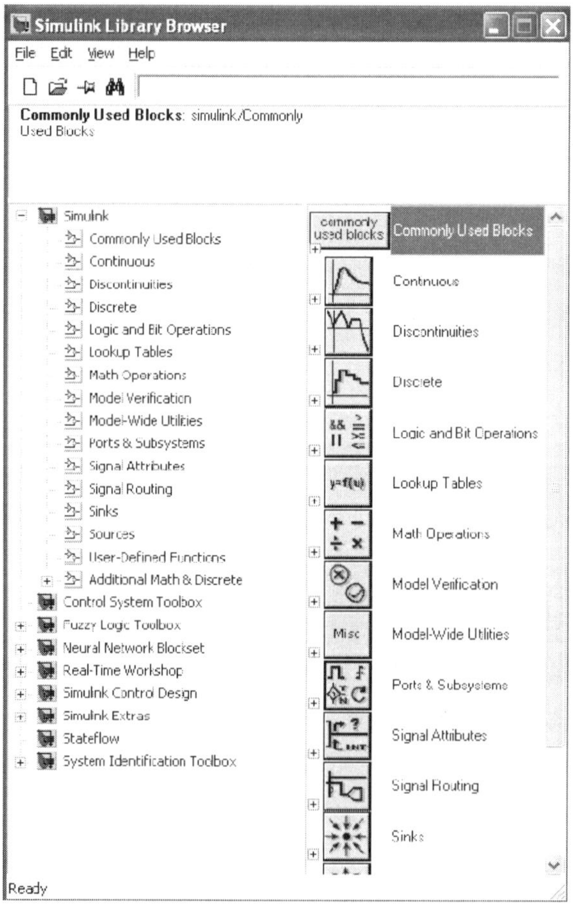

그런 다음 Library Browser안의 "File|New|Model"을 클릭하게 되면 다음과 같은 비워 있는 창(Window)이 팝업된다. 이제부터 원하는 블록들을 라이어브리 창에서 드래그해 와서 Simulink 모델을 제작할 수 있다.

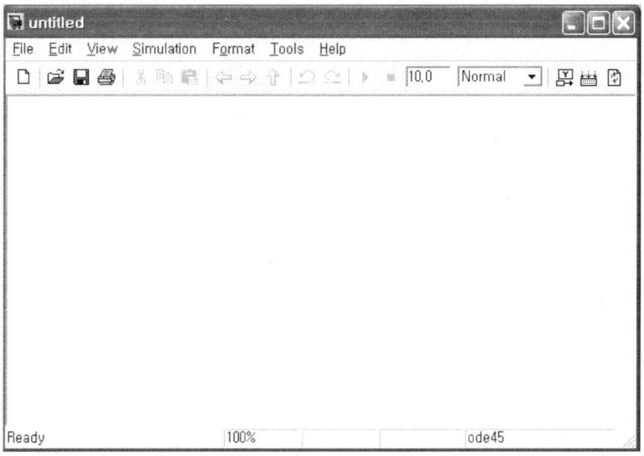

Simulink 모델에서 입력신호를 생성하기 위해서는 라이브러리에서 sources를 클릭한다. 오른 편에 sources에 포함되는 메뉴들이 나타나게 된다.

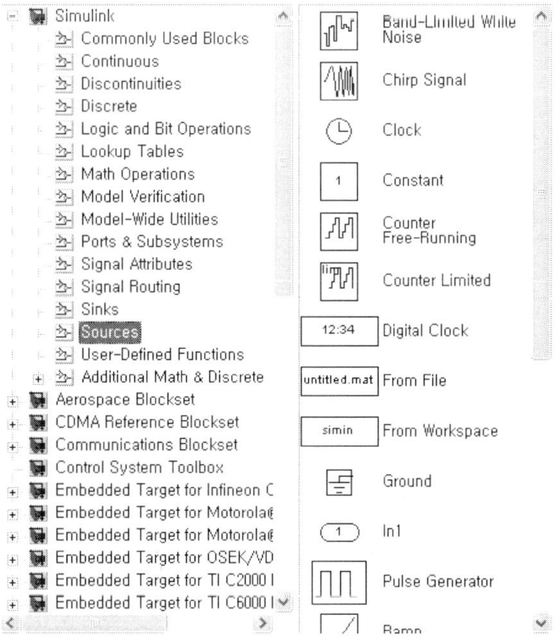

자주 사용되는 입력신호인 Step입력인 “Step” 블록을 마우스로 드래그하여 아래와 같이 Simulink 모델 창으로 이동하여 보았다.

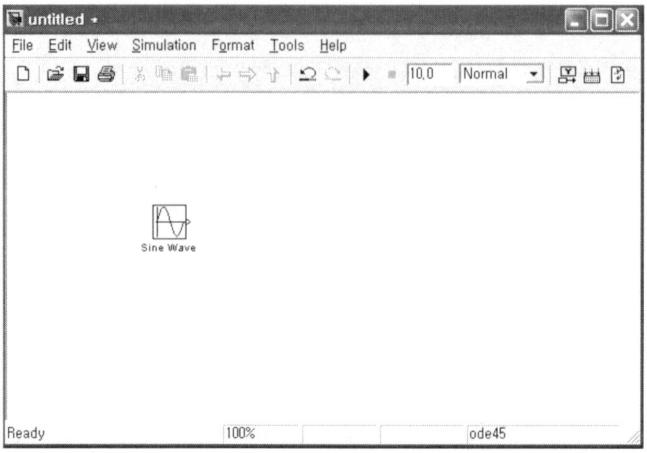

같은 방법으로 Simulink 모델에서 출력신호를 생성하기 위해서는 라이브러리에서 Sinks를 클릭한다.

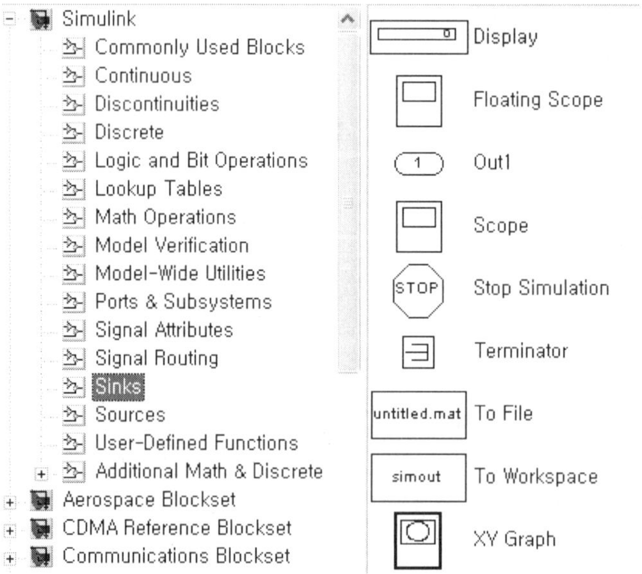

화면에 그래프를 그려주는 블록인 “Scope” 블록을 모델창으로 아래와 같이 드래그 하여 보았다.

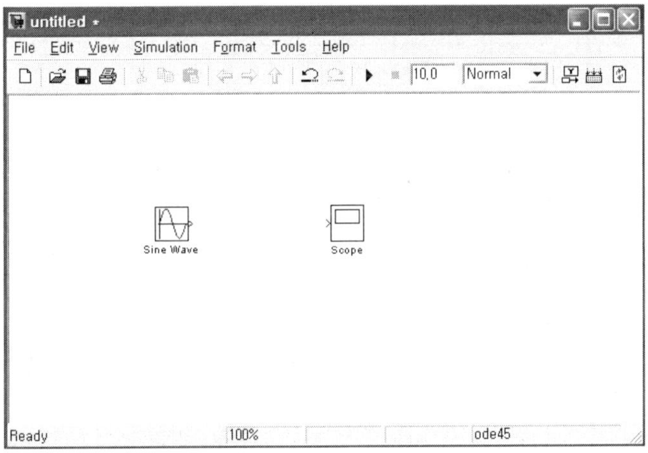

블록간의 신호의 전달은 아래 그림과 같이 마우스를 이용하여 연결하여 주면 화살표로 자동적으로 연결이 된다.

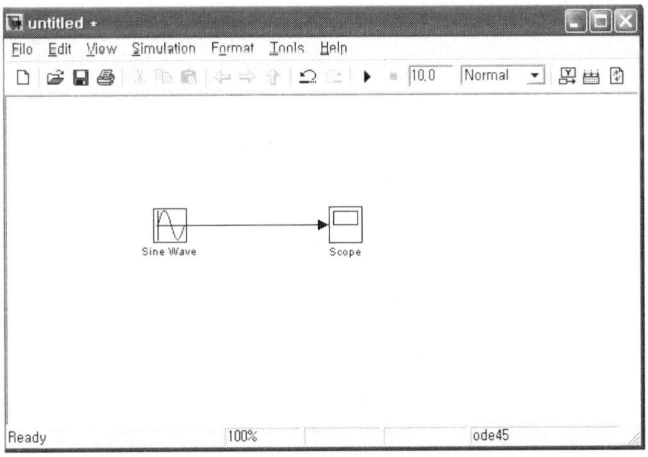

위 모델은 단순하게 입력과 출력으로만 이루어진 모델이라고 볼 수 있다. 이 모델을 수행하기 위해서 Simulation>Configuration을 선택한다.

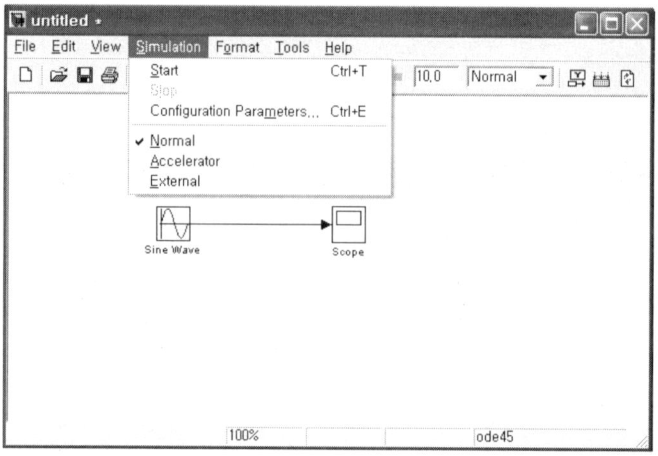

그러면 다음과 같은 파라메터 설정화면이 나타나게 된다. 아래 화면은 시작시간은 0초, 시뮬레이션의 종료시간은 10초로 설정되어 있다. 샘플링시간은 variable-step 혹은 fixed-step으로 설정할 수 있다. 아래 예의 경우에는 variable-step으로 설정되어 있다. 화면의 오른쪽에는 미분방정식의 전산해를 구하기 위한 방법으로 ode45 함수를 사용한다는 것을 말해 준다.

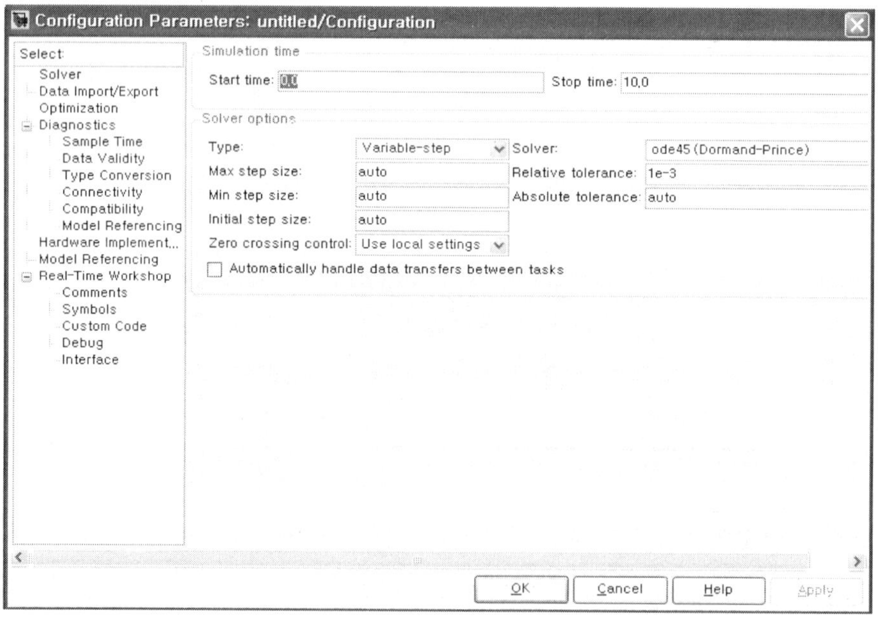

파라메터 설정이 완료된 후에 아래와 같이 시뮬레이션 실행버튼을 누르면 Simulink 모델이 작동하게 된다.

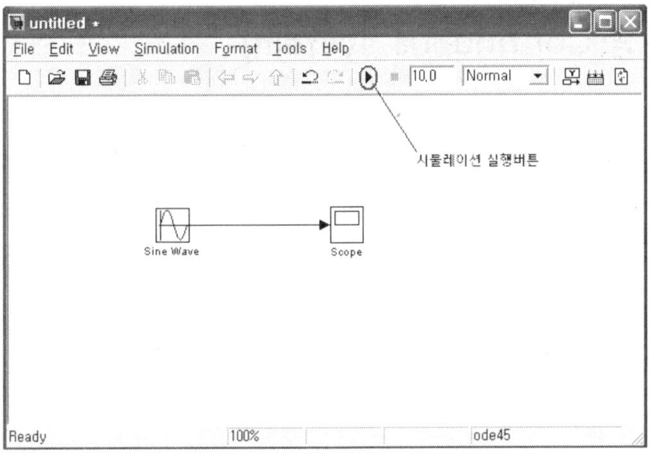

시뮬레이션 결과를 그래프로 확인하려면 출력블록인 Scope블록을 더블클릭하면 된다. 결과 그래프를 눈으로 확인할 수 있다.

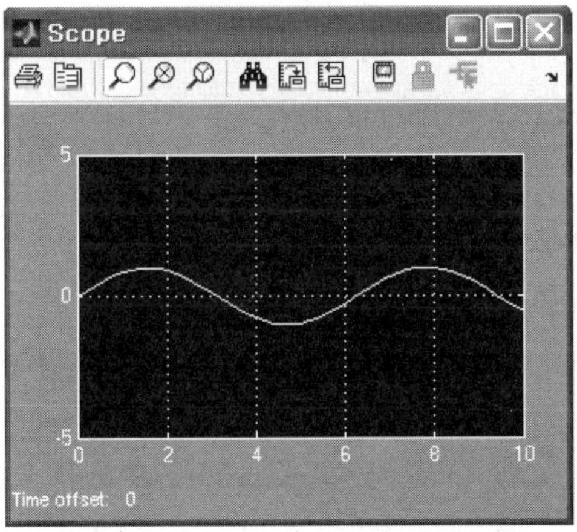

이상과 같이 간단하게 Simulink 모델을 구성하고 작동하는 방법을 알아 보았다. Simulink를 사용하기 위한 가장 기본적인 단계는 기능에 맞는 블록을 사용할 줄 아는 것이다. 복잡한 동적 운동식도 블록선도를 이용하면 쉽게 작성이 가능하다. 원래 블록선도는 선형 시 불변시스템을 표현하기 위하여 사용되었으나, 기능이 확장되어 복잡한 비선

형 시스템에도 적용이 가능하게 되었다.

3. 연속시스템(Continuous system)

대부분의 동적시스템은 미분방정식을 이용한 연속시스템으로 모델링 된다. 가장 간단한 모델은 선형시불변 시스템이다. 연속시스템을 모델링하기 위한 기본적인 블록을 알아보자.

1) 이득블록(Gain block)

이득블록의 출력은 블록의 입력과 주어진 상수와의 곱으로 결정된다.

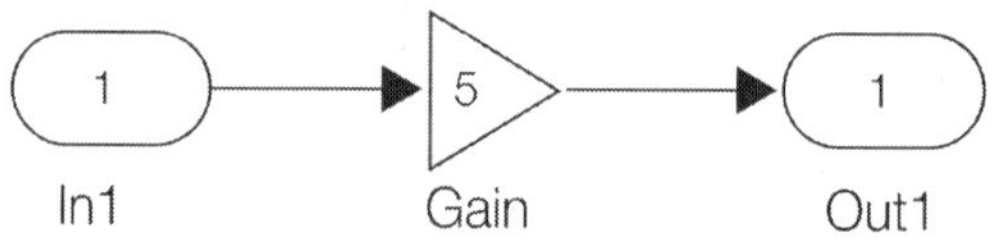

[그림 1.1] 게인블록

위 선도에서 출력값 Out1은 입력값 In1에 5를 곱한 결과가 된다.

2) 합산블록(Sum block)

합산블록은 2개 이상의 입력을 더하거나 빼는 연산을 수행한다.

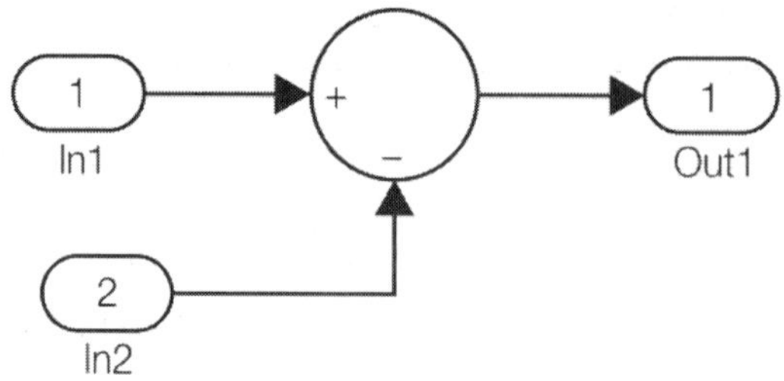

[그림 1.2] 합산블록

위 선도에서 출력값은 입력1과 입력2의 차이값이다. 위와 같은 합산블록은 피드백 회로를 구성할 때 필수적으로 사용이 되는 블록이다.

3) 미분 블록(Derivative block)

이 블록은 입력값의 미분 값, 즉 입력값에 대한 시간변화율을 계산하는 블록이다. 미분블록은 다음과 같은 기호를 갖는다.

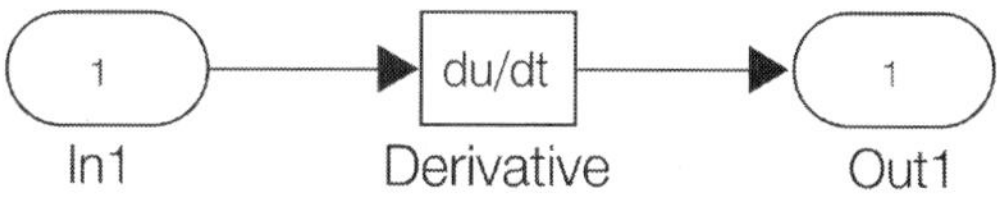

[그림 1.3] 미분블록

4) 적분 블록(Integrator block)

이 블록은 입력값의 적분값, 즉 출발시간에서 현재시간까지 입력값을 누적하여 합산한 값을 출력하는 블록이다. 아래 그림은 입력값에 대한 적분을 표시한 블록이다. 잘 알겠지만 Laplace변환에서 단위 상수값을 적분하면 1/s 가 된다. 따라서, 적분블록 안에 1/s 심벌이 들어가 있다고 보면 되겠다.

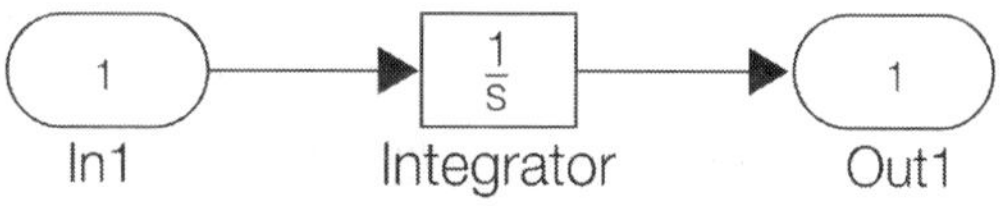

[그림 1.4] 적분블록

5) 전달함수(Transfer function) 블록

제어공학을 공부하였다면 전달함수의 개념을 알고 있을 것이다. 전달함수는 어떤 시스템의 동적식인 선형 미분방정식을 Laplace변환을 한 후 출력변수에 대한 입력변수의 비를 Laplace 오퍼레이터인 s의 함수로 표시한 분수식이다. 간단하게 스프링-질량-댐퍼로 구성된 2차 선형시스템을 고려하면 미분방정식은 다음과 같다.

$$m\ddot{x} + c\dot{x} + kx = F \tag{1.1}$$

물론 m은 질량 c는 감쇠계수 k는 스프링 상수이고 F는 그 시스템에 가해진 힘이라고 볼 수 있다. 위 식의 양변에 Laplace 변환을 취하면,

$$ms^2X(s) + csX(s) + kX(s) = F(s) \tag{1.2}$$

위 식을 전달함수로 표시하면 다음과 같다.

$$G(s) = \frac{X(s)}{F(s)} = \frac{\frac{1}{m}}{(s^2 + \frac{c}{m}s + \frac{k}{m})} \tag{1.3}$$

예를 들어 전달함수식이 $G(s) = \frac{8}{s^2 + 4s + 8}$ 이라고 하고 이 식을 전달함수 블록을 이용하여 표현해 보자. Simulink의 Continuous 메뉴에서 Transfer Fcn을 드래그 하여 Simulink 편집창으로 드래그하면 다음과 같다.

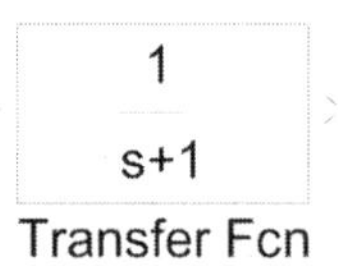

[그림 1.5] 전달함수 블록

위 블록을 더블클릭하여 분자의 계수를 [8]과 같이 입력하고, 분모의 계수를 [1 4 8]과 같이 입력하면 블록은 다음과 같이 바뀐다.

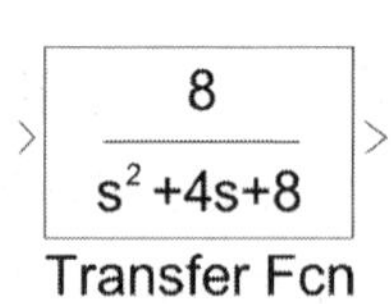

[그림 1.6] 값이 입력된 전달함수

이렇게 해서 시스템의 동적식은 전달함수 블록 안에 제대로 입력이 되었다. 이 시스템의 특성을 알아보기 위해 Simulink>Sources 메뉴에서 Step블록을 드래그 해서 편집창에 있는 전달함수 블록의 왼쪽에 놓는다. 그 다음 마우스를 이용하여 두 블록을 연결한다. 같은 방법으로 Simulink>Sinks 메뉴에서 Scope를 드래그해서 연결하면 다음과 같이 회로를 완성할 수 있다.

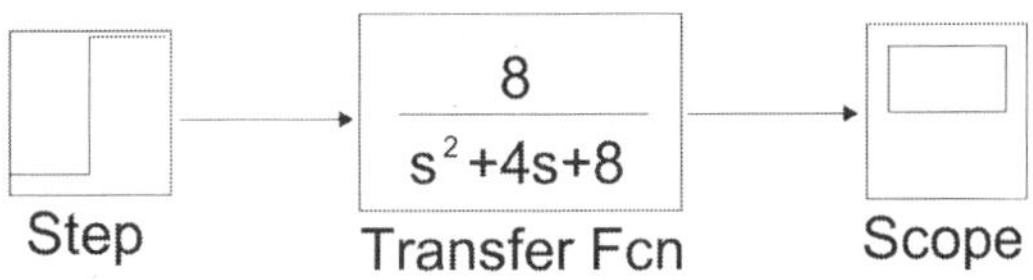

[그림 1.7] 전달함수에 대한 스텝입력

결과를 보기위해 편집창의 Simulation>Start를 클릭하여 실행한 후 Scope를 클릭하면 다음과 같이 그래프를 확인할 수 있다.

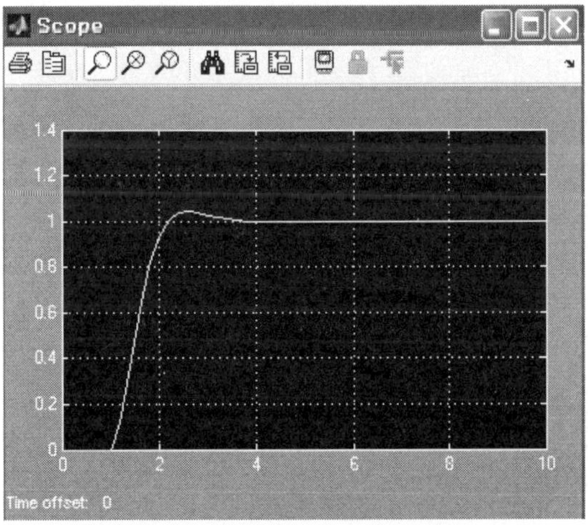

[그림 1.8] 전달함수에 대한 스텝응답

6) 상태공간 블록(State-space block)

앞 절에서는 미분방정식에 Laplace 변환을 이용하여 전달함수를 구하는 방법과 Simulink에서 전달함수를 사용하는 방법을 배웠다. 또 다른 방법은 미분방정식에서 상태변수를 이용하여 미분방정식을 상태변수형으로 표현하는 방법이다. 스프링-질량-댐퍼 시스템의 미분방정식을 이용하여 상태변수형을 구하고, Simulink에서 구현하는 방법을 알아보자. 식(1.1)은 2차식이므로 2개의 상태변수를 지정하면,

$$x_1 = x \qquad (1.4)$$
$$x_2 = \dot{x}$$

식(1.4)에서 상태변수 x_1, x_2를 한 번 미분하게 되면

$$\dot{x}_1 = x_2 \qquad (1.5)$$

$$\dot{X}_2 = -\frac{k}{m}x_1 - \frac{c}{m}x_2 + \frac{1}{m}F$$

상태변수형의 표준형은 다음과 같다.

$$\dot{X} = AX + Bu \qquad (1.6)$$

여기서,

$$x = \begin{bmatrix} x_1 \\ x_2 \end{bmatrix} \qquad (1.7)$$

$$A = \begin{bmatrix} 0 & 1 \\ -\frac{k}{m} & -\frac{c}{m} \end{bmatrix}$$

$$u = F$$
$$b = \begin{bmatrix} 0 \\ \frac{1}{m} \end{bmatrix}$$

위 상태변수형에 대한 출력식은 다음과 같이 표현된다.

$$y = CX + Du \tag{1.8}$$

원하는 출력 y를 질량의 움직이는 위치로 설정한다면

$$C = [1 \;\; 0] \tag{1.9}$$

$$D = 0$$

위 식을 Simulink로 구현하려면 Simulink>Continuous>State-Space를 드래그하여 편집창으로 옮기고 입력과 출력을 아래와 같이 구성해 보자.

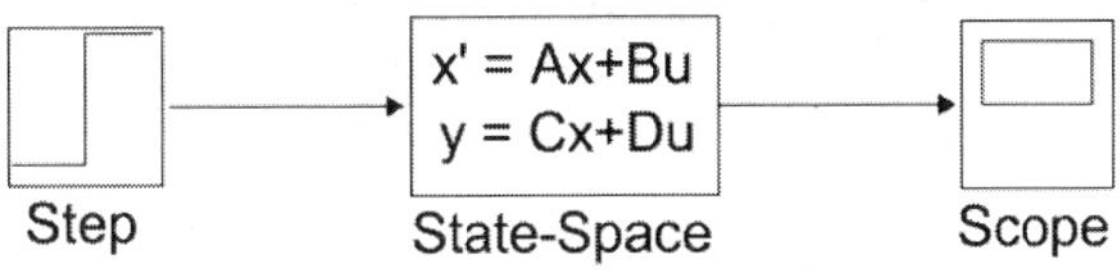

[그림 1.9] 상태공간모델에 대한 스텝입력

식(1.5)에서 m=1/8 Kg, c=0.5 N.s/m, k=1 N/m 이라고 가정하자. 위 State-Space블록을 더블클릭하여 A, B, C, D 값을 다음과 같이 입력한다.

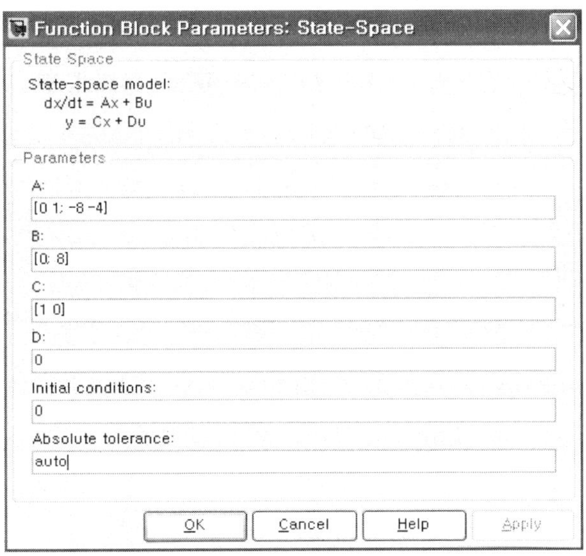

[그림 1.10] 상태공간모델에 대한 상수입력

그런 다음 결과를 보기 위해 편집창의 Simulation>Start를 클릭하여 실행한 후 Scope를 클릭하면 다음과 같이 그래프를 확인할 수 있다.

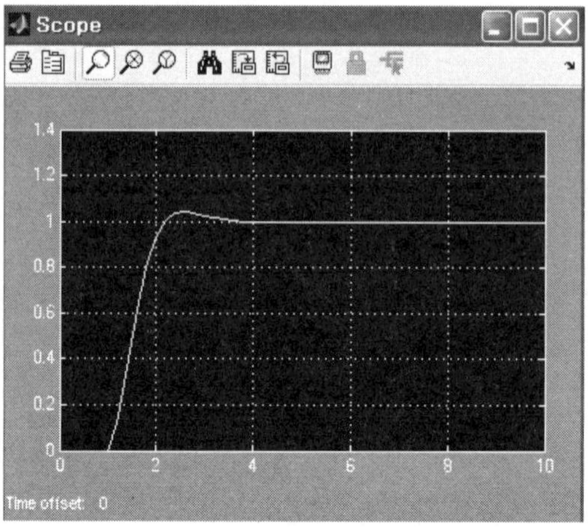

[그림 1.11] 상태공간모델에 대한 스텝응답

같은 스프링-질량-댐퍼 시스템에 대한 전달함수 모델 결과인 [그림 1.8]과 상태변수형 모델의 결과인 [그림 1.11]의 결과는 같다는 것을 알 수 있다.

7) 기본 블록을 이용한 시스템 모델

또 다른 방법은 미분방정식을 기본블록을 이용하여 Simulink 편집창에서 바로 구성할 수도 있다. 스프링-질량-댐퍼 시스템은 다음과 같다.

$$m\ddot{x} + c\dot{x} + kx = F \tag{1.10}$$

위 식을 변형하면

$$\ddot{x} = -\frac{c}{m}\dot{x} - \frac{k}{m}x + \frac{F}{m} \tag{1.11}$$

$$\ddot{x} = -4\dot{x} - 8x + 8F \tag{1.12}$$

위 식(1.12)에서 가속도는 3개의 항으로 결합되어 있는 구조이다. 즉, 가속도는 속도에 -4배와 위치의 -8배와 힘의 8배를 더한 결과이다. 위 식을 기본블록을 사용하여 Simulink 모델을 작성하면 [그림 1.12]와 같다. 그림에서 가속도값이 적분기 1/s 를 지나면 속도값이 되고 속도값이 적분기 1/s 를 지나면 위치값이 된다는 것을 알아야 한다. 그리고 속도값과 위치값이 피드백되는데 피드백 분기선을 작성하는 방법은 선상에 마우스를 올려 놓고 마우스의 오른쪽 부분을 누른 채 아래로 드래그 하면 분기선이 형성된다. 그런 다음 마우스의 왼쪽을 누른 채 선을 연결하면 된다. 게인블록의 방향을 바꾸기 위해서는 게인블록을 클릭한 후 Format>Rotate Block을 선택할 때 마다 방향이 90도 바뀌게 된다. 2번 반복하면 180도 바뀌게 된다. 아래 회로의 스텝응답은 [그림 1.11]과 같은 결과를 나타낼 것이다.

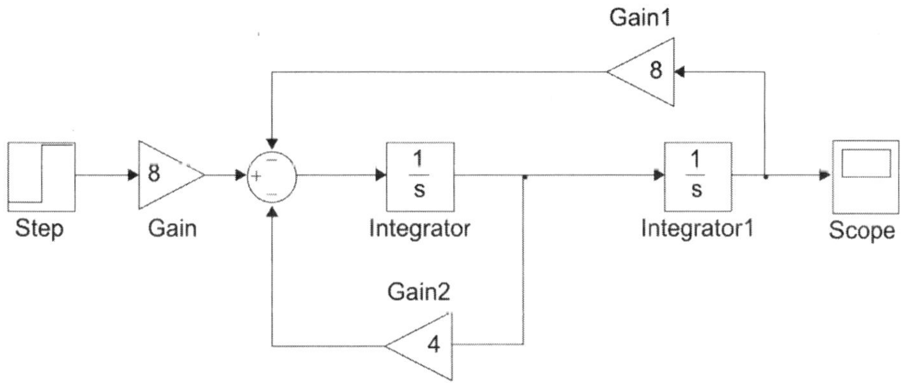

[그림 1.12] 기본블록을 사용한 모델회로

8) Simulink를 이용한 일반 비선형식의 모델링 방법

Simulink는 비선형시스템의 모델링을 쉽게 할 수 있도록 다양한 블록을 제공하고 있다. Simulink>Discontinuities 내부에 많은 비선형 블록이 들어있다. 대표적인 것으로는 dead-zone이나 saturation 등이 있다. 아래 그림과 같이 물체의 양쪽에 추진시스템을 갖는 이동시스템을 고려해 보자.

[그림 1.13] 추진시스템

위 그림의 이동시스템은 물체의 좌우에 추진체가 달려 있는 구조이다. 추진체의 힘을 조절하여 물체가 정해진 위치(원점)에 정지하도록 하는 것이 목적이다. 위 시스템의 운동식은 다음과 같이 정의될 수 있다.

$$m\ddot{x} = F \tag{1.13}$$

혹은

$$\ddot{x} = F/m \tag{1.14}$$

m=5 Kg 이라고 한다면 다음과 같이 Simulink 모델을 구성할 수 있다.

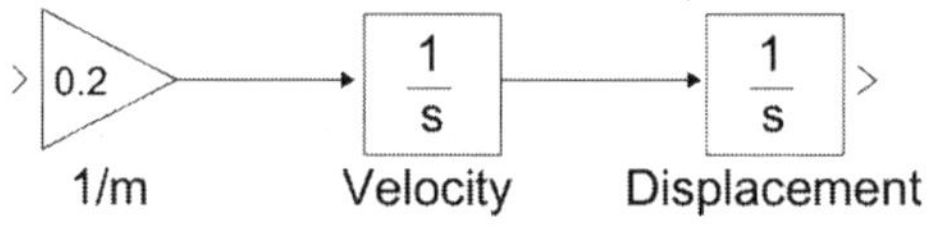

[그림 1.14] Simulink 모델

만약, 시스템의 속도와 변위의 합이 음수일 경우 F=1로 제어하고, 시스템의 속도와 변위의 합이 양수일 경우 F=-1로 제어하는 제어기(일종의 뱅뱅제어기)를 사용한다고 한다면 제어모델은 다음과 같이 구성할 수 있다. Simulink>Math Operations 안에 있는 Sign 블록을 추가로 들어가 있다.

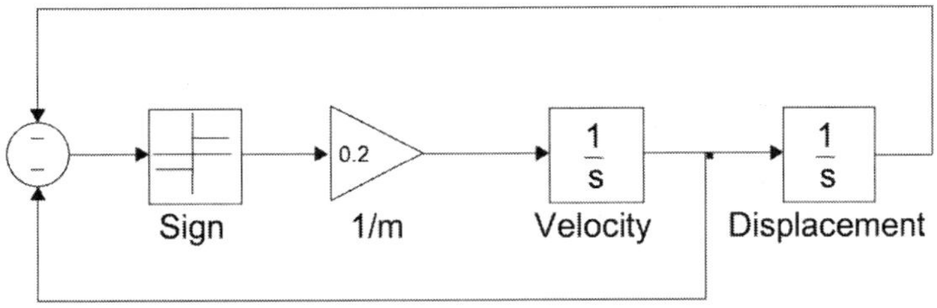

[그림 1.15] 간단한 bang-bang 제어모델

위 모델의 시뮬레이션 결과를 그래프로 확인하기 위하여 X-Y 그래프를 부착하여 속도와 변위와의 관계를 알아보았다. 그리고 시뮬레이션이 진행할 때 경과하는 시간을 표시하기 위해 Clock과 Display 블록도 설치하였다.

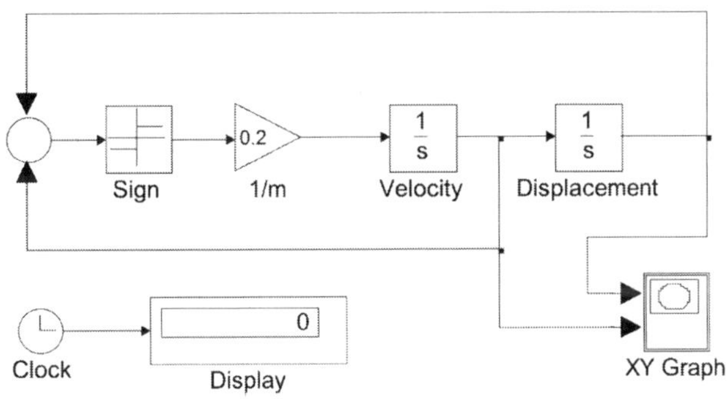

[그림 1.16] X-Y Graph를 설치한 bang-bang 제어모델

위 회로의 문제점은 시스템이 언제 원점에 도달할 지 어느 수준에서 프로그램을 정지해야할 지 기준이 없다. 따라서, 다음과 같이 정지기준을 설정하기로 한다.

$$|x| + |\dot{x}| \leq 0.01 \tag{1.15}$$

그러면 위 회로는 아래와 같이 약간 수정할 수 있다. Simulink>Math Operations 안에 있는 Abs 블록이 추가로 들어가 있는 것을 볼 수 있다.

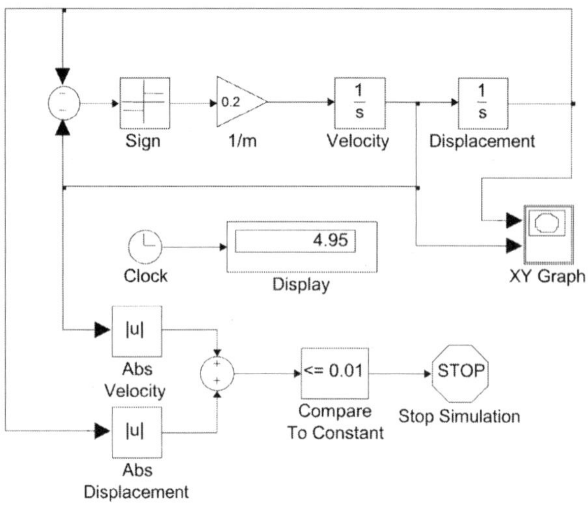

[그림 1.17] 정지조건을 포함한 bang-bang 제어모델

아래 [그림 1.18]은 시뮬레이션 중의 속도와 위치의 변화를 표시한 그래프이다.

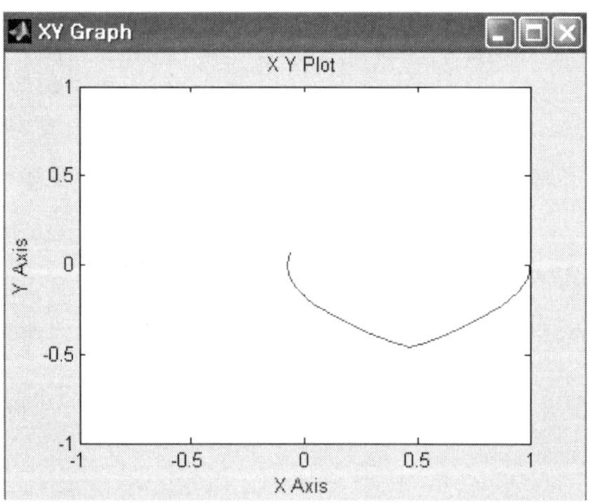

[그림 1.18] 시뮬레이션 중의 속도와 위치의 변화

예 제 1.1 아래 그림과 같이 일반적인 도로에서 주행하는 자동차를 고려해 보자. 이 때 자동차에 작용하는 힘은 엔진 혹은 브레이크에 의해 전달되는 차 내부의 생성힘(Fe), 주행 중에 공기가 차체에 미치는 공기저항힘(Fa), 그리고 오르막이나 내리막에 의해 생성되는 지형적 힘(Fh)의 3가지로 크게 구분이 가능하다.

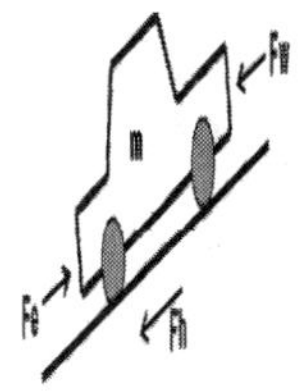

[그림 1.18] 언덕길에서 주행 중인 자동차의 역학 모델

위의 자동차 모델에 뉴톤의 2법칙을 적용하면 다음과 같은 식을 얻을 수 있다.

$$m\ddot{x} = F_e - F_a - F_h \tag{1.16}$$

위 식에서 생성힘(Fe)는 $-2500 \le F_e \le 1500$의 범위를 가지고 있다고 가정한다. 이 조건에서 음의 값은 브레이크를 작동하는 경우에 해당되고, 양의 값은 엔진의 출력을 올리는 것을 의미한다. 공기저항힘(Fa)과 지형적 힘(Fh)은 다음의 식과 같이 시간에 따라 sine적으로 변한다고 가정한다.

$$F_a = 0.001\dot{x} + 20\sin(0.01t^2))^2 \tag{1.17}$$

$$F_h - 30\sin(0.0001x) \tag{1.18}$$

위의 3가지 힘을 고려한 비선형시스템을 Simulink로 구현하면 다음그림과 같다.

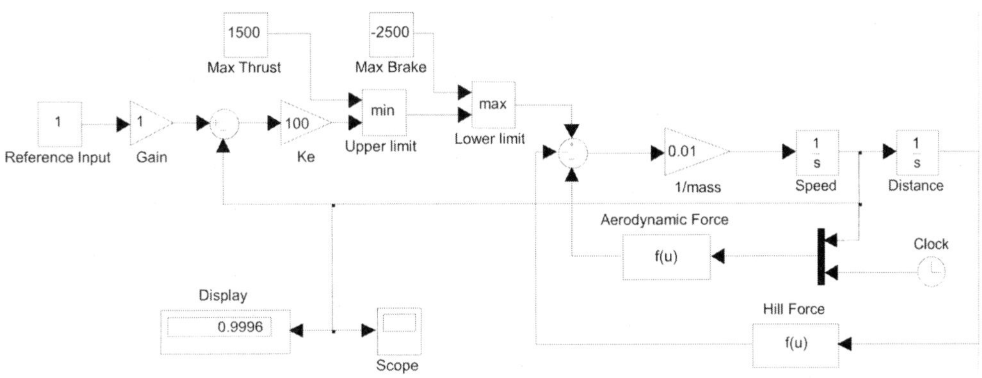

[그림 1.19] 주행중인 자동차의 Simulink 모델

위 그림에서 Aerodynamic force와 Hill force는 Simulink의 Fcn 블록을 이용하여 구현하였다. Aerodynamic force는 0.001*(u[1]+20*sin(0.01*u[2]))^2로 입력되어 있다. 여기서 u[1]은 첫번째 입력 즉, 자동차의 속도(Speed) 값을 나타내고 u[2]는 2번째 입력으로서 Clock에 물려 있는 바와 같이 시간을 나타낸다. 위 수식을 식(1.17)과 같이 비교를 하면 쉽게 알 수 있을 것이다. 마찬가지로 Hill force 블록에는 30*sin(0.0001*u[1])의 값이 입력되어 있다. 이 경우 입력은 당연히 하나밖에 없다. 기준입력 추종성능에 대한 시뮬레이션 결과는 [그림 1.20]에 나타나 있다.

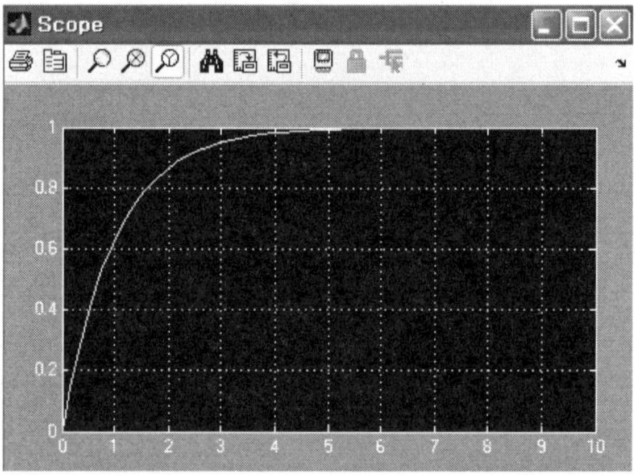

[그림 1.20] 주행중인 자동차의 스텝응답

4. 서브시스템(Subsystem)의 생성

원래 만들어진 Simulink 모델을 좀 더 단순한 서브시스템으로 변형할 수 있다. 모델의 사이즈가 커지고 복잡해지면 전체모델을 한 눈에 이해하기가 어렵다. 따라서, 모델의 일정한 영역을 서브시스템으로 변형하면 전체모델이 기능별로 단순화되고 시스템의 흐름을 한 눈에 이해하기 쉽다.

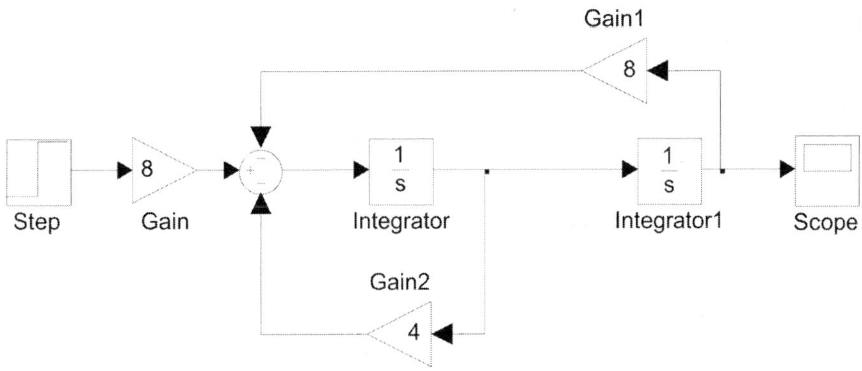

[그림 1.21] 2차 시스템의 Simulink 모델

위 모델의 서브시스템을 만들기 위해 입력부 Step과 출력부 Scope를 제외한 전체부분을 마우스를 드래그하여 선택한다. 그런 다음 Simulink 편집창의 Edit>Subsytem 을 선택한다. 그러면 다음과 같이 서브시스템이 생성되어 진다.

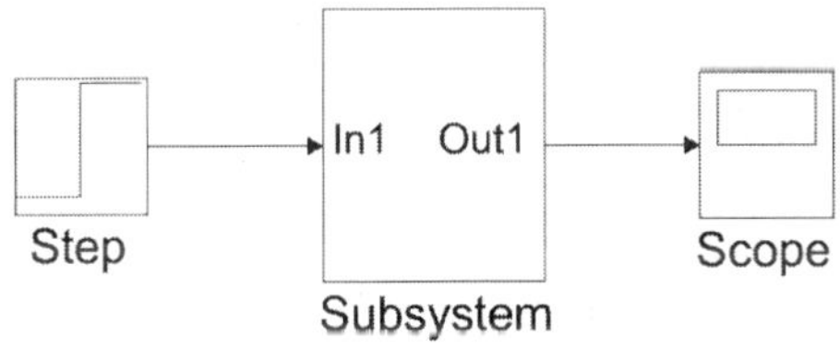

[그림 1.22] 서브시스템을 사용한 2차 시스템의 모델

서브시스템의 원래 회로를 보거나 수정을 원할 때에는 서브시스템을 더블클릭하여 내부를 볼 수 있다.

예 제 1.2 아래 그림과 같이 구성되어 있는 2자유도 카트시스템을 고려하여 서브시스템으로 단순화된 모델을 생성해 보기로 하자.

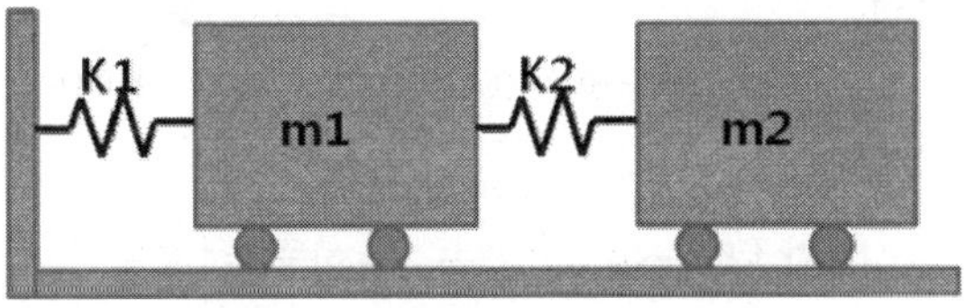

[그림 1.23] 질량-스프링 카트 모델

위 시스템에서 각각의 카트 운동은 다음과 같은 운동식으로 설명되어진다.

$$\ddot{x}_n = \frac{1}{m_n}[K_n(x_{n-1} - x_n) + K_{n+1}(x_n - x_{(n+1)})] \tag{1.19}$$

식(1.19) 형태로 운동식을 나타내면 다음과 같다.

$$\ddot{x}_1 = \frac{1}{m_1}(K_1(x_0 - x_1) + K_2(x_1 - X_2))$$

$$\ddot{x}_2 = \frac{1}{m_2}(K_2(x_1 - x_2) + K_3(x_2 - X_3))$$

위 식에서 x_1은 카트1의 변위, x_2는 카트2의 변위이다. x_0와 x_3는 의미없는 값으로 0이다. 아래 [그림 1.24]는 카트1 부분에 대한 시스템 모델을 Simulink 로 나타낸 것이다.

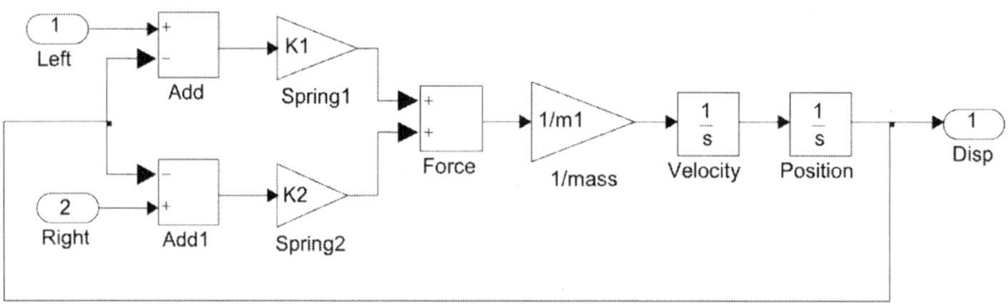

[그림 1.24] 카트1에 대한 시스템 모델

[그림 1.24] 모델을 서브시스템으로 나타내면 아래 그림과 같다.

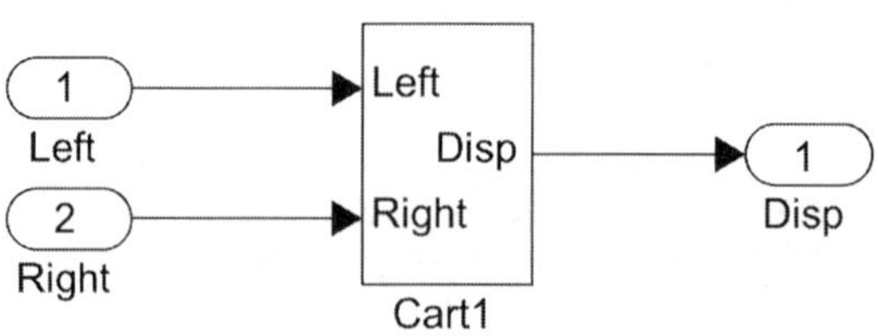

[그림 1.25] 서브시스템을 사용한 카트1 모델

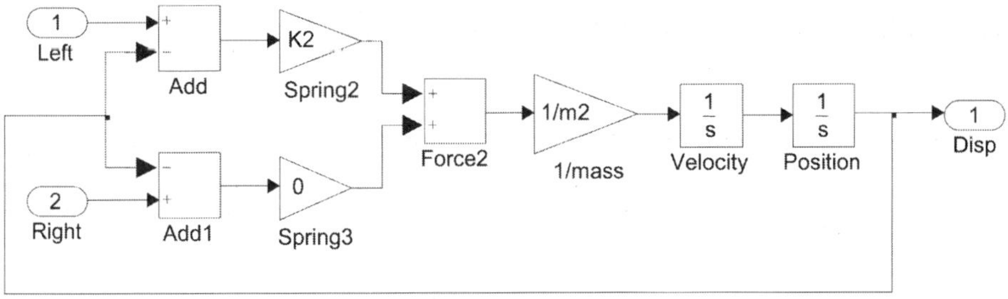

[그림 1.26] 카트2에 대한 시스템 모델

같은 방법으로 카트2에 대한 Simulink 모델과 대응하는 서브시스템을 생성할 수 있다. [그림 1.26]은 카트2에 대한 Simulink 시스템 모델이고, [그림 1.27]은 서브시스템을 사용한 전체 시스템 모델이다.

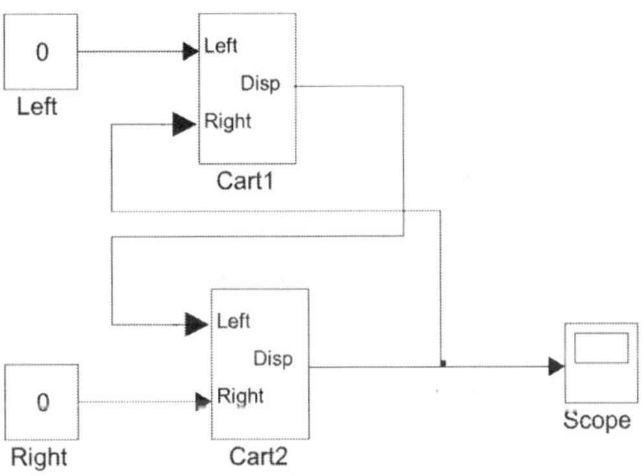

[그림 1.27] 서브시스템을 사용한 전체 시스템 모델

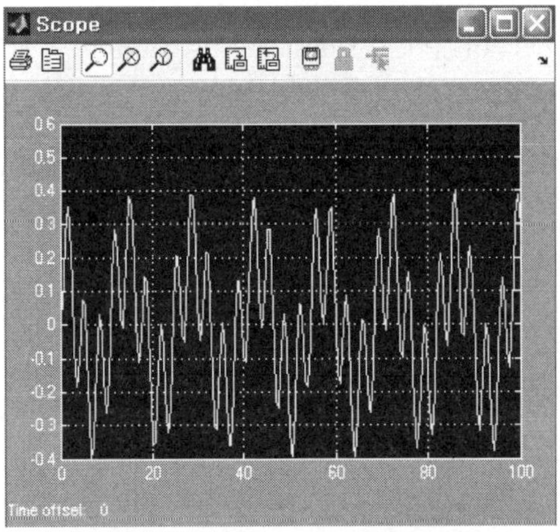

[그림 1.28] 카트2의 운동궤적

5. Embedded MATLAB Function 사용

이 기능은 유저가 작성한 함수를Simulink 모델에 포함할수 있도록 한다. Embedded MATLAB Function 블록을Simulink 모델에 포함시키기 위해서 다음과 같은 작업이 필요하다.

(1) 아래 그림과 같이 Simulink 모델창을 생성하고 Simulink의 User-Defined Function 라이브러리에서 Embedded MATLAB Function 블록을 드래그하여 Simulink 모델창에 넣는다.

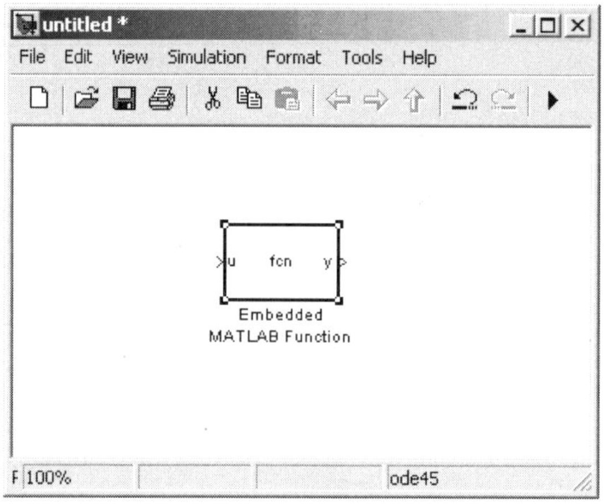

(2) 원하는 Source와 Sink 블록을 모델 창에 넣는다.

예를 들어 Sources 라이브러리에서 Constant 블록을 드래그하여 Embedded MATLAB Function 블록 왼쪽에 놓는다. Constant 블록의 값은 벡터값 [2 3 4 5]로 설정한다.

Sinks 라이브러리 에서 2개의 Display 블록을 역시 Embedded MATLAB Function 블록의 오른편에 배치한다.

그런 후에, 모델창은 다음과 같은 모습을 보이게 된다.

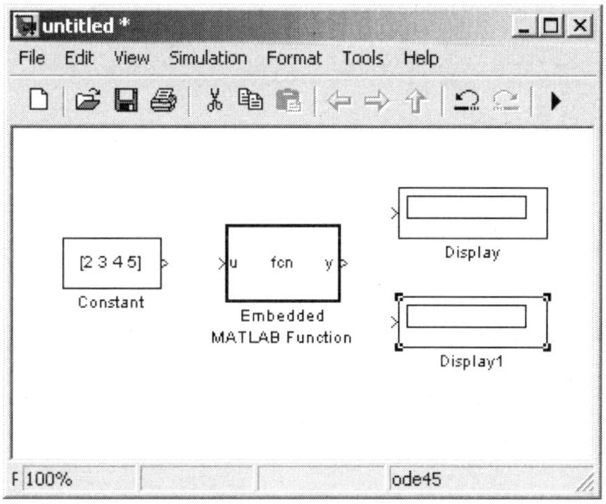

여기까지 작성된 모델이름을 call_stats_block1 해서 저장한다.

(3) Embedded MATLAB Function의 프로그램하기

다음 예는 주어진 입력 벡터에 대해 평균값과 표준편차를 구하는 과정을 보여줄 것이다.

① Embedded MATLAB Function 블록을 더블클릭하면 다음과 같은 편집화면이 나타난다.

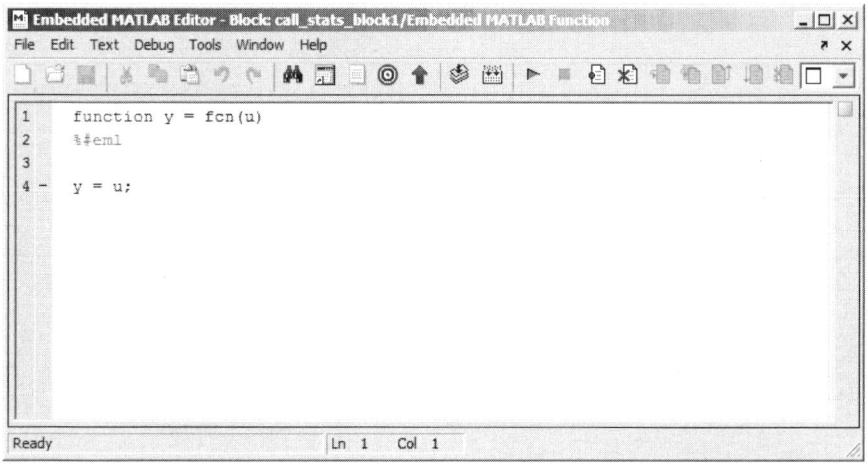

위 화면은 디폴트로 주어지는 함수이다. 이제 위 화면을 예제의 목적에 맞게 수정해야 한다. 순서대로 설명하면 다음과 같다.

② 첫 번째 문장을 다음과 같이 수정한다.

Function [mean,stdev] = stats(vals)

위 문장에서 stats 는 Embedded MATLAB function의 이름이다. 결국 이함수는 벡터값 vals를 입력 받아 출력값 mean, stdev을 계산해 주는 함수이다.

③ 함수내의 식을 수정한 후에 Simulink 모델창은 아래 그림과 같이 된다. 그림에서 보는 바와 같이 Embeded 함수 블록에 함수명과 입출력 변수명들이 적혀져 있다.

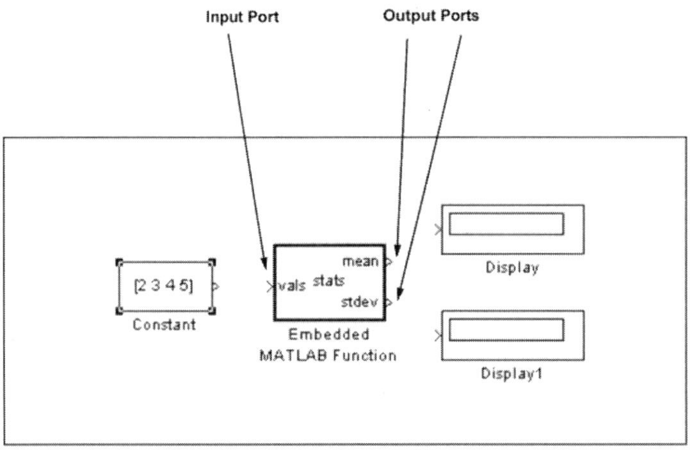

④ 화살표를 연결하여 모델 회로를 완성한다.

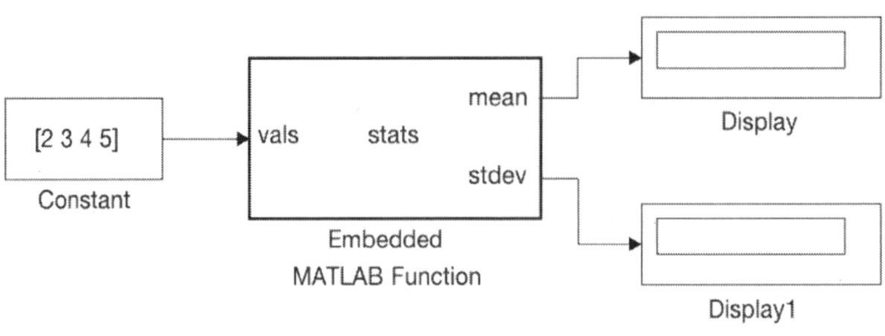

⑤ Embeded MATLAB Function 블록을 열고 다음과 같이 프로그램을 완성한다.

```
function [mean, stdev] = stats(vals)
% calculates a statistical mean and a standard
% deviation for the values in vals.

len = length(vals);
mean = avg(vals, len);
stdev = sqrt(sum(((vals-avg(vals, len)).^2))/len);

function mean = avg(array, size)
mean = sum(array)/size;
```

⑥ Simulink 모델창에서 시뮬레이션을 시작하면 다음과 같은 결과를 얻게 된다.

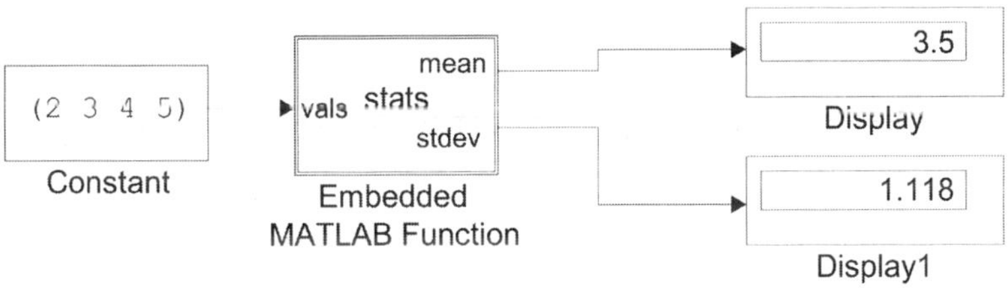

Display창에 있는 값 3.5는 입력값의 평균이고, Display1의 값은 표준편차임을 알 수 있다.

6. S-Function의 사용

S-Function은 이미 작성되어 있는 코드를 Simulink 블록에 포함될 수 있도록 하는 기능이다. S-Function은 Matlab의 M파일을 사용하여 작성할 수 있고, Matlab의 MEX파일 구조를 통하면 C 프로그램 코드로도 작성할 수 있다.

예를 들어, Matlab의 M파일로 동적모델식을 이미 작성해 놓았다면 이 식을 S-Function에 포함시킬 수 있고, 제어시스템을 모델링하기 위해 일반 Simulink 블록을 사용하는 것이 가능해 진다. 어떤 경우에는 동적식의 일부분을 논리적인 수식으로 표현하는 것이 편할 수 있는데, 이럴 때 S-Function을 사용하는 것이 유리하다. 또한 이미 작성된 Simulink 모델에 에니메이션 기능을 붙일 때도 S-Function 기능을 사용하면 편리하다.

1) S-Function 블록

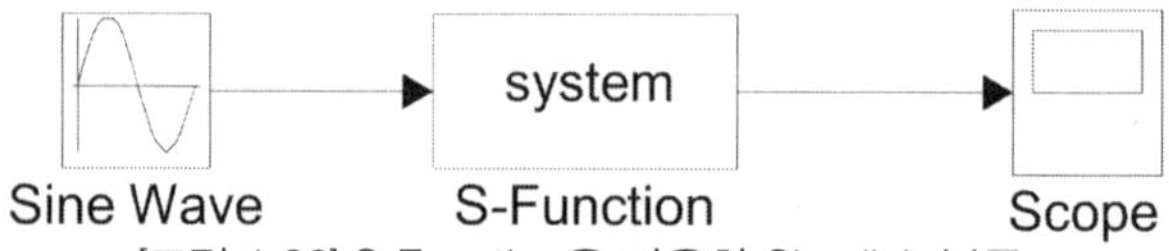

[그림 1.29] S-Function을 이용한 Simulink 블록

S-Function 블록은 Simulink>User-Defined Functions 라이브러리 안에 들어 있다. [그림 1.29]는 S-Function을 이용하여 Simulink 블록을 작성한 예이다.

M파일을 이용하여 S-Function을 작성하는 방법을 알아보자. M-파일 안에 있는 S-Function은 다음과 같은 형태를 취한다.

```
function[sys, x0, str, ts]=sfunc_name(t, x, u, flag, p1, p2, … pn)
```

위 명령문에서 sfunc_name은 S-Function의 이름을 의미한다. 예를 들어 S-Function이 sfunc1.m 파일 안에 저장되어 있다면 sfunc_name을 sfunc1으로 대치해야 한다는 것이다. 먼저, S-Function에 대한 입력변수들은 다음과 같다.

t : 시뮬레이션 과정에서 현재시간
x : S-Function 상태벡터의 현재값
u : 입력벡터의 현재값
flag : 이 값에 의해 해당되는 S-Function이 호출됨
p1, p2, … pn : 필요에 따라 선택하는 파라메터

S-Function을 호출하는 플래그의 정의는 다음과 같다.

0 : sizes 구조체를 초기화 한다. 그리고, sizes 이 값을 sys에 할당한다. x0와 ts 그리고 str=[ ] 을 설정한다.

1 : 연속적인 상태값(state)에 대한 미분값을 계산한다.

2 : 이산 상태값 (discrete state)을 업데이트 한다.

3 : 출력값을 계산한다.

4 : 다음 샘플링 값을 계산한다.

9 : 필요한 경우 시뮬레이션 종료 작업을 수행한다.

끝으로, S-Function의 출력변수의 정의는 다음과 같다.

sys : 다목적 출력변수

x0 : S-Function 상태벡터의 초기값

str : Simulink Version 확장을 위해 확보된 변수. 비워두면 됨

ts : 샘플링 시간값

위에서 정의한 각각의 플래그 값에 대한 S-Function의 반응을 자세히 알아보도록 하자.

(1) 초기화 과정(flag=0)

초기화 단계는 4가지 작업으로 구성된다. 먼저 sizes 구조체를 설정한 다음 이 구조를 sys 에 할당한다. sizes 구조체는 다음과 같이생성한다.

```
sizes = simsizes;
```

그런 다음 sizes의 멤버값을 할당한다. 멤버값을 할당하는 방법은 아래 표와 같다.

[표 1-1] Sizes의 구조

멤버	정의
Sizes.NumContStates	연속상태(continuous state)변수의 수
Sizes.NumDiscStates	이산상태(discrete state)변수의 수
Sizes.NumOutputs	출력변수의 수
Sizes.NumInputs	입력변수의 수
Sizes.DirFeedthrough	블록의 출력값이 입력값의 함수인 경우=1 설정, 그 외 경우=0
Sizes.NumSamplingTimes	샘플링 수 (1 이상 선택). 순수한 연속함수에는 1 값 사용함

Sizes 구조체가 정의된 다음 구조체를 출력인 sys에 다음과 같이 할당한다.

sys = simsizes(sizes)

두 번째 단계에서 상태변수에 대한 초기조건을 설정한다. 예를 들어 초기조건이 2개의 연속상태 값 1과 2개의 이산상태값 0로 설정하는 경우 다음과 같다.

X0 = [1.0 1.0 0.0 0.0];

세 번째 단계에서는 str 을 설정한다.

Str = [ ];

마지막 단계에서는 샘플링 시간을 설정한다. Ts를 사용하며 첫 번째 인자는 샘플링 시간이며 두 번째 인자는 옵셋값을 나타낸다. 예를 들어 연속적인 S-function인 경우에는 다음과 같이 설정한다.

Ts = [0, 0];

이 번에는 S-function이 이산함수일 때의 예를들어보자. 2개의 이산 샘플링 시간을 갖는 경우를 고려해 보자. 먼저 주기가 0.5초이고, 옵셋이 0인 경우를 가정하면 샘플링시간이 0, 0.5, 1.0,…의 순서로 설정이 될 것이다. 한편 주기가 0.25이고 옵셋이 0.1인 경우에는 샘플링 시간이 0.1, 0.35, 0.6의 순서로 설정이 된다. 이 경우에 설정은 다음과 같다.

Ts = [0.5, 0; 0.25, 0.1];

만약, 샘플링 시간을 이전 블록에서 사용하는 샘플링 시간을 사용하고 싶다면 샘플링 시간 값을 -1로 설정하면 된다. 일반적으로 S-function블록은 이전의 블록과 연결되어 있으므로 -1로 설정하는 것이 보편적이다. 샘플링시간을 변수로 설정하고 싶다면 이 경우 -2의 값으로 설정해야 한다. 이 경우 flag=4를 이용해서 다음 단계의 샘플링 시간을 계산하는 S-function을 사용해야 한다.

(2) 연속 상태값의 미분 (flag=1)

플래그 값이 1이면 상태벡터의 미분식이 sys에 할당되게 된다. 다음과 같은비선형식의 경우,

$$\dot{x}_1 = x_2$$

$$\dot{x}_2 = x_1 - 3x_2^2 + u_1$$

sys는 다음과 같이 표현된다.

```
sys(1)=x(2);

sys(2)=x(1)-3*x(2)^2+u(1);
```

(3) 이산 상태값의 업데이터 (flag=2)

플래그 값이 2이면 상태벡터의 이산값을 sys에 할당되게 된다. 다음과 같은 이산식의 경우,

$$x_1(k+1) = x_1(k) + u_1(k)$$

sys는 다음과 같이 표현된다.

```
sys=x(1)+u(1);
```

(예) 2개의 샘플링 시간을 갖는 2차 이산시스템을 고려해 보자. 첫 번째 이산성분은 매 0.3초마다 업데이트 되며 두 번째 이산성분은 매 0.5초마다 업데이트 된다. 두 경우 모두 offset시간은 0이다.

첫 번째 시스템과 두 번째시스템은 각각 다음과 같다.

$$x_1(k+1) = x_1(k) + 0.5x_2(k)$$

$$x_2(k+1) = x_2(k) + u_1(k)$$

이 경우 sys를 구하는 코드를 작성하면 다음과 같다.

```
period_1 = 0.3;
offset_1 = 0.0;
period_2 = 0.5;
offset_2 = 0.0;
sys = x;
if abs(round(t-offset_1)/period_1-((t-offset_1)/period_1))<1.0e-8
  sys(1) = sys(1)+0.5*x(2);
end
if abs(round(t-offset_2)/period_2-((t-offset_2)/period_2))<1.0e-8
  sys(2) = sys(2)+0.5*u(1);
end
```

위에서 주의할 점은 if-else를 사용해서는 정확한 샘플링을 기대할 수 없다. 왜냐하면, 두 샘플링타임이 동시에 도달하면 S-function은 잘못된 결과를 만들어 내기 때문이다.

(4) 블록 출력값 (flag=3)

플래그 값이 3이면 S-function의 출력값을 sys에 할당하게 한다. 예를 들어 시스템의 출력식이 다음과 같다면

$$y = x_1 + x_2$$

sys 에 할당되는 값은 다음과 같이 표현된다.

```
sys=x(1)+x(2);
```

2) M 파일을 이용한 S-function의 작성 예

아래의 예는 상태변수(state variable)가 없는 단순한 형태의 산술식인 y = 2u에 대한 S-function을 구성하는 예이다. Matlab의 M파일을 이용하여 작성하였다. M파일의 이름은timestwo.m 이다.

```
function [sys, x0, str, ts] = timestwo(t, x, u, flag)
% 위 S-function은 입력값을 2배 증가시켜주는 함수이다(y = 2*u).

%
% Dispatch the flag. The switch function controls the calls to
% S-function routines at each simulation stage of the S-function.
%
switch flag,
 %%%%%%%%%%%%%%%%%%%
 %              초기화              %
 %%%%%%%%%%%%%%%%%%%
 % 상태, 샘플링시간 등을 초기화 한다.

 case 0
   [sys, x0, str, ts] = mdlInitializeSizes;

 %%%%%%%%%%%%
 %       Outputs       %
 %%%%%%%%%%%%
 % S-function block의 출력값을 리턴한다.
 case 3
   sys = mdlOutputs(t, x, u);
 %%%%%%%%%%%%%%%%%%%%%
```

```
 %           사용되지 않은 flags           %
 %%%%%%%%%%%%%%%%%%%%%%%%
 % 종료작업(flag=9)이 사용되지 않음, 또한 연속, 이산 상태변수 없음.
 % 따라서, flag 1, 2, 4는 사용안됨.
 % 비어있는 u를 리턴함.
    case { 1, 2, 4, 9 }
    sys=[];

 %%%%%%%%%%%%%%%%%%%%%%%%%%%%%%%%%%%%%%%%%%%%%%%%%%%%%%%%%%%%%%%%%%%%
 %                    Unexpected flags (error handling)                    %
 %%%%%%%%%%%%%%%%%%%%%%%%%%%%%%%%%%%%%%%%%%%%%%%%%%%%%%%%%%%%%%%%%%%%
 % 다루지 않는 flag 값의 경우에는 error message를 냄.
 otherwise
   error(['Unhandled flag = ',num2str(flag)]);
end

% end timestwo
%
==============================================================================
% mdlInitializeSizes
% Return the sizes, initial conditions, and sample times for the S-function.
%=============================================================================
%
function [sys, x0, str, ts] = mdlInitializeSizes()

sizes = simsizes;
sizes.NumContStates  = 0;
sizes.NumDiscStates  = 0;
sizes.NumOutputs     = -1;  % dynamically sized
```

```
sizes.NumInputs      = -1;  % dynamically sized
sizes.DirFeedthrough = 1;   % has direct feedthrough
sizes.NumSampleTimes = 1;
 sys = simsizes(sizes);
str = [];
x0  = [];
ts  = [-1 0];   % inherited sample time

% end mdlInitializeSizes


%
%==========================================================================
% mdlOutputs
% S-function의 출력벡터 값을 리턴 함
%==========================================================================
%
function sys = mdlOutputs(t, x, u)

sys = u * 2;

% end mdlOutputs
```

위와 같이코딩을 한 후 다음과 같이 S-function 블록을 포함한 Simulink 회로를 작성한다. 물론 S-function의 블록이름은 timestwo로 설정해야 한다.

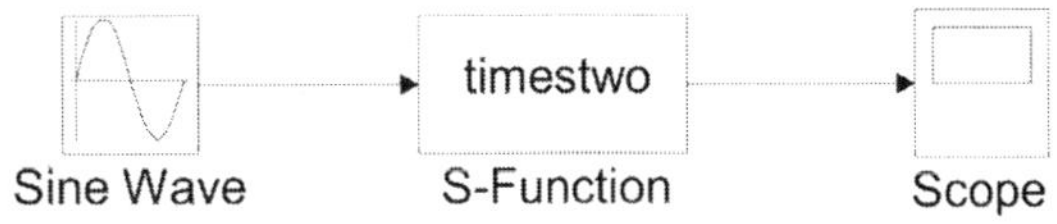

아래 그림은 시뮬레이션을 수행한 후의 결과이다.

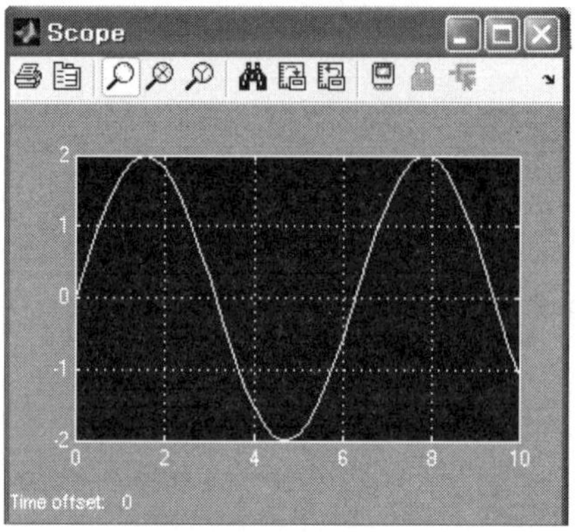

2장 퍼지 시스템

1. 퍼지 집합(Fuzzy set)

퍼지(fuzzy)라는 용어는 사전적 의미에서 뜻하는 바와 같이 모호하다 혹은 애매하다는 것을 의미한다. 이러한 개념이 집합(set)에 적용된 것이 퍼지집합인 것이다. 퍼지집합을 이해하기 위해서는 기존의 집합과 비교해 보는 것이 도움이 될 것이다.

(a) 일반 집합 (b) 퍼지집합

[그림 2.1] 일반집합과 퍼지집합의 비교

위 [그림 2.1] (a)에서 어떤점이 흑색으로 된 집합(영역) 안에 있으면, 즉 어떤 점이 영역에 포함되면 이 점은 집합에 대한 소속값(membership value)이 1이 된다. 반면에 어떤 점이 집합 밖에 놓여 있으면 이 점의 소속값은 0이 될 것이다. 이와 같이 어떤 집합의 영역에 포함되기만 하면 1의 값을 갖고 포함되지 않으면 0의 값을 가지게 된다. 이러한 개념은 인접한 두 점에 대해 확연히 다른 결과를 초래 할 수도 있다. 예를 들어 집합의 경계층 조금 밖에 존재하면 0의 값을 갖게 되고, 반면에 인접한 점이라도 경계층의 조금 안에 있으면 1의 값을 갖는 이분법적인 결과가 발생하게 된다. 퍼지집합을 사용하게 되면 이러한 모순을 방지할 수 있다.

1) 퍼지변수, 퍼지집합, 퍼지함수의 관계

퍼지변수는 물리적인 속성으로 생각하면 될 것이다. 제어적인 측면에서 본다면 제어대상이 되는 물리적인 량으로 볼 수 있다. 예를 들면 온도, 압력, 속도 등이 퍼지 변수라고 볼 수 있다. 그러면 퍼지집합은 무엇인가? 퍼지집합은 퍼지변수를 분류할 수 있는 개념이다. 예를 들어 기온을 퍼지변수라고 둔다면, 기온에 대한 퍼지집합은 "춥다", "적당하다", 그리고 "덥다"와 같이 퍼지변수를 구분할 수 있는 속성이라고 할 수 있다. 다음과 같은 기온의 샘플값을 고려해 보자.

기온샘플값 ={-10, -5, 0, 5, 10, 15, 20, 25, 30, 35, 40}

이제 기온샘플 값이 각각의 퍼지집합 내에서 0과 1사이의 소속값을 가지게 된다는 것을 알아보자.

-10도 정도의 날씨가 몇 % 정도 추운지 독자에게 물어보면 100% 춥다고 할 것이다. 그러므로, -10도는 '춥다' 라는 퍼지집합에서 소속값이 최대인 1이 된다. 반면에 0도가 얼마나 추운지 물어보면 최고기준으로 80% 정도이다라고 한다면 소속값은 0.8이 될 것이다. 이렇게 해서 3개의 퍼지집합에 대해 소속값을 나름대로 작성할 수 있다. 다음 표는 한 작성예를 나타내고 있다.

[표 2.1] 각 기온의 퍼지집합내 소속값

기온값	춥다	적당하다	덥다
-10	1.0	0	0
-5	1.0	0	0
0	0.8	0	0
5	0.6	0.3	0
10	0.4	0.6	0
15	0.2	0.9	0.2
20	0	1.0	0.4
25	0	0.9	0.6
30	0	0.6	0.8
35	0	0.3	1.0
40	0	0	1.0

각 퍼지집합에 대한 소속값을 아래와 같이 함수로 표시한 것을 퍼지함수라고 부른다. 간단한 예를 들어보도록 한다. 기온 15도를 생각해 보자. 기온 15도는 춥다라는 퍼지집합에서 소속값은 0.2, 적당하다라는 퍼지집합에서 소속값은 0.9, 그리고 덥다라는 퍼지집합에서는 소속값은 0.2이다. 이와 같이 어떤 값이 여러 퍼지집합에 각기 다른 소속값을 가진다는 것을 알 수 있다.

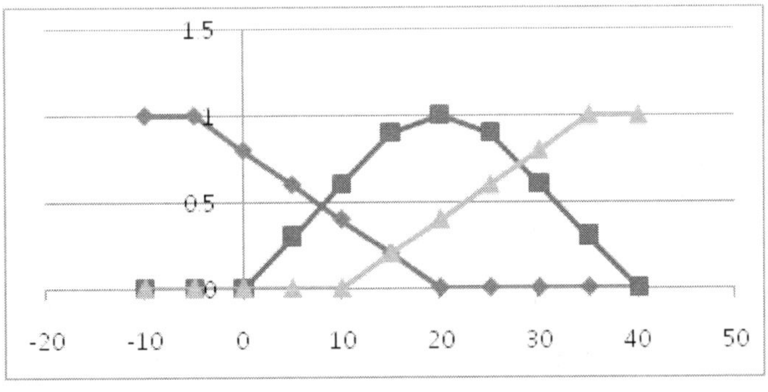

[그림 2.2] 소속값을 이용한 퍼지함수 그래프

2. 퍼지 시스템

퍼지 제어시스템을 블록선도로 나타내면 [그림 2.3]과 같이 설명할 수 있다. 기준 입력값과 실제 출력값의 차이값, 즉 오차값이 퍼지제어기에 입력이 되면 퍼지제어기는 내부 연산에 의해 적절한 출력값을 만들어 내며 이 값이 동적시스템의 입력값 u(t)가 된다. 일반적으로 퍼지제어기 자신은 다음과 같이 3개의 요소로 구성될 수 있다.

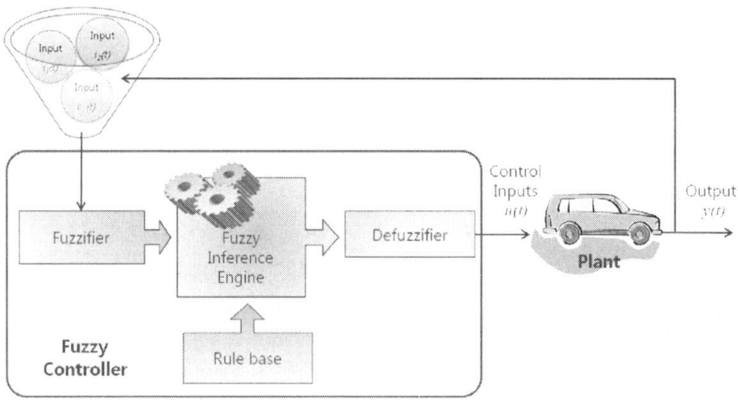

[그림 2.3] 퍼지 제어시스템의 기본구조

1) Rule-Base 문장 생성 및 의사결정

[그림 2.3]에서 보는 바와 같이 기준입력과 제어프로세스의 실제 출력값의 차이로부터 위치오차나 속도오차가 계산되며, 이 오차값은 대부분의 다른 제어기처럼 퍼지제어기 제어시스템의 입력인자이다. 만족할 만한 퍼지제어기를 구성하기 위해서는 일정한 수준 이상의 지식을 갖춘 인간의 지식을 필요로 한다. 퍼지제어기에 입력되는 위치 및 속도오차값의 크기에 따라 If-Then과 같은 문장 형식을 이용하여 크기의 구간을 설정하는 것이 필요하며 이것을 그림에서 rule-base부로 표시되어 있다. 또한 각각의 rule-base에 대해 어떠한 출력값을 내 보내야 하는가에 대한 의사결정도 이루어져야 한다. 이것은 그림에서 추론부(inference mechanism)로 표시되어 있다.

2) 퍼지화(fuzzification)

퍼지화라는 것은 위 1)항에서 생성된 rule-base 및 의사결정이 다분이 애매한(수학적인 모델이 아닌 문장으로 구성되어 있다는 것을 의미한다. 예를 들어 아래와 같은 명령문에서 Fast, Big, 그리고 Large 등은 계량화되어 있지 않은 애매한(fuzzy한) 개념이라고 할 수 있다.

"If 자동차의 속도가 Fast하고 도로의 커브도 Big하면, Then 브레이크의 량을 Large 하게 하라"

결국 퍼지제어기는 위와 같이 수치적이 아닌 애매한 표현의 명령문들이 모여서 각 경우에 대한 제어결정을 일차적으로 하게 된다. 이와 같은 개념을 퍼지화라고 한다.

3) 비퍼지화(defuzzification)

퍼지제어기의 내부에서 이루어지는 rule-base 및 추론부분에서는 퍼지적인 표현의 명령문을 사용하지만, 실제 퍼지제어기의 출력은 산술적인 값이 필요하다. Large와 같은 애매한 개념을 프로세서에 줄 수는 없을 것이다. 대신에 "브레이크 페달의 각도는 30도"와 같은 수치적인 값을 주어야 할 것이다. 이러한 수치적인 값을 만들어 내는 것을 비퍼지화라고 한다.

이해를 돕기 위하여 도립진자를 제어하는 경우를 고려하여 사람이 손으로 제어하는 경우와 퍼지제어기가 제어하는 경우를 비교해 보자. [그림 2.4]는 사람이 손바닥 위에 도립진자(혹은 간단한 막대기)를 올려놓고 똑바로 선 자세를 유지하기 위해 제어하는 경우를 나타낸 것이다. 사람은 경험에 의해 도립진자를 수직으로 유지하기 위해서 손을 앞뒤로 밀고당기는 노력을 계속할 것이다. 실제로 사람은 퍼지적인 제어를 수행하고 있는 것이다. [그림 2.3]은 퍼지제어기로서 도립진자를 제어하는 경우이다. 퍼지제어기가 올바로 작동하게 하기 위해서는 제대로 된 규칙을 작성해야하며 이것은 제어를 담당하는 사람의 몫이다. 결국, 퍼지제어기는 사람이나 동물의 경험에 의해 결정되어지는 판단(decision)에 의한 제어를 수획적으로 흉내 내는 것이라고 볼 수 있다.

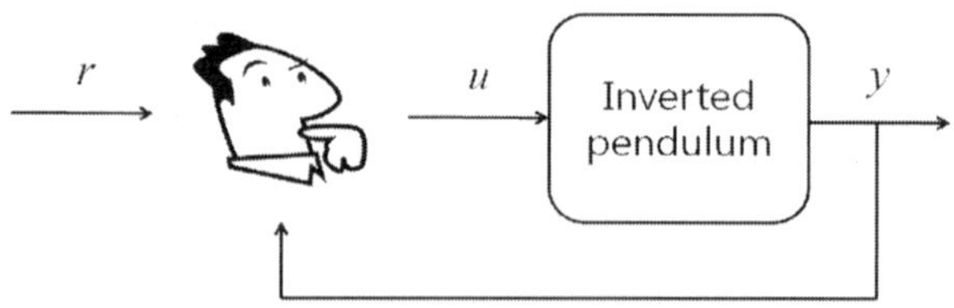

[그림 2.4] 사람에 의한 역진자의 자세제어

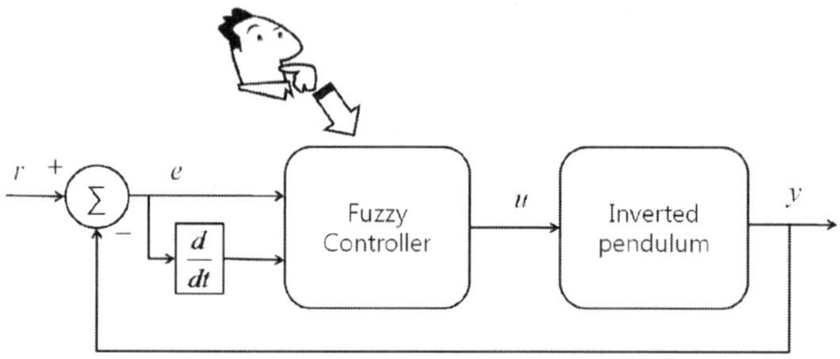

[그림 2.5] 퍼지제어기에 의한 역진자의 자세제어

3. 퍼지 시스템의 구성방법

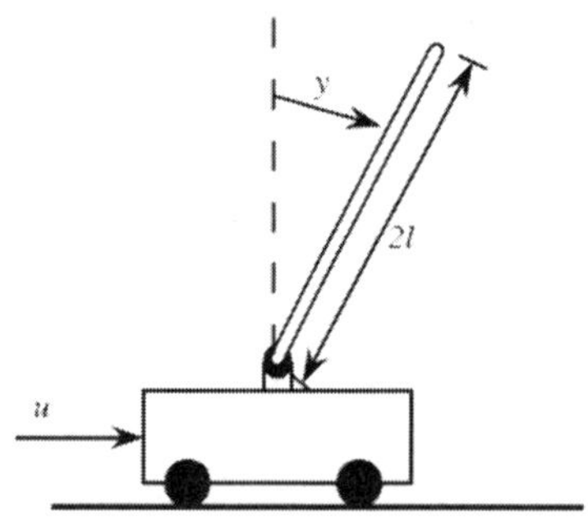

[그림 2.6] 카트-도립진자 시스템

퍼지제어기를 구성하는 방법을 3개의 단계로 나누어서 설명하는 것이 이해하기 쉽다. 이를 위해서 일반적으로 많이 사용하고 있는 카트-도립진자 모델을 [그림 2.6]과 같이 나타내었다. 이 시스템에서는 도립진자를 수직위치로 유지하는 것이 제어의 목표이다. 그림에서 미는 힘 u는 오른쪽 방향이 양의 방향이고, 회전각 y는 시계방향이 양의 방향으로 고려되었다.

단계 1 퍼지제어기의 입력변수와 출력변수의 선정

먼저, 퍼지제어기의 입력변수와 출력변수를 결정해야 한다. 일반적인 선형제어기와 비선형제어기를 구성할 때와 마찬가지로 도립전자시스템의 입력은 오차값과 오차값의 변화율을 선정하는 것이 바람직하다. 퍼지제어기의 출력은 당연히 힘이 되어야 한다. 입력변수와 출력변수를 정리하면 다음과 같다.

입력변수(Input variables) : 오차값(error), 오차값의 변화율(change-in-error)
출력변수(Output variable) : 힘(force)

단계 2 제어에 대한 지식을 Rule-Base로 구현함

입력변수와 출력변수를 구간별로 분류하고 가능한 모든 경우에 대한 If-Then 규칙을 작성해야 한다. 예를 들어 3개의 규칙만 아래와 같이 나열하였다.

Rule1 : If 오차값이 Negative-large 그리고 오차값의 변화율이 Negative-large 하면, Then 출력힘은 Positive-large 이다. (그림 2.7 a)

Rule2 : If 오차값이 Zero 그리고 오차값의 변화율이 Positive-Small하면, Then 출력힘은 Negative-Small 이다. (그림 2.7 b)

Rule3 : If 오차값이 Positive-large 그리고 오차값의 변화율이 Negative-Small하면, Then 출력힘은 Negative-Small 이다. (그림 2.7 c)

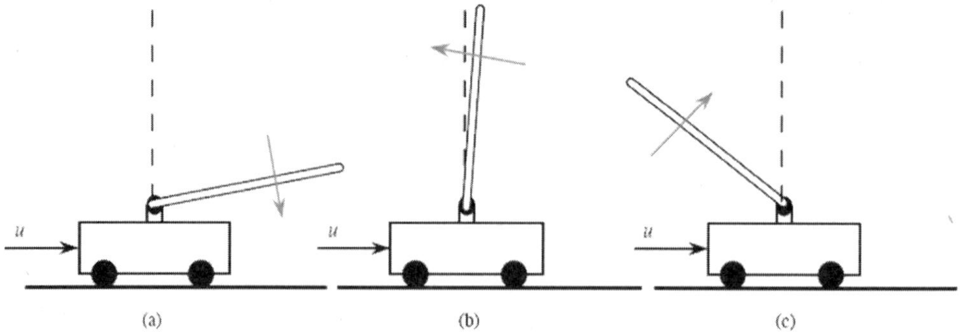

[그림 2.7] 카트-도립진자 시스템의 동작분석

위와 같이 명령문을 문장으로 작성하게 되면 C언어나 MATLAB에서 프로그래밍으로 구현하기 어렵다. 그래서 아래 [표 2.2]와 같이 테이블로 작성하는 것이 시각적인 면이나 프로그래밍 측면에서 매우 편리하다.

[표 2.2] 수치로 표현된 모든 경우(25경우)의 퍼지규칙

출력힘(u)		오차값 변화율 (de/dt)				
		-2	-1	0	1	2
오차값(e)	-2	2	2	2	1	0
	-1	2	2	1	0	-1
	0	2	1	0	-1	-2
	1	1	0	-1	-2	-2
	2	0	-1	-2	-2	-2

[표 2.2]에서 오차값, 오차값변화율, 그리고 출력 힘의 범위가 숫자로 표현되어 있음을 알 수 있다. 각 숫자의 의미는 다음과 같다.

-2 : negative- large

-1 : negative-small

0 : zero

1 : positive-small

2 : positive- large

예를 들어 위 표의 첫번째 규칙은 오차값이 -2 (negative-large)이고 오차값변화율이 -2 (negative-large) 인 경우 출력값이 2(positive-large) 라는 것을 의미한다.

단계3 퍼지 범위(집합)에 대한 멤버쉽 함수의 구성

각 퍼지범위에 대한 적합도를 산출하기 위해서 주로 멤버쉽함수를 사용하게 된다. 아래 [그림 2.8]은 퍼지범위 중에서 "positive-small" 영역에 속하는 오차값을 나타내고 있다. 즉, 오차값이 0도에서 90도 까지의 범위를 "positive-small" 구간으로 설정하였다. 이 구간의 각도범위에서 각도가 $\pi/4$(즉, 45도) 일 때 멤버쉽의 값 μ가 최대값인 1을 가진다. 반면에, 0도나 90도 에서는 멤버쉬 값이 0이 된다. 다시 말하면, 오차값이 45도 부근이 되면 "positive-small" 적인 느낌이 가장 강해진다는 의미이고, 오차값이 0도나 90도로 접근할수록 "positive-small" 적인 느낌이 약해진다는 것을 의미한다.

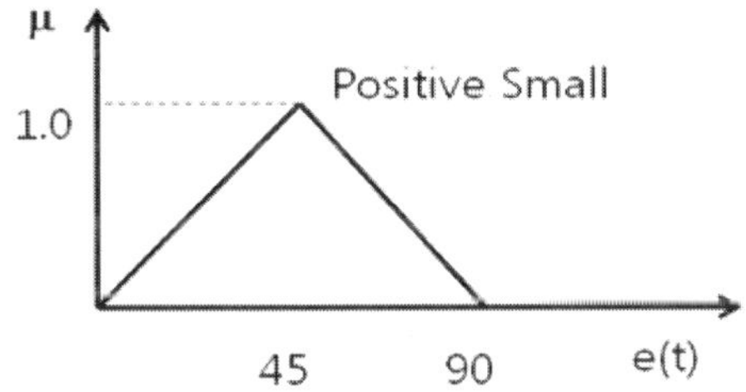

[그림 2.8] "positive-small"에 대한 멤버쉽 함수(membership function)의 설정

위 [그림 2.8]에서 e(t)= 0 일 때 멤버쉽 값 (0)=0 이며, 의미적으로 보면 e(t)=0은 결코 "positive-small"이 아니다 라는 것을 말해준다. e(t)= pi/8 인 경우 $\mu(\frac{\pi}{8}) = 0.5$ 수준의 멤버쉽을 가진다. 즉, "positive-small"의 느낌이 50% 정도로 느껴진다 라고 이해할 수 있을 것이다. 그렇다면, e(t)= pi/4 인 경우 $\mu(\frac{\pi}{4}) = 1$의 멤버쉽을 가진다. 즉, "positive-small"의 느낌이 100% 정도로 느껴진다 라고 할 수 있다. 따라서, 멤버쉽의 값은 설계자의 느낌에 달라질 수 있음은 당연하다. 그러므로, 멤버쉽 함수는 [그림 2.9]와 같이 다양한 모습을 가질 수 있지만, 일반적으로 가장 많이 사용되는 멤버쉽 함수는 [그림 2.8]과 같은 삼각형의 모습이다.

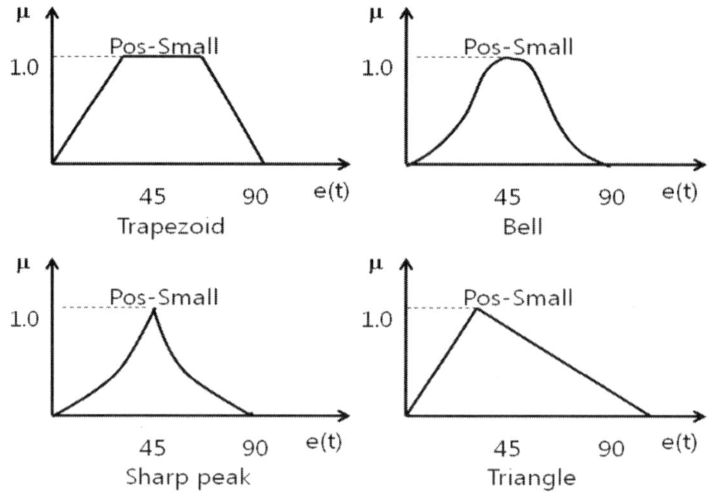

[그림 2.9] "positive-small"을 나타내는 다양한 멤버쉽함수 표현

이제 멤버쉽 함수에 대해 충분히 이해가 되었을 것이다. 그러면, 도립진자의 전체 운동구간에서 오차값에 대한 퍼지 멤버쉽 함수를 나름대로 구성할 수 있을 것이다. [그림 2.10]은 도립진자의 오차값, 오차값 변화율, 그리고 출력 힘에 대한 전체 퍼지 멤버쉽 함수 구성의 예이다.

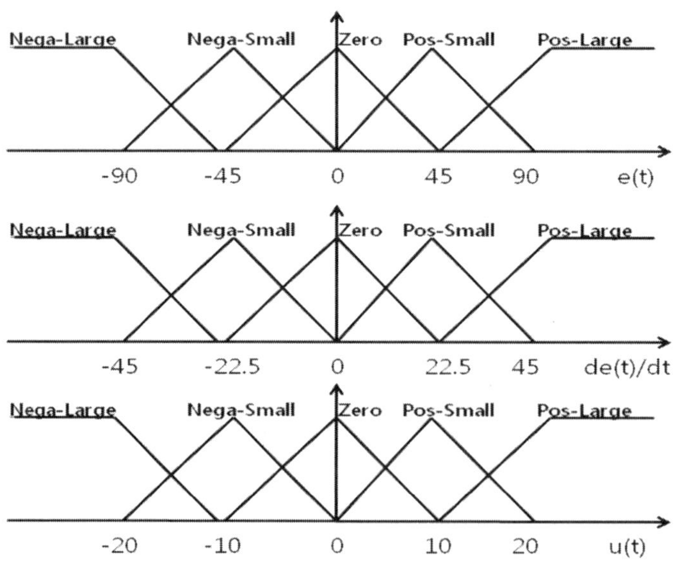

[그림 2.10] 도립진자에 대한 퍼지 멤버쉽함수 구성

4. 퍼지 시스템의 동작

위의 3단계를 거치면 퍼지제어기는 완성이 된 셈이다. 이제는 구성된 퍼지제어기가 어떤 방법으로 작동을 하는지를 이해할 필요가 있다. [그림 2.3]에서 퍼지제어기의 입력변수인 오차값(e)과 오차값변화율($\dot{e}$)이 특정한 값으로 입력이 될 때, If-Then 형태의 규칙과 멤버쉽함수로 구성된 퍼지제어기가 어떤 출력힘을 만들어 내는지 이해하도록 하자. 먼저, 퍼지제어기의 두입력변수의 값이 e(t)=0 그리고 $\dot{e}(t) = \frac{\pi}{8} - \frac{\pi}{12}$ 라고 가정하자. 그러면 이 값들은 [그림 2.11]에서 보는 바와 같이 임의의 멤버쉽함수 내에 위치하게 된다.

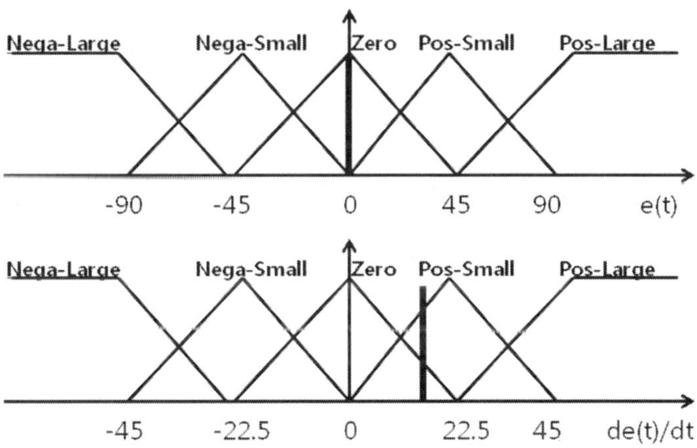

[그림 2.11] 입력변수에 대한 멤버쉽 함수

위 그림에서 보는 바와 같이 오차값 e = 0 는 퍼지집합 zero에만 소속이된다. 하지만 오차값변화율 $\dot{e} = \frac{\pi}{8} - \frac{\pi}{12}$ 는 퍼지집합 zero와 positive-small 집합에도 소속이 된다. 따라서, 이 입력값은 [표 2.2]의 25개 룰 중에서 다음 2개의 룰에 영향을 주게 된다.

① If 오차값이 zero 그리고 오차값변화율이 zero이면, then 출력힘은 negative-small 하다.

② If 오차값이 zero 그리고 오차값변화율이 positive-small하면, then 출력힘은 negative-small 하다.

[표 2.3]은 작동되는 2개의 룰을 룰 테이블에 표시하고 있다. 따라서, 임의의 입력변수가 퍼지제어기에 입력이 되면 25개의 룰 중에서 경우에 따라 1개에서 4개의 룰이 작동하게 됨을 알 수 있다.

[표 2.3] 입력변수에 의해 작동되는 2개의 룰

출력힘(u)		오차값 변화율(de/dt)				
		-2	-1	0	1	2
오차값(e)	-2	2	2	2	1	0
	-1	2	2	1	0	-1
	0	2	1	0	-1	-2
	1	1	0	-1	-2	-2
	2	0	-1	-2	-2	-2

이제, 2개의 룰로부터 퍼지제어기가 출력힘을 계산하는 과정을 알아보기로 하자. 첫 번째 룰을 보면 오차값 e=0는 멤버쉽 값 $\mu(e) = 1$을 가지며 오차값변화율 $\dot{e} = \frac{\pi}{8} - \frac{\pi}{12}$는 $\mu(\dot{e}) = 0.25$의 멤버쉽 값을 가진다. 이 때 대표값은 두 멤버쉽 값의 최소값을 선정하도록 한다.

$$\mu_{rule1} = \min\{0.25, 1\} = 0.25$$

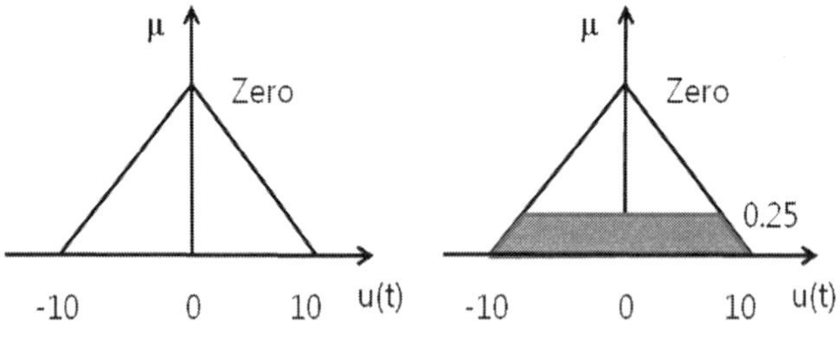

(a) (b)

[그림 2.12] Rule1에 의해 생성되는 출력힘 면적

위에서 정해진 대표값은 출력변수의 해당 퍼지집합으로 전달되어 진다. Rule1에서 출력힘의 퍼지집합은 zero이다. 여기서 대표값 0.25를 적용하면 rule1에 의해 발생되는

출력힘과 관련된 면적을 계산할 수 있다. [그림2.12 (b)]에서 음영으로 칠해진 부분의 면적이 출력힘 u를 구하는데 이용된다.

두번째 룰을 보면 오차값 e=0는 멤버쉽 값 $\mu(e)=1$을 가지며 오차값 변화율은 $\mu(\dot{e}) = 0.75$의 멤버쉽 값을 가진다. 이 때 대표값은 다음과 같이 선정된다.

$$\mu_{rule1} = \min\{0.75, 1\} = 0.75$$

위에서 정해진 대표값은 출력변수의 해당 퍼지집합으로 전달되며, rule2에 의해 발생되는 출력힘 관련면적은 [그림2.13 (b)] 의 음영으로 처리된 면적이다.

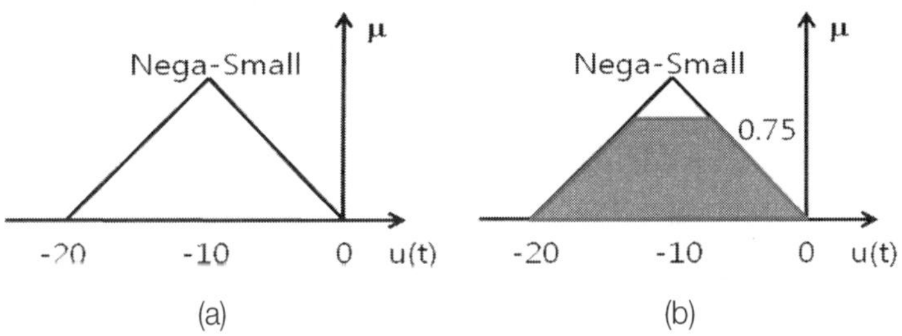

[그림 2.13] Rule2에 의해 생성되는 출력힘 면적

결론적으로 두 입력변수에 대한 전체 출력힘은 rule1과 rule2에서 구해진 출력힘의 면적을 이용하여 구해진다. [그림 2.14]는 전체 출력힘 면적을 나타내는 그림이다.

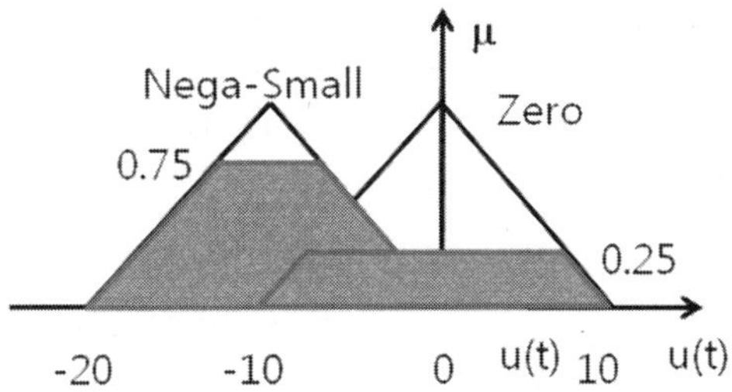

[그림 2.14] Rule1과 Rule2에 의해 생성되는 전체 출력힘의 계산

출력힘 면적으로부터 출력힘을 구하는 방법은 다음과 같은 2가지의 방법이 많이 이용된다 :

① 면적중심법 (center of gravity method)

② 중심평균법 (center average method)

면적중심법은 전체면적의 도심을 구하는 방법이며 다음과 같은 식에 의해 구할 수 있다.

$$u = \frac{\sum_i b \int \mu(i)}{\sum_i \int \mu(i)}$$

[그림 2.13]의 면적에서 면적중심법을 적용하여 면적중심을 구하면

$$u = \frac{(0)(4.375) + (-10)(9.375)}{4.375 + 9.375} = -6.81$$

결국, 면적의 중심값이 최종적으로 구해지는 제어힘이 되는 셈이다. [그림 2.15]는 전체면적의 도심을 표시한 그림이다.

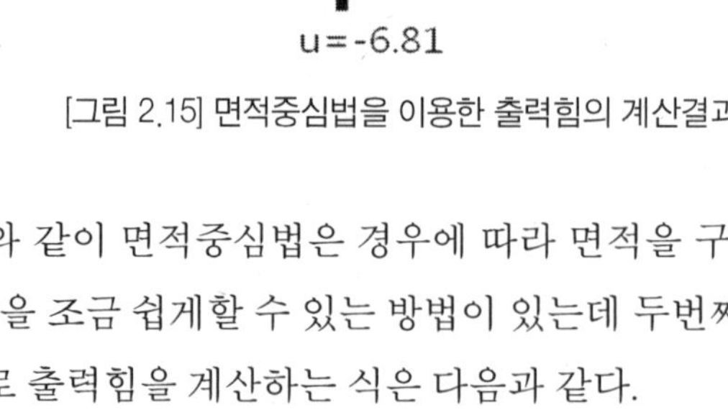

[그림 2.15] 면적중심법을 이용한 출력힘의 계산결과

위에서 보는 바와 같이 면적중심법은 경우에 따라 면적을 구하는 과정이 약간 복잡할 수도 있다. 계산을 조금 쉽게할 수 있는 방법이 있는데 두번째 방법인 중심평균법이다. 중심평균법으로 출력힘을 계산하는 식은 다음과 같다.

$$u^{crisp} = \frac{\sum_i b_i \mu(i)}{\sum_i \mu(i)}$$

중심평균법으로 [그림 2.13]의 도심을 구하면 다음과 같다.

$$u^{crisp} = \frac{(0)(0.25) + (-10)(0.75)}{0.25 + 0.75} = -7.5$$

중심평균법에서는 각 도형의 면적을 구하지 않고 대신에 멤버쉽 값과 각 도형의 도심만을 이용하여 계산하는 방식이다. 따라서, 중심평균법이 일반적으로 많이 이용되고 있는 편이다. 이상에서 설명한 퍼지제어기의 출력힘의 계산과정을 도식적으로 요약을 하면 아래 [그림 2.16]과 같이 나타낼 수 있다. 임의의 입력변수(오차값, 오차값변화율)이 퍼지제어기에 입력되면 퍼지제어기의 해당 룰이 작동하여 최종적으로 출력힘을 생성하는 과정을 잘 표현하고 있다.

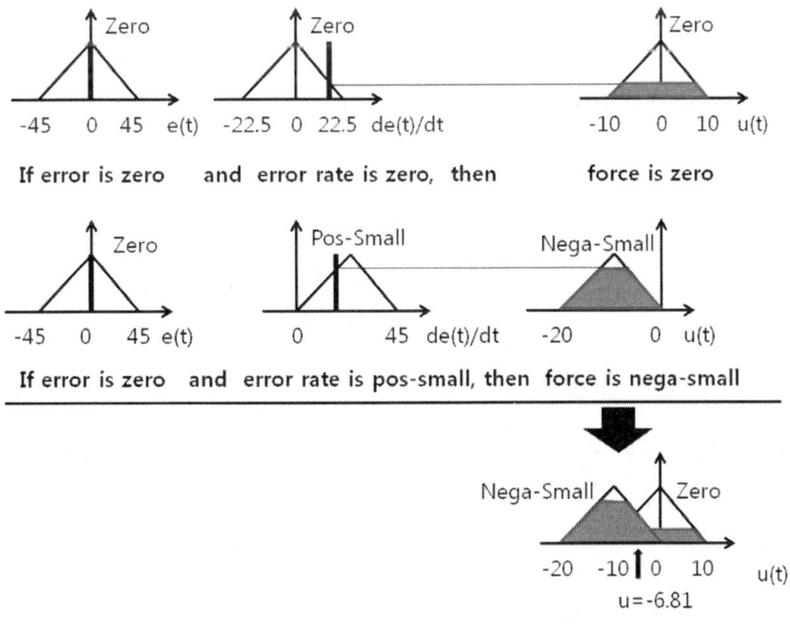

[그림 2.16] 임의의 입력에 대한 퍼지제어기의 출력힘 계산 과정

5. Sugeno 퍼지 시스템

여태까지의 퍼지추론은 가장 일반적인 추론방식인 Mamdani 방식에 기반을 두었다. 여기서는 Sugeno 방식(혹은, Takagi-Sugeno-Kang 방식이라고도 함)에 대하여 알아보기로 하자. 이 방식은 Mamdani 방식과 매우 흡사하다. 두 추론방식의 전건부(조건문의 앞부분)는 정확하게 같다. 차이점은 후건부에 있다. Sugeno 방식에서 출력변수에 대한 소속함수는 상수 혹은 선형식으로 표현된다는 점이 차이점이다. Sugeno 방식의 전형적인 형태는 다음과 같다.

$$\text{If Input 1} = x \text{ and Input 2} = y\text{, then Output is } z = \mathrm{a}x + \mathrm{b}y + \mathrm{c}$$

물론 0차 Sugeno 모델의 경우에는 출력값 z 는 상수가 된다 (a=b=0).

각 퍼지룰에 대한 출력값을 z_i 로 정의하면, z_i 값은 다음 식과 같이 정의되는 가중치 w_i 와 곱해진다.

$$w_i = \mathbf{AND}(F_1(x), F_2(y))$$

위 식에서 $F_{1,2}$ (.) 는 입력1과 입력2에 대한 소속함수를 나타낸다. 따라서, 모든 퍼지룰을 고려한 경우의 최종출력값은 다음과 같이 계산된다.

$$\text{최종출력값} = \frac{\sum_{i=1}^{n} w_i z_i}{\sum_{i=1}^{n} w_i}$$

위 식에서 N은 퍼지룰의 개수이다. 아래 그림은 Sugeno 방식에서 퍼지룰이 어떻게 비퍼지화(defuzzified) 되는지를 잘 설명하고 있다. 입력1과 2가 Sugeno 방식의 퍼지시스템에 입력되면 해당되는 소속함수 내에서 소속값이 결정되고 AND 규칙에 의해 가중치 w 값이 결정됨을 알 수 있다. 한편 입력값이 출력 소속함수에 입력되어 출력값 z가 결정됨을 쉽게 도식적으로 알 수 있다.

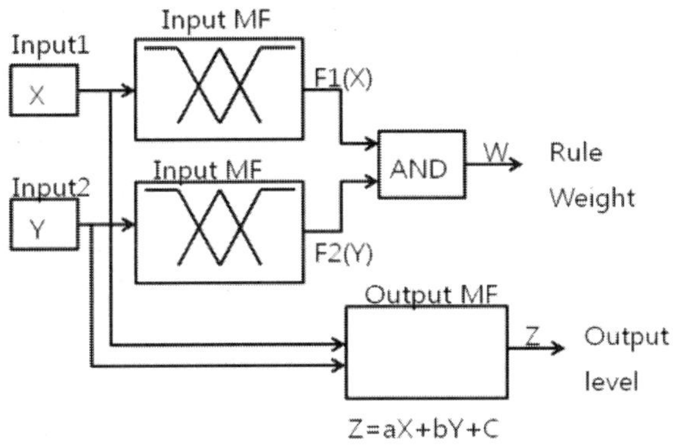

[그림 2.17] Sugeno 방식의 퍼지 룰

Sugeno 방식의 퍼지추론을 구체적으로 이해하기 위해 식당에서 팁을 결정하는 퍼지시스템 예를 들어 설명을 한다. 입력변수는 식당 종업원의 service와 음식의 질이다. service는 3개의 멤버쉽함수 poor, good, excellent 를 사용하고 있고 음식의 질 food은 2개의 멤버쉽 함수 rancid(맛이 없는)와 delicious(맛있는)를 사용하고 있다. 출력은 3개의 멤버쉽 함수 cheap, avcragc, gcncrous 를 사용하고 있다. [그림 2-18]은 두 입력변수인 service와 food의 퍼지함수를 보여주고 있다. 출력변수 tip에 대한 퍼지함수는 Sugeno 형식의 상수를 취하였다. 즉, cheap=10%, average=15%, generous=20%를 선정하였다. 사용된 퍼지룰은 모두 6개이며 다음과 같이 작성하였다.

If service=poor AND food=rancid, Then tip=10
If service=poor AND food=delicious, Then tip=15
If service=good AND food=rancid, Then tip=15
If service=good AND food=delicious, Then tip=15
If service=excellent AND food=rancid, Then tip=15
If service=excellent AND food=delicious, Then tip=20

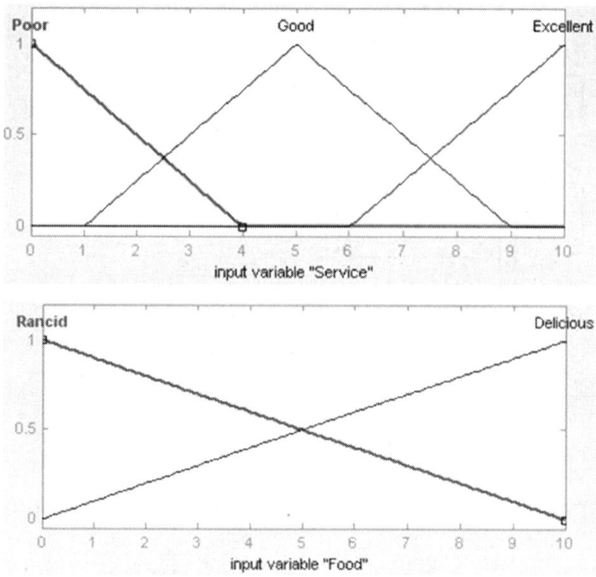

[그림 2.18] 입력변수의 퍼지함수

여러분이 식당에서 종업원의 서비스와 주문한 음식의 맛이 10점 만점에 각각 5점과 8점쯤 된다고 판단하였을 때 tip(tip은 10%에서 20% 사이)을 계산하는 과정을 살펴보자. 출력값 tip에 영향을 미치는 퍼지 룰은 아래와 같다.

룰3) If service=good AND food=rancid, then tip=cheap

룰4) If service=good AND food=delicious, then tip=average

아래 [그림 2.19]는 주어진 입력값에 대해 위 2개의 퍼지룰이 상호 작용하여 출력값을 만들어 내는 과정을 잘 보여주고 있다. 결과적으로 14%의 팁을 주는 것으로 결과가 나왔다.

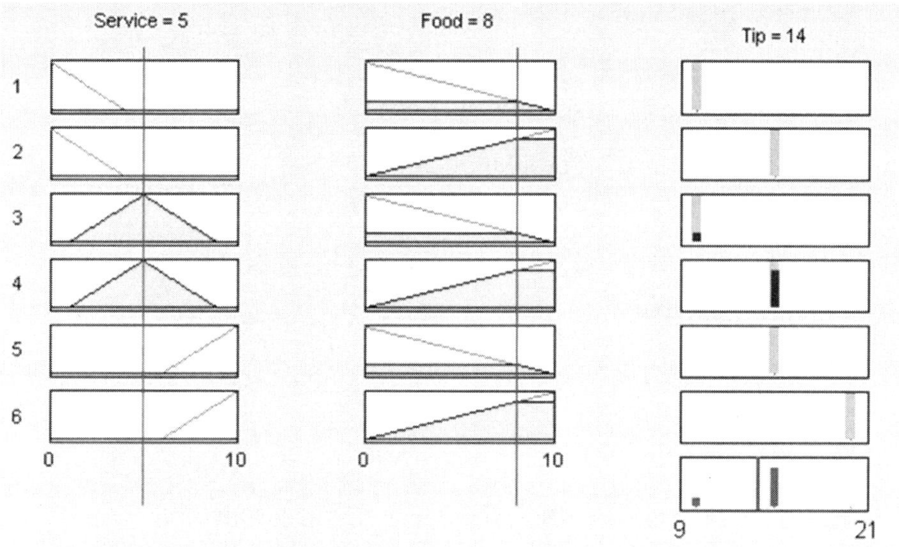

[그림 2.19] Sugeno 퍼지룰에서 출력값 tip을 구하는 과정

다음은 Sugeno 퍼지시스템의 출력함수가 0차가 아닌 1차함수인 경우를 살펴보도록 하자. 2 입력변수 x_1, x_2에 대한 멤버쉽함수가 아래 그림과 같다고 한다.

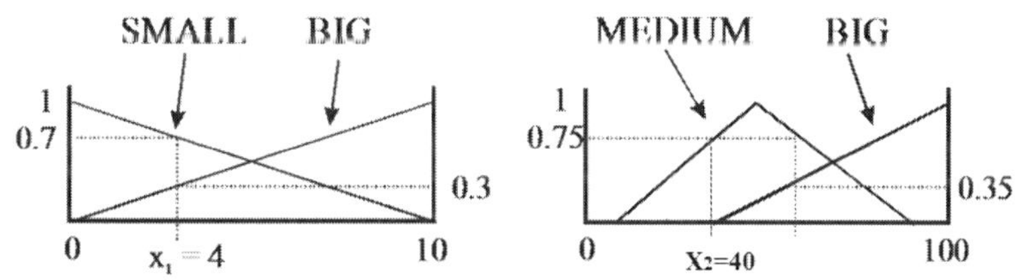

주어진 입력값 x1=4, x2=40에 대한 최종 출력값을 구해보도록 하자. 이 값에 작용하게되는 퍼지룰은 다음과 같이 2개의 룰이다.

룰1) : IF x1 is BIG AND x2 is MEDIUM THEN u1=x1-3x2

룰2) : IF x1 is SMALL AND x2 is MEDIUM THEN u2=4+2x1

위의 룰에서 U1과 U2는 목적에 맞게 설계하였다고 가정한다. 이 때, 주어진 입력값은 각각의 퍼지함수에서 다음과 같은 소속값을 가지게 된다.

myu-BIG(x1) = 0.3　myu-MED(x2) =0.75

myu-SMALL(x1) = 0.7　myu-MED(x2) = 0.75

룰1에 의해 생성되는 멤버쉽값 w1과 출력값 u1은 다음과 같다.

w1=min(0.3, 0.75)= 0.3

u1=4-3(40)= -116

반면에, 룰2에 의해 생성되는 멤버쉽값 w2와 출력값 u2는 다음과 같다.

w2=min(0.7, 0.75)= 0.7

u2=4+2(4)= 12

따라서, 최종출력값은 다음과 같이 계산된다.

$$U = [0.3(-116) + 0.7(12)]/(0.3 + 0.7) = -26.4$$

3 장 퍼지 제어

지금까지 퍼지시스템을 구성하기 위한 소속함수를 구성하는 방법, 그리고 퍼지 룰을 작성하는 방법, 또한 주어진 특정한 입력값에 대하여 퍼지시스템이 어떻게 작동하는가를 개념적으로 이해를 하였다. 이제부터는 퍼지 룰을 이용하여 퍼지제어시스템을 구축하는 과정을 알아보도록 한다.

1. Matlab을 이용한 퍼지제어

다음과 같은 역진자의 자세제어를 이한 퍼지제어 시스템을 Matlab을 이용하여 프로그래밍 하는 예를 보이고자 한다. 평판 위를 움직이는 카트-역진자 시스템은 아래 그림과 같이 나타낼 수 있다.

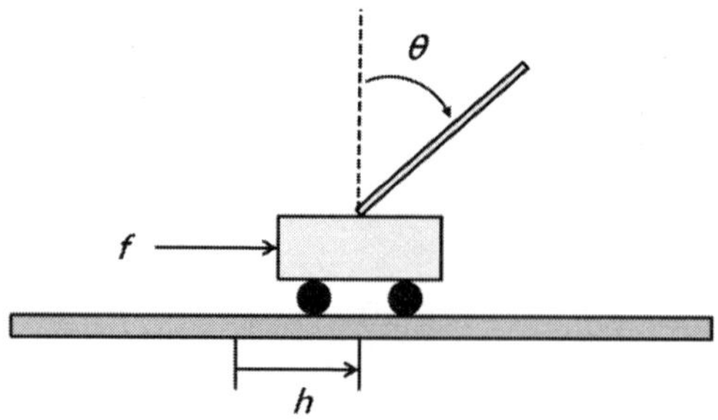

[그림 3.1] 카트-역진자 시스템

위 역진자 시스템의 구속조건은 다음과 같다고 가정을 한다.

$$-30° < \theta < 30°$$

$$-5m < h < 5m$$

$$|f| \quad \leq \quad 30N$$

역진자와 수평이동 카트의 운동방정식이 다음과 같이 근사적으로 표현될 수 있다.

$$\theta(t+1) = \theta(t) + \triangle \cdot \dot{\theta}(t)$$

$$\dot{\theta}(t+1) = \dot{\theta}(t) + \triangle \cdot \frac{mg \cdot \sin(\theta(t))\left(f(t) + m_p \cdot 1 \cdot \left(\dot{\theta}(t) \cdot \frac{\pi}{180}\right)^2 \cdot \sin(\theta(t))\right)}{\frac{4}{3}ml - m_p \cdot 1 \cdot \cos^2(\theta(t))}$$

$$h(t+1) = h(t) + \triangle \cdot \dot{h}(t)$$

$$\dot{h}(t+1) = \dot{h}(t) + \triangle \cdot \frac{f(t) + m_p \cdot \ell \cdot \left(\left(\dot{\theta}(t) \cdot \frac{\pi}{180}\right)^2 - \ddot{\theta}(t) \cdot \frac{\pi}{180} \cdot \cos(\theta(t))\right)}{m}$$

위 식에서 여러 파라메터의 값은 다음과 같이 주어진다.

$g = 9.8$

$m = 1.1$: combined mass of pole and cart

$m_p = 0.1$: mass of pole

$\triangle = 0.02$: sampling interval

위 시스템을 제어하기 위한 퍼지제어기의 입력변수와 출력변수는 아래와 같다.

Input : $\theta, \dot{\theta}, \{h, \dot{h}\}$

Output : f

하지만 입력변수 4개를 모두 고려해서 퍼지 제어 시스템을 구성하기는 매우 어렵다. 문제를 간단히 하기 위해서 입력변수는 θ와 $\dot{\theta}$ 2개만 퍼지제어기의 입력변수로 선정한다. 단, 카트가 수평으로 움직이는 것은 5m ~ 5m 범위 이내에 있도록 퍼지제어기를 잘 구성해 보도록 하자.

풀 이 먼저, 퍼지제어기의 입력변수들에 대한 퍼지 멤버쉽함수를 디자인 해야 한다. 역진자의 각도 θ에 대한 멤버쉽함수를 다음과 같이 5개의 퍼지집합으로 디자인하였다.

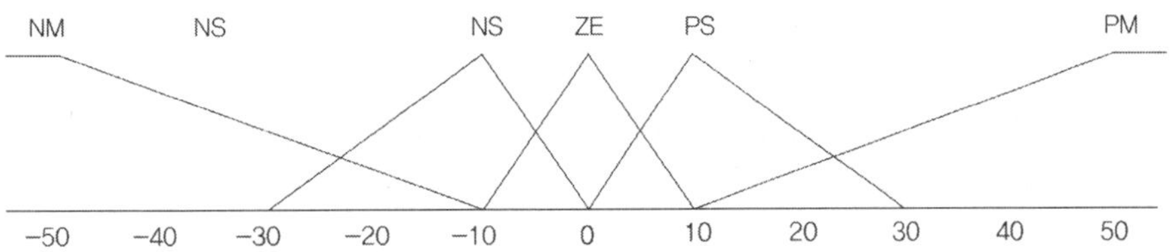

[그림 3.2] 역진자의 각도 θ에 대한 멤버쉽 함수

위 그림에서 다른 퍼지집합보다 ZE(Zero) 집합의 폭을 좁게 설정한 것은 역진자를 목표(수직위치, 즉 각도가 0도) 부근에서 각도를 정밀하게 제어하고자 하는 목적이 있다. 좀 더 정밀한 제어를 위한다면 5개의 퍼지집합보다 7개의 퍼지집합을 사용하는 것도 좋다. 하지만, 계산시간이 증가하는 단점이 수반된다는 것을 알아야 한다. 위의 퍼

지 멤버쉽함수를 1차함수를 이용하여 표현하려면 매우 복잡할 것이다. 따라서, 아래와 같은 테이블을 만드는 것이 매우 효과적인 방법이라 할 수 있다.

[표 3.1] 테이블 값으로 표현한 각도 θ의 멤버쉽 함수

	-50	-45	-40	-35	-30	-25	-20	-15	-10	-5	0	5	10	15	20	25	30	35	40	45	50
NM	1.0	0.88	0.75	0.63	0.5	0.38	0.25	0.13	0	0	0	0	0	0	0	0	0	0	0	0	0
NS	0	0	0	0	0.25	0.5	0.75	1.0	0.5	0	0	0	0	0	0	0	0	0	0	0	0
ZE	0	0	0	0	0	0	0	0	0	0.5	1.0	0.5	0	0	0	0	0	0	0	0	0
PS	0	0	0	0	0	0	0	0	0	0	0	0.5	1.0	0.75	0.5	0.25	0	0	0	0	0
PM	0	0	0	0	0	0	0	0	0	0	0	0	0	0.13	0.25	0.38	0.5	0.63	0.75	0.88	1.0

같은 방법으로 역진자의 각속도에 대한 퍼지 멤버쉽함수를 다음과 같이 디자인 하였다.

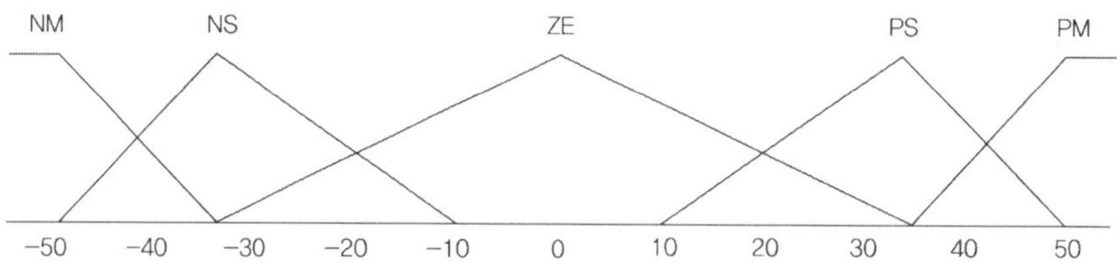

[그림 3.3] 역진자의 각속도 θ에 대한 퍼지 멤버쉽 함수

이 경우에는 ZE 구간을 상대적으로 넓게 선정하였다. 이는 퍼지제어기의 2입력변수 중에서 위치오차를 줄이는 것을 우선하고 속도오차를 줄이는 것을 덜 중요시 하겠다는 뜻으로 해석을 하면 되겠다. 아래 그림은 위 멤버쉽함수를 테이블로 표시한 그림이다.

[표 3.2] 테이블 값으로 표현한 각도 θ의 멤버쉽 함수

	-50	-45	-40	-35	-30	-25	-20	-15	-10	-5	0	5	10	15	20	25	30	35	40	45	50
NM	1.0	0.67	0.33	0	0	0	0	0	0	0	0	0	0	0	0	0	0	0	0	0	0
NS	0	0.33	0.67	1.0	0.8	0.6	0.4	0.2	0	0	0	0	0	0	0	0	0	0	0	0	0
ZE	0	0	0	0	0.14	0.29	0.43	0.57	0.72	0.86	1.0	0.86	0.72	0.57	0.43	0.29	0.14	0	0	0	0
PS	0	0	0	0	0	0	0	0	0	0	0	0	0	0.2	0.4	0.6	0.8	1.0	0.67	0.33	0
PM	0	0	0	0	0	0	0	0	0	0	0	0	0	0	0	0	0	0	0.33	0.67	1.0

이렇게 하여 입력변수에 대한 퍼지 멤버쉽함수는 디자인되었다. 남은 것은 출력변수, 즉 카트에 미는 수평힘에 대한 퍼지 멤버쉽함수를 디자인하여야 한다. 어느 정도

정밀한 힘을 제어하는 것이 필요하므로 힘에 대한 퍼지집합은 다음과 같이 7개를 사용하였다.

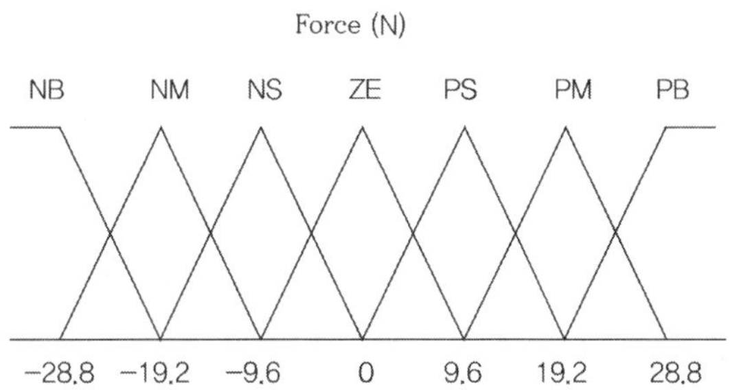

[그림 3.4] 출력힘에 대한 퍼지 소속 함수

입출력변수에 대한 퍼지 멤버쉽함수가 선정된 다음 해야 할 일은 If-Then과 같은 퍼지규칙을 작성해야 한다. 앞에서 설명한 바와 같이 두 입력변수 θ와 $\dot{\theta}$의 퍼지집합이 각각 5개 이므로 모두 5x5=25개의 퍼지규칙이 필요하게 된다. 아래 그림은 25개의 퍼지규칙을 나타내는 규칙 테이블이다. θ와 $\dot{\theta}$의 양의 방향은 반시계방향으로 선정하였고, 카트에 작용하는 제어힘의 양의 방향은 왼쪽 방향으로 선정하였다.

FAM (Fuzzy Associate Memory) : Rule Table

		θ				
		NM	**NS**	**ZE**	**PS**	**PM**
$\dot{\theta}$	**NM**	NB①	NB②	NM	NS	ZE
	NS	NB	NM	NS	ZE	PS
	ZE	NM	NS	ZE	PS	PM
	PS	NS	ZE	PS	PM	PB
	PM	ZE	PS	PM	PB	PB

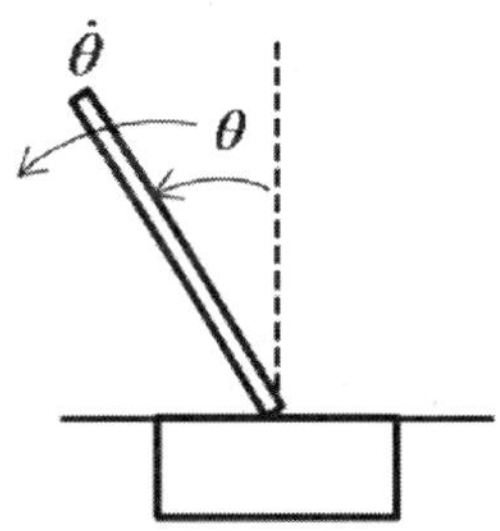

① If θ= NM AND $\dot{\theta}$=NM, then F=NB

② If θ= Ns AND $\dot{\theta}$=NM, then F=NB

[그림 3.5] 테이블로 표시된 25개의 퍼지규칙

이상과 같이 하여 퍼지제어기가 구축이 되었다. 이제 퍼지제어기에 임의 입력값을 순차적으로 입력하여 해당되는 퍼지제어기의 출력값을 확인하도록 한다. 아래 표는 두 입력변수의 값 θ와 $\dot{\theta}$를 -50에서 50까지 5씩 변화시켜 가면서 출력값을 계산한 표이다.

[표 3.3] 퍼지제어기에 의해 구해진 입력값 θ와 $\dot{\theta}$에 대한 출력힘의 계산

θ \ $\dot{\theta}$	-50	-45	-40	-35	-30	-25	-20	-15	-10	-5	0	5	10	15	20	25	30	35	40	45	50
-50	-28.8	-28.8	-28.8	-27.4	-25.6	-23	-19.2	-19.2	-19.2	-19.2	-19.2	-19.2	-19.2	-19.2	-19.2	-15.4	-12.8	-11	-9.6	-4.8	0
-45	-28.8	-28.8	-28.8	-27.4	-25.6	-23	-19.2	-19.2	-19.2	-19.2	-19.2	-19.2	-19.2	-19.2	-19.2	-15.4	-12.8	-11	-9.6	-4.8	0
-40	-28.8	-28.8	-28.8	-27.4	-25.6	-23	-19.2	-19.2	-19.2	-19.2	-19.2	-19.2	-19.2	-19.2	-19.2	-15.4	-12.8	-11	-9.6	-4.8	0
-35	-28.8	-28.8	-28.8	-27.4	-25.6	-23	-19.2	-19.2	-19.2	-19.2	-19.2	-19.2	-19.2	-19.2	-19.2	-15.4	-12.8	-11.2	-9.6	-4.8	0
-30	-28.8	-28.8	-28.8	-26.9	-25.6	-23	-19.2	-19.2	-19.2	-19.2	-19.2	-19.2	-19.2	-19.2	-19.2	-15.4	-12.8	-11.5	-9.6	-4.8	0
-25	-28.8	-26.9	-25	-21.9	-20.3	-19.2	-15.4	-15.4	-15.4	-15.4	-15.4	-15.4	-15.4	-15.4	-15.4	-10.7	-9.6	-8.23	-5.76	-0.96	3.84
-20	-28.8	-25.6	-22.4	-20.4	-19.2	-18.1	-12.8	-12.8	-12.8	-12.8	-12.8	-12.8	-12.8	-12.8	-12.8	-9.6	-7.68	-6	-3.2	1.6	6.4
-15	-28.8	-25	-20.6	-19.2	-18	-16.5	-11.5	-11.2	-11	-11	-11	-11	-11	-11.2	-11.5	-8.23	-6	-4.27	-1.37	2.88	8.23
-10	-28.8	-24	-19.2	-17.8	-16	-13.4	-9.6	-9.6	-9.6	-9.6	-9.6	-9.6	-9.6	-9.6	-9.6	-5.76	-3.2	-1.37	0	4.8	9.6
-5	-24	-19.2	-14.4	-12.5	-11.2	-8.64	-4.8	-4.8	-4.8	-4.8	-4.8	-4.8	-4.8	-4.8	-4.8	-0.96	1.6	2.88	4.8	9.6	14.4
0	-19.2	-14.4	-9.6	-8.23	-6.4	-3.84	0	0	0	0	0	0	0	0	0	3.84	6.4	8.23	9.6	14.4	19.2
5	-14.4	-9.6	-4.8	-2.88	-1.6	0.96	4.8	4.8	4.8	4.8	4.8	4.8	4.8	4.8	4.8	8.64	11.2	12.5	14.4	19.2	24
10	-9.6	-4.8	0	1.37	3.2	5.76	9.6	9.6	9.6	9.6	9.6	9.6	9.6	9.6	9.6	13.4	16	17.8	19.2	24	28.8
15	-8.23	-2.88	1.37	4.27	6	8.23	11.5	11.2	11	11	11	11	11	11.2	11.5	16.5	18	19.2	20.6	25	28.8
20	-6.4	-1.6	3.2	6	7.68	9.6	12.8	12.8	12.8	12.8	12.8	12.8	12.8	12.8	12.8	18.1	19.2	20.4	22.4	25.6	28.8
25	-3.84	0.96	5.76	8.23	9.6	10.7	15.4	15.4	15.4	15.4	15.4	15.4	15.4	15.4	15.4	19.2	20.3	22	25	26.9	28.8
30	0	4.8	9.6	11.5	12.8	15.4	19.2	19.2	19.2	19.2	19.2	19.2	19.2	19.2	19.2	23	25.6	26.9	28.8	28.8	28.8
35	0	4.8	9.6	11.2	12.8	15.4	19.2	19.2	19.2	19.2	19.2	19.2	19.2	19.2	19.2	23	25.6	27.2	28.8	28.8	28.8
40	0	4.8	9.6	11	12.8	15.4	19.2	19.2	19.2	19.2	19.2	19.2	19.2	19.2	19.2	23	25.6	27.4	28.8	28.8	28.8
45	0	4.8	9.6	11	12.8	15.4	19.2	19.2	19.2	19.2	19.2	19.2	19.2	19.2	19.2	23	25.6	27.4	28.8	28.8	28.8
50	0	4.8	9.6	11	12.8	15.4	19.2	19.2	19.2	19.2	19.2	19.2	19.2	19.2	19.2	23	25.6	27.4	28.8	28.8	28.8

아래 그림은 위의 표를 3차원 그래프로 재구성한 그림이다. 사실 우리가 퍼지제어기를 구성한다는 것은 그 제어기의 3차원 그래프 (혹은 퍼지제어 곡면)를 구하는 것이라 할 수 있다.

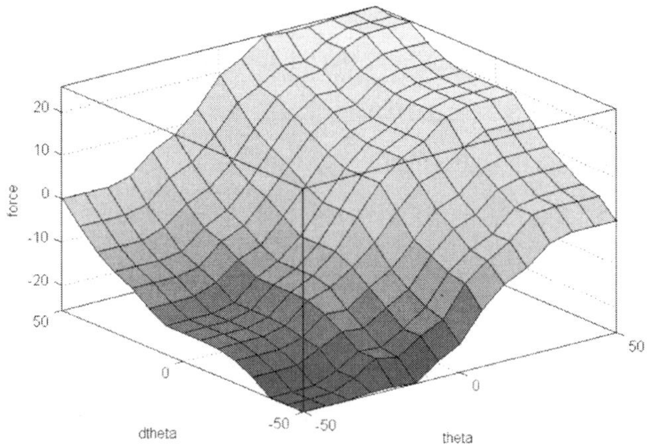

[그림 3.6] 표 3.3의 값을 3차원 그래프로 재구성한 그림

[그림 3.7]은 역진자에 퍼지제어기를 이용하여 제어 시뮬레이션을 한 결과를 나타낸 그림이다. 그래프에서 보는 바와 같이 초기각도는 30도로 주어져 있다. 퍼지제어기가 작동하여 -4도에서 4도 사이에서 제어가 됨을 알 수 있다. 마치 숙련된 사람이 역진자를 제어할 때 처럼 역진자가 영점 각도 부근에서 움직이는 것을 볼 수 있다 영점부근에서 움직이는 각도를 더 줄이고 싶다면 퍼지멤버쉽함수의 개수를 증가하면서 동시에 NS, ZE, PS 구간을 상당히 좁게 설정한다면 목표를 달성할 수 있을 것이다. 또 다른 방법은 퍼지제이기의 출력힘에 대한 퍼지집합을 잘 설정하는 노력도 기울여야 할 것이다.

아래 프로그램 pendulum_fuzzy_control.m은 역진자의 퍼지제어를 위한 메인프로그램에 해당된다.

```
[pendulum_fuzzy_control.m]
function pendulum_fuzzy_comtrol(theta, thetadot)
%%% 아래 부분은 각도와 각속도의 범위를 나타낸 1차원 배열이다.
scale_theta=[-50 -45 -40 -35 -30 -25 -20 -15 -10 -5 0 5 10 15 20 25 30 35 40 45 50];

scale_thetadot=[-50 -45 -40 -35 -30 -25 -20 -15 -10 -5 0 5 10 15 20 25 30 35 40 45 50];
%%% 아래 부분은 위 배열 위치에 해당되는 각도 퍼지집합의 멤버쉽함수의 값을 표시한
%%% 2차원 배열이다. 첫번째 행은 NM, 두 번째 행은 NS의 순서로 작성되어 있다.
```

```
theta_memb_func=[
1.0 0.875 0.75 0.625 0.5 0.375 0.25 0.125 0 0 0 0 0 0 0 0 0 0 0 0 0;
0 0 0 0 0 0.25 0.5 0.75 1.0 0.5 0 0 0 0 0 0 0 0 0 0 0;
0 0 0 0 0 0 0 0 0 0.5 1.0 0.5 0 0 0 0 0 0 0 0 0;
0 0 0 0 0 0 0 0 0 0 0 0.5 1.0 0.75 0.5 0.25 0 0 0 0 0;
0 0 0 0 0 0 0 0 0 0 0 0 0 0.125 0.25 0.375 0.5 0.625 0.75 0.875 1.0];

%%%아래 부분은 위 배열 위치에 해당되는 각속도 퍼지집합의 멤버쉽함수의 값을
%%%표시한 2차원 배열이다. 첫번째 행은 NM, 두 번째 행은 NS의 순서로 작성됨
thetadot_memb_func=[
1 0.67 0.33 0 0 0 0 0 0 0 0 0 0 0 0 0 0 0 0 0 0;
0 0.33 0.67 1.0 0.8 0.6 0.4 0.2 0 0 0 0 0 0 0 0 0 0 0 0 0;
0 0 0 0 0.14 0.29 0.43 0.57 0.72 0.86 1.0 0.86 0.75 0.57 0.43 0.29 0.14 0 0 0 0;
0 0 0 0 0 0 0 0 0 0 0 0 0 0 0.2 0.4 0.6 0.8 1.0 0.67 0.33 0;
0 0 0 0 0 0 0 0 0 0 0 0 0 0 0 0 0 0 0.33 0.67 1.0];

%%%아래 부분은 25개의 퍼지규칙을 표시한 2차원 배열이다. 배열 내부의 값은
%%%출력힘에 대한 퍼지집합을 나타내고 있다.
%%%NB은 1을 의미하며, NS은 2을 의미한다. PB은 7로 표현되어 있다.
fam=[
1 1 2 3 4
1 2 3 4 5
2 3 4 5 6
3 4 5 6 7
4 5 6 7 7];

%%아래 부분은 퍼지 출력힘의 퍼지함수의 중심값을 나타내고 있다. 이 중심값은
%%퍼지제어기의 비퍼지화 부분의 계산과정에 사용된다. 사실 단순화된 비퍼지화
%%과정에서는 출력힘의 퍼지함수 자체보다 퍼지함수 각각의 중심값만 사용되어짐
pattern=[-28.8 -19.2 -9.6 0 9.6 19.2 28.8];
```

```
%%아래 부분은 프로그램의 주 제어 부분이다. 간단히 설명하면
%%fuzzy_control_surface 함수를 돌려서
%%얻은 해당각도와 각속도에 대한 출력힘의 값을 lookup_table에 저장함
%%그런 다음, 임의의 초기각도 및 초기각속도에 대하여 퍼지제어기가 작동하도록 함

%%Simulation을 위한 초기값 설정
theta = 30;
thetadot = 0;
x = 0;
xdot = 0;

k = 1;
pi = 3.14;

fuzzy_control_surface; %% fuzzy_control_surface.m 함수를 호출

while k < 250  %%5초간 시뮬레이션 수행
find_defuzz_angle; %% find_defuzz_angle.m 함수호출
force = lookup_table(IS1, IS2);
time = k*0.02;
out(k, 1) = time;
out(k, 2) = theta;
out(k, 3) = thetadot;
out(k, 4) = force;
theta_s = theta*pi/180;
thetadot_s = thetadot*pi/180;
k = k+1;
pendulum_dynamic; %% pendulum_dynamic.m 함수 호출
end
t = out(:, 1);
```

```
angle = out(:, 2);
control_force = out(:, 4);
plot(t, angle, t,control_force, '--')
xlabel('Time'), ylabel('angle(-) and control_force(--)')
title('Inverted Pendulum Control using Fuzzy Control')
```

아래의 m 파일은 퍼지제어기의 제어평면을 구성하는 함수이다.

[fuzzy_control_surface.m]

```
for I = 1:21
for J = 1:21
for i = 1:5
for j = 1:5
member(i, j) = min(theta_memb_func(i, I),thetadot_memb_func(j, J));
sum(i, j) = member(i, j )*pattern(fam(i, j));
end
end
num = 0.0;
den = 0.0;
for i = 1:5
for j = 1:5
num = num+ sum(i, j);
den = den+member(i, j);
end
end
lookup_table(I, J) = num/den;
end
end
```

아래 m 파일은 역진자 시스템에 주어지는 각도 및 각속도 입력에 대한 제어출력값을 생성하는 프로그램이다.

```
[ find_defuzz_angle.m]
theta_step = 5; thetadot_step=5;
for i = 1:21
px1(i) = scale_theta(i);
end
for j = 1:21
px2(j) = scale_thetadot(j);
end
if theta <= px1(1)
IS1 = 1;
elseif theta >= px1(21)
IS1 = 21;
else
for i = 2:20
if theta > px1(i-1) & theta <= px1(i)
if (theta-px1(i-1)) < theta_step/2
IS1 = i-1;
else
IS1 = i;
end
end
end
end
if thetadot <= px2(1)
IS2=1;
elseif thetadot >= px2(21)
IS2 = 21;
else
for j = 2:20
if thetadot > px2(j-1) & thetadot <= px2(j)
```

```
if (thetadot-px2(j-1)) < thetadot_step/2
IS2 = j-1;
else
IS2 = j;
end
end
end
end
```

아래 m 파일은 역진자의 동적식을 나타내는 프로그램이다.

```
[pendulum_dynamic.m]
g = 9.8;
m = 1.1 ;
mp = 0.1;
l = 0.5;
delt = 0.02;
theta_l = theta_s+delt*thetadot_s;
thetadot_l=thetadot_s+delt*(m*g*sin(theta_s)-cos(theta_s)*(force+mp*l*thetadot_s*thetadot_s
*sin(theta_s)))/((4/3)*m*l-mp*l*cos(theta_s)*cos(theta_s));
x = x+delt*xdot;
xdot = xdot+delt*(force+mp*l*(thetadot_s*thetadot_s*sin(theta_s)-thetadot _s*cos(theta_s)))/m;
theta = theta_l*180/pi;
thetadot = thetadot_l*180/pi;
```

이상으로 역진자시스템의 퍼지제어 프로그램이 완성되었다.

Matlab 창에서 다음과 같이 입력해보자.

```
>> pendulum_fuzzy_control(30, 0)
```

즉, 초기각도는 30도이고 초기각속도는 0도이다. 이 때 시뮬레이션 결과는 아래 그림과 같다. 그래프에서 실선은 역진자의 각도변화를 나타내며 점선은 퍼지제어기가 출력하는 제어힘을 나타내고 있다.

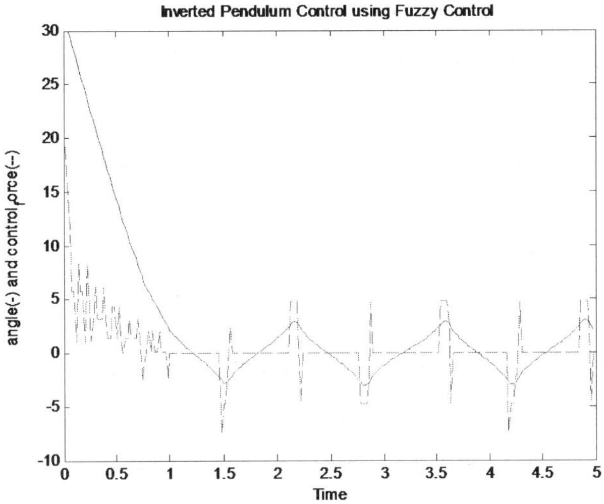

[그림 3.7] 퍼지제어기를 이용한 제어 시뮬레이션 결과

2. MATLAB 퍼지 툴박스를 이용한 퍼지제어

MATLAB에서는 퍼지제어기 설계용 Toolbox GUI를 제공하고 있다. 그림 3.8과 같은 자동차간 거리제어시스템에 퍼지제어기를 적용해 보면 툴박스를 사용하는 방법을 쉽게 이해할 수 있을 것이다.

예 제 3.1 선행차량 B가 임의 속도로 주행하고 있을 때, 여러분이 자동차 A를 운전하고 있다고 가정해 보자. 여러분의 운전목표는 앞 차와의 거리를 일정하게 d 만큼 유지하는 것이다. 퍼지제어기의 구성을 단계별로 살펴보기로 하자.

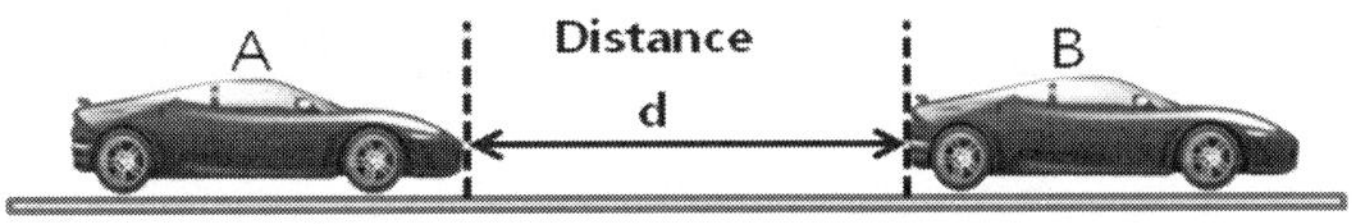

[그림 3.8] 자동차 거리제어시스템

단계 1 입력변수와 출력변수를 정하고 각각의 멤버쉽함수를 구성한다.

입력변수와 출력변수를 정할 때에는 실제 시스템의 제어동작을 가장 잘 설명할 수 있는 인자를 선정해야 한다. 이 예제에서는 입출력 변수는 당연히 다음과 같이 설정되어야 할 것이다.

입력변수 : 거리 d

출력변수 : 브레이크 파워 b

그리고, 입출력변수에 대한 멤버쉽 함수를 정해야 한다. 비교적 간단한 시스템이고 아주 정밀한 제어를 필요로 하지 않는다고 가정하면 멤버쉽 함수를 너무 많이 사용할 필요가 없다. 이 예에서는 입출력 변수를 다음과 같이 3개의 멤버쉽 함수로 각각 구성한다.

입력변수를 위한 멤버쉽 함수 : short, medium, long

출력변수를 위한 멤버쉽 함수 : large, medium, none(혹은 small)

단계2 MATLAB의 퍼지 toolbox GUI를 다음과 같이 동작시킨다.

>>fuzzy

이 명령은 toolbox GUI를 활성화하고 [그림 3.9]와 같이 FIS Editor이라는 이름으로 별도의 초기화면(window)을 생성하게 된다.

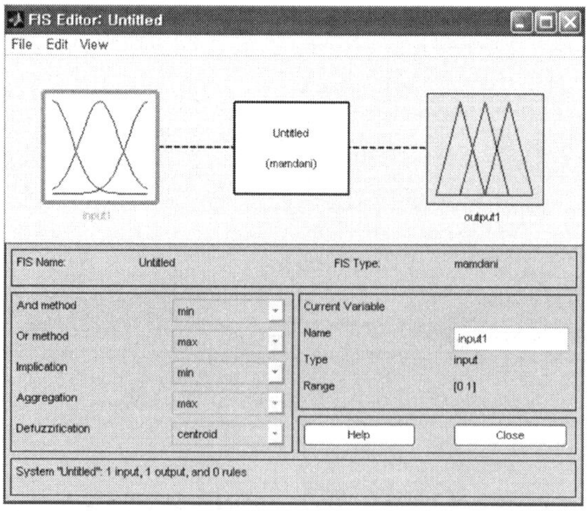

[그림 3.9] GUI화면의 초기화면 (FIS Editor 창)

단계3 입출력변수의 멤버쉽함수를 디자인한다.

초기화면에서 input1로 표시된 블록이 이미 활성화 되어 있다. 따라서, 화면의 오른쪽에 위치한 name 창에서 입력변수의 이름을 distance로 입력을 하면 창의 화면에서 input1이 distance로 변경 될 수 있다.

다음은 distance로 표시된 입력블록을 더블클릭하면 [그림 3.10]과 같이 입력변수에 대한 입력범위나 멤버쉽함수에 대한 디폴트 설정을 보여주고 있다.

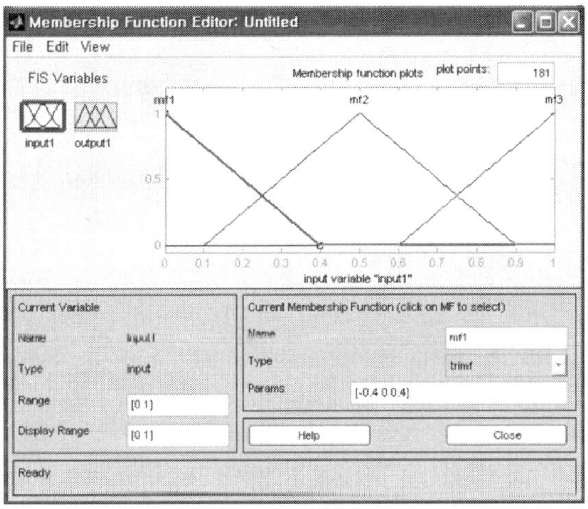

[그림 3.10] 멤버쉽함수를 보여주는 화면

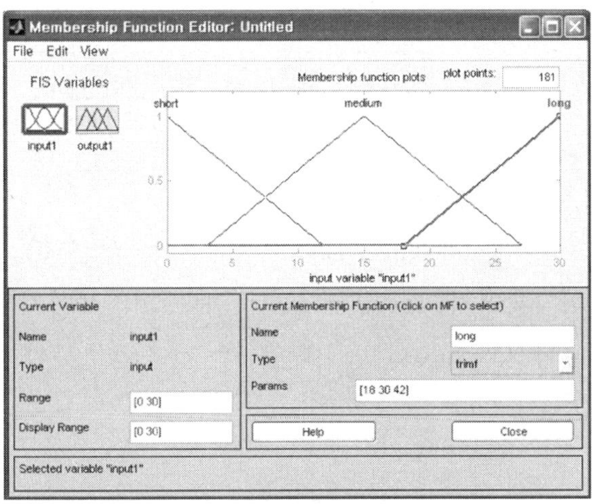

[그림 3.11] 입력변수의 멤버쉽함수가 완성된 화면

Range 창에서 입력변수에 대한 멤버쉽함수의 x축범위를 [0 30]으로 설정해 두자. 이 범위는 미터단위의 거리라고 생각하면 될 것이다. 현재 활성화되어 있는 함수의 Name을 short라고 지정한다. 그 다음 mf2라고 되어있는 함수를 클릭한 후 역시 Name창에 medium이라고 지정하고, 마찬가지로 mf3 함수를 클릭하여 long 이라는 이름을 부여한다.

이제, 출력변수에 대해서도 똑같은 과정을 반복해 보도록 하자. [그림 3.9]의 화면(FIS Editor)에서 Output1 블록을 클릭하여 출력변수의 이름을 brake로 한 후 이 블록을 더블클릭해서 멤버쉽 함수의 x축 범위를 [0 100] 으로 입력한다. 이 범위는 의미는 브레이크 파워를 0에서 100% 까지 구분해 놓음을 이해할 수 있을 것이다. 그 다음, 각각의 멤버쉽 함수 이름을 none, medium, large로 부여한다. [그림 3.12]는 출력변수의 멤버쉽 함수가 완성된 화면을 보여주고 있다.

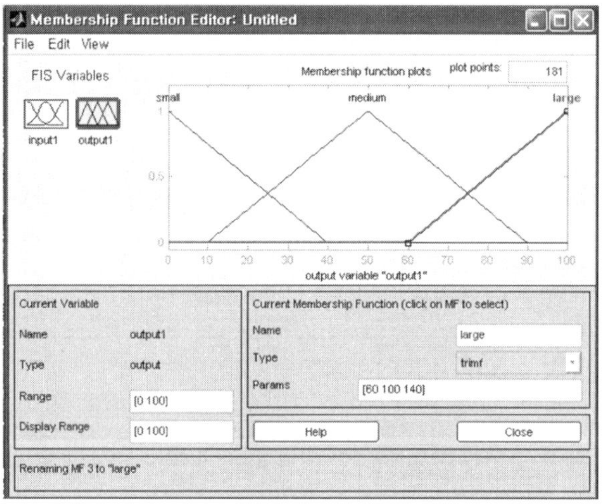

[그림 3.12] 출력변수의 멤버쉽함수가 완성된 화면

단계4 퍼지제어기의 룰을 생성한다.

먼저, FIS Editor 창에서 Untitled(mamdani) 블록을 더블클릭한다. 여기서, mamdani는 Mamdani 방식으로 퍼지제어기를 구성한다는 뜻이다. 퍼지제어기의 주류를 이루는 2가지 방법은 Mamdani 방식과 Sugeno 방식이 있다는 것을 참고하기 바란다. 더블클릭한 후의 화면은 [그림 3.13]과 같다.

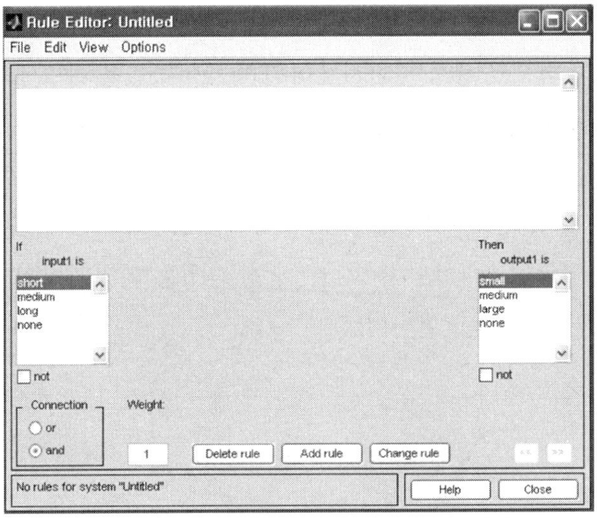

[그림 3.13] 퍼지 룰을 구성하기 위한 화면

위 화면에서 입력변수와 출력변수는 각각 3개의 멤버쉽함수가 등록되어 있음을 알 수 있다. 입력함수에 대한 출력함수를 제대로 매칭을 해야 퍼지제어기는 올바른 성능을 줄 수 있을 것이다. 여러분이 정상적으로 운전을 하고 있다면 차간거리가 short하면 브레이크 힘을 large하게 할 것이다. 따라서, 화면에서 distance 메뉴의 short와 brake메뉴의 large를 클릭한 후 Add-rule 버튼을 클릭해서 퍼지룰을 등록해야 한다. 같은 방법으로 medium-medium, long-none으로 매칭해서 Add rule 하게되면 [그림 3.14]와 같은 화면을 보여줄 것이다.

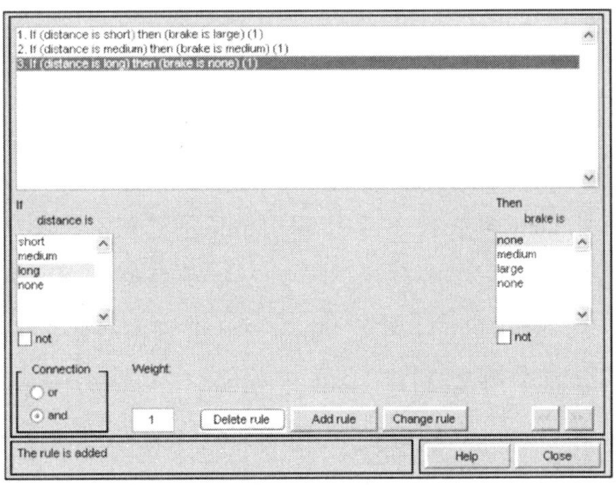

[그림 3.14] 퍼지 룰을 생성한 후의 화면

단계5 퍼지제어기의 제어곡면 (제어 database) 생성됨

[그림 3.15]는 최종적으로 생성된 퍼지제어기의 제어곡면을 나타내고 있다. FIS Editor 화면에서 View 메뉴를 선정한 다음 surface를 클릭하면 [그림 3.15]와 같은 제어곡면을 볼 수 있다. 아래의 그래프에서 수평축은 차간거리이고 수직축은 브레이크의 강도를 나타낸다. 이 경우는 입력변수가 1개 이고 출력변수도 1개 이므로 제어곡면은 곡선의 형태로 표현된다. 입력이 2개이고 출력이 1개인 경우는 퍼지제어기의 제어곡면이 곡면(surface) 형태로 된다는 것을 알아야 한다.

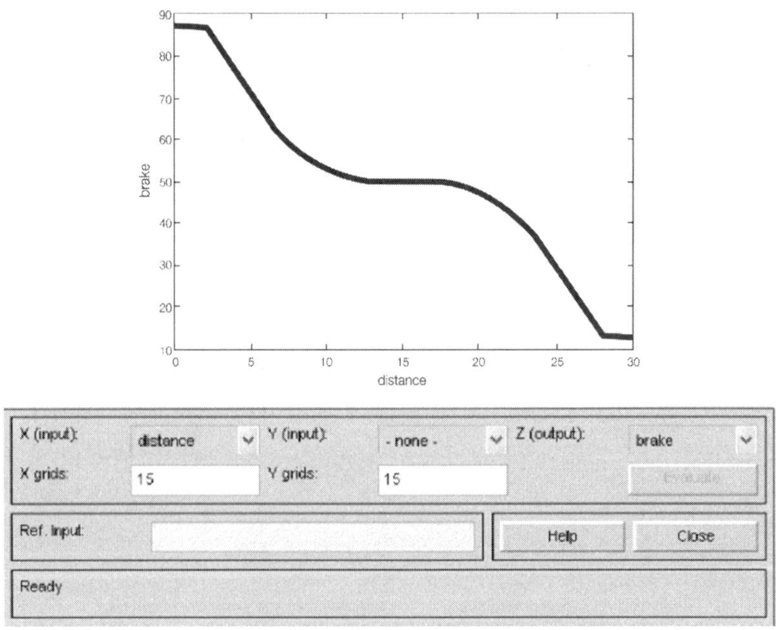

[그림 3.15] 생성된 퍼지제어 곡면

단계6 생성된 퍼지제어기의 성능확인

FIS Editor화면에서 View 메뉴를 선정한 다음 rule를 클릭하면 [그림 3.16]과 같은 그래프를 볼 수 있다. 이 경우 입력변수가 15m 인 경우에 대한 퍼지제어기의 동작을 설명하고 있다. 입력변수의 멤버쉽함수에서 15m는 2번째 멤버쉽함수에만 소속됨을 알 수 있고 멤버쉽 값도 1.0 임을 알 수 있다. 따라서, 설계된 퍼지 룰에 의해 멤버쉽 값 1.0 이 대응하는 출력멤버쉽 함수에 전달되고, 그 면적의 중심값을 살펴보면 brake=50임을 알 수 있다. [그림 3.17]은 차간거리=25m인 경우에 대한 퍼지제어기의 동작을 설명하고 있

다. 이 경우 입력변수가 25m 이며 이 값은 2번째와 3번째 입력 멤버쉽함수에 소속됨을 알 수 있다. 따라서, 대응하는 출력 멤버쉽 함수에 연결되고 출력면적의 중심값원리에 의해 brake=30.4 의 강도로 브레이크를 누르는 명령을 출력하게 된다.

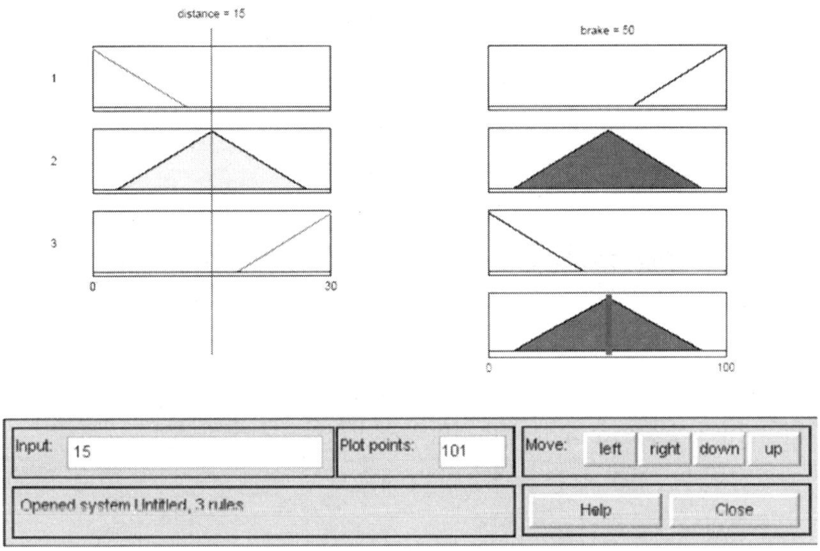

[그림 3.16] 생성된 퍼지제어기의 동작 (차간거리=15m인 경우)

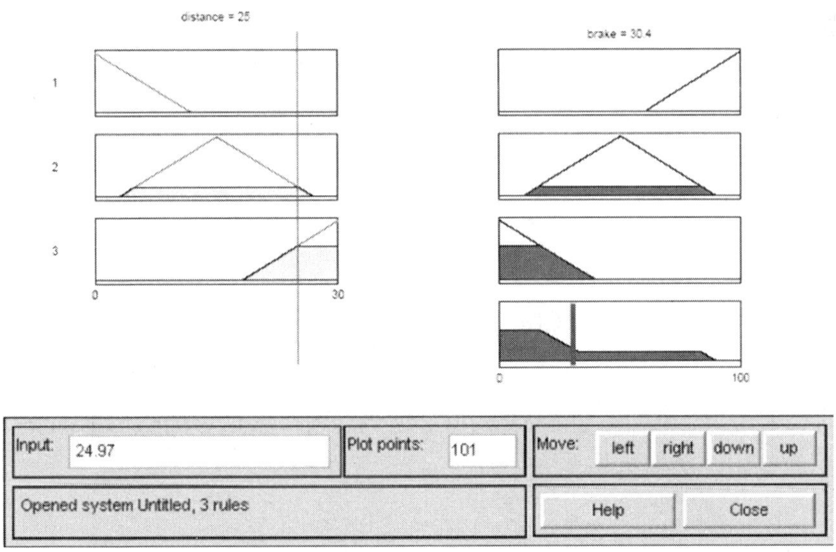

[그림 3.17] 생성된 퍼지제어기의 동작 (차간거리=25m인 경우)

위의 예제는 처음 퍼지제어기를 구성하는 학생들에게 퍼지제어기를 쉽게 이해하는데 좋은 길잡이가 되었을 것이다. 이제 좀 더 현실적인 예제를 다루어 보도록 하자.

예 제 3.2 입력변수를 차간거리 d 와 운전차량의 상대속도 V, 즉 입력변수를 2개로 설정하여 퍼지제어기의 출력인 brake 강도를 구하는 퍼지제어기를 구성해 보도록 하자.

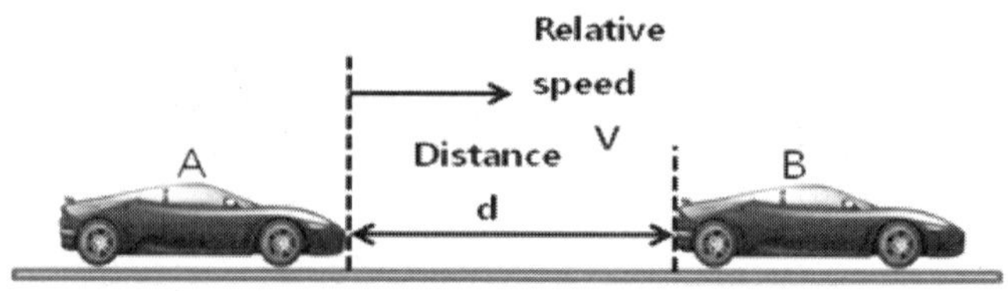

[그림 3.18] 상대속도를 고려한 자동차 거리제어시스템

단계1 입력변수와 출력변수를 정하고 각각의 멤버쉽함수를 구성한다.

입력변수 : 거리 d, 운전차량의 상대속도 V

출력변수 : 브레이크 파워 b

그리고, 입출력 변수를 다음과 같이 3개의 멤버쉽 함수로 각각 구성한다.

입력변수 d를 위한 멤버쉽 함수 : short, medium, long

입력변수 V를 위한 멤버쉽 함수 : slow, medium, fast

출력변수를 위한 멤버쉽 함수 : small, medium, large

단계2 MATLAB의 퍼지 toolbox GUI를 다음과 같이 동작시킨다.

```
>>fuzzy
```

그리고, FIS Editor 초기화면(window)의 Edit 메뉴에서 Add variable과 Input을 선정하면 [그림 3.19]과 같은 윈도우를 생성하게 된다.

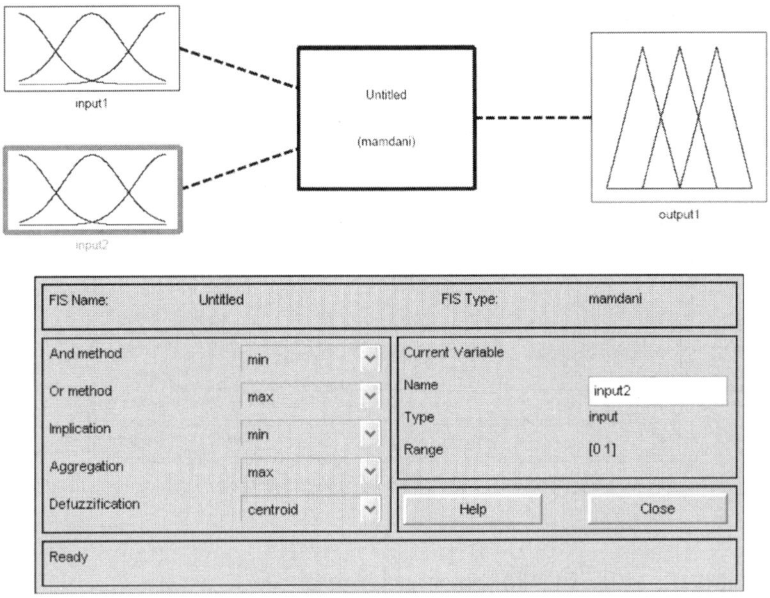

[그림 3.19] 생성된 2입력 1출력 퍼지 시스템 윈도우

단계3 입출력변수의 멤버쉽 함수를 디자인한다.

[예제 3.1]의 단계3에서 했던 방법으로 멤버쉽 함수를 디자인 한다. 여기서의 차이점은 입력변수가 2개이므로 차량의 속도 V에 대한 멤버쉽 함수를 추가적으로 디자인 해야 한다는 점이다.

단계4 퍼지제어기의 룰을 생성한다.

2개의 입력변수 distance, speed와 출력변수인 brake의 퍼지 룰을 작성해야 한다. 여기서, 입력변수 distance와 speed의 퍼지집합은 각각 3개이므로 가능한 퍼지 룰의 경우의 수는 9개가 된다. [그림 3.20]는 생성된 9개의 퍼지 룰을 보여주고 있다.

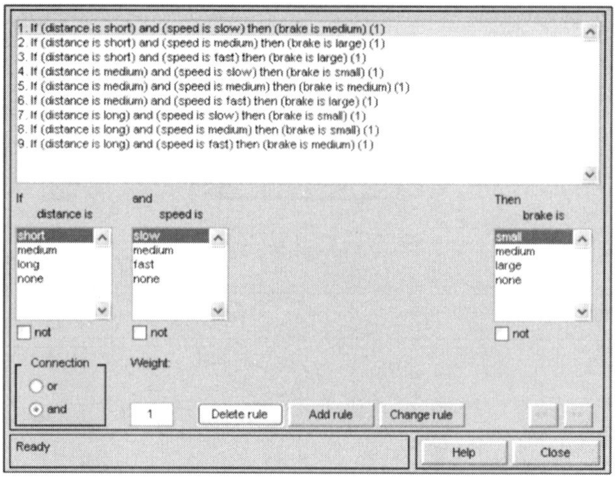

[그림 3.20] 2입력 1출력 퍼지 시스템의 퍼지 룰

단계5 퍼지제어기의 제어곡면 (제어 database) 생성됨

[그림 3.21]은 최종적으로 생성된 퍼지제어기의 제어곡면을 나타내고 있다. FIS Editor 화면에서 View 메뉴를 선정한 다음 surface를 클릭하면 [그림 3.21]과 같은 제어곡면을 볼 수 있다. 아래의 그래프에서 수평축은 distance 와 speed이고 수직축은 brake의 강도를 나타낸다.

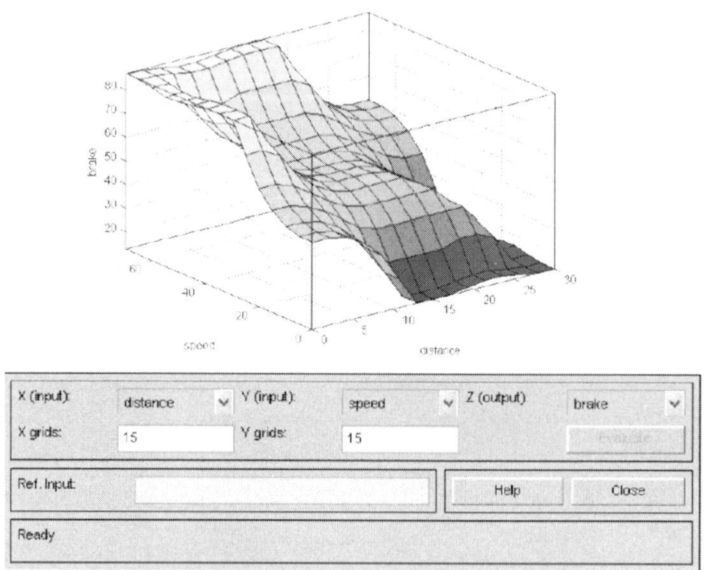

[그림 3.21] 최종적으로 생성된 퍼지제어기의 제어곡면

3. MATLAB 퍼지 툴박스를 이용한 Sugeno 방식 퍼지제어

이 번에는 MATLAB 퍼지 툴박스를 이용하되 Sugeno 방식의 퍼지시스템을 이용하여 이차함수 $y = x^2$를 피팅하는 시스템을 구성해 보도록 한다. $y = x^2$에서 5개의 입력요소에 대한 출력값은 아래와 같다.

x	y
-1.0	1.0
-0.5	0.25
0	0
0.5	0.25
1.0	1.0

먼저, MATLAB 퍼지 툴박스의 FIS editor 창에서 File>New FIS>Sugeno 를 선택한다. 그러면, 다음과 같은 창으로 된다.

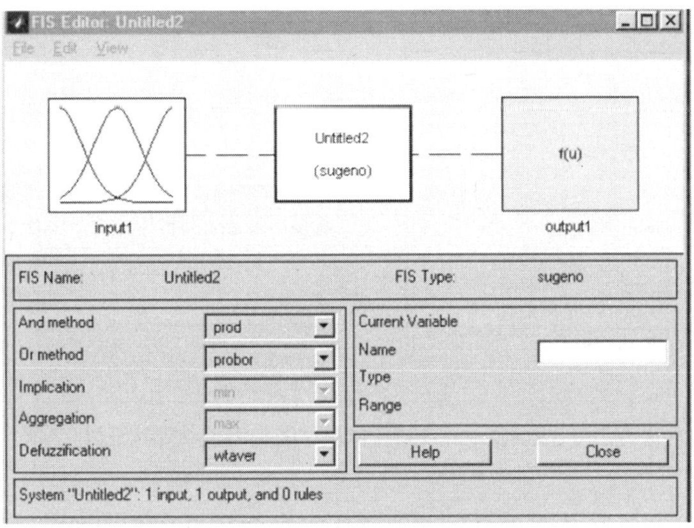

[그림 3.22] Sugeno 방식의 퍼지시스템을 위한 FIS Editor

input1 창을 활성화하여 이름을 x로 변경하고, 마찬가지로 output1 창을 활성화하여 이름을 y로 변경한다. 그런 후에 소속함수를 편집한다. 입력값의 범위는 [-1, 1]로 설정한다. 디폴트로 되어 있는 3개의 삼각함수를 5개의 삼각함수로 재구성한다.

다음, 출력의 경우도 같은 과정을 수행한다. 출력값의 범위는 [0, 1]로 설정한다. 그런 후 Edit>Add MFs 메뉴를클릭하면 다음과 같은 창이 나타난다.

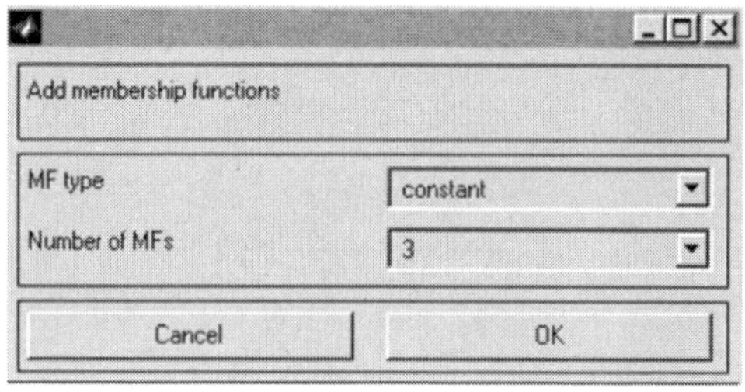

[그림 3.23] Sugeno 방식에서 3개의 소속함수를 선정

MF type은 constant(상수)로 선정되어야 한다. OK 버튼을 클릭하면 다음의 창이 나타난다.

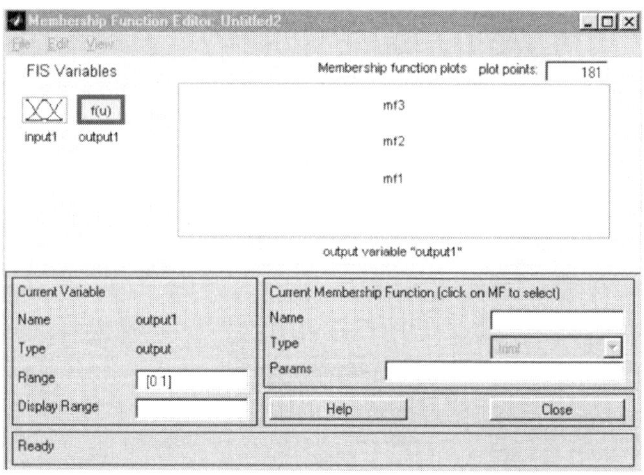

[그림 3.24] Sugeno 타입의 퍼지시스템의 소속함수 표현

아래와 같이 원하는 소속함수를 활성화하고 상수의 값을 입력한다. 예를 들어 mf2 소속함수의 경우 상수값 0.25를 입력한다.

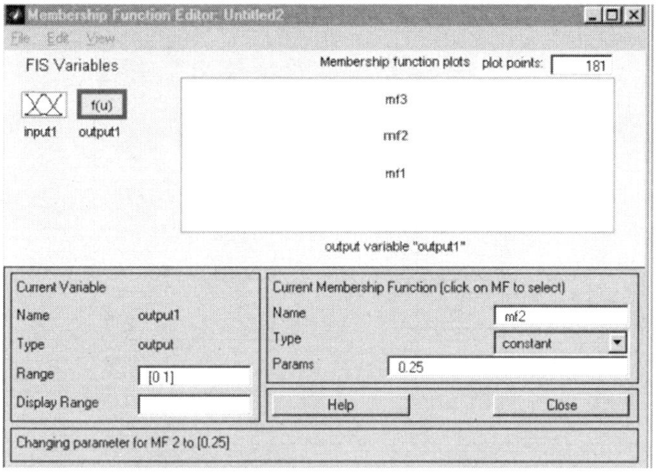

[그림 3.25] 소속함수 mf 의 값을 0.25로 입력

이제 남은 단계는 퍼지 룰을 작성하는 것이다. Edit>Rules을 선택하여 다음과 같이 룰을 작성한다.

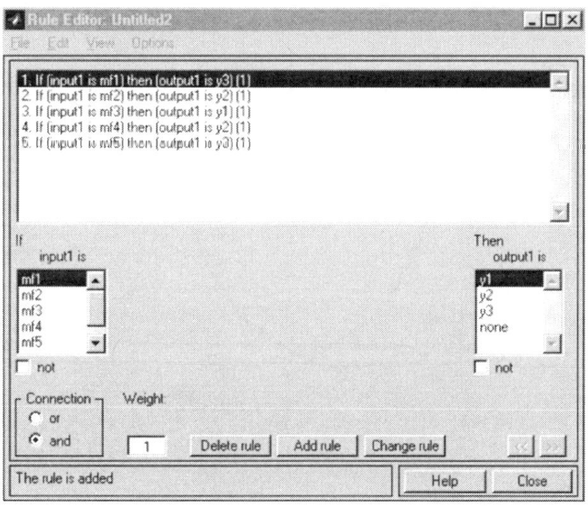

[그림 3.26] Sugeno 타입 퍼지시스템의 룰 작성

이제 Sugeno 타입의 FIS 시스템이 완성되었다. 결과를 확인하기 위해 View>Rules 을 선택하면 다음과 같은 창을 보게 된다.

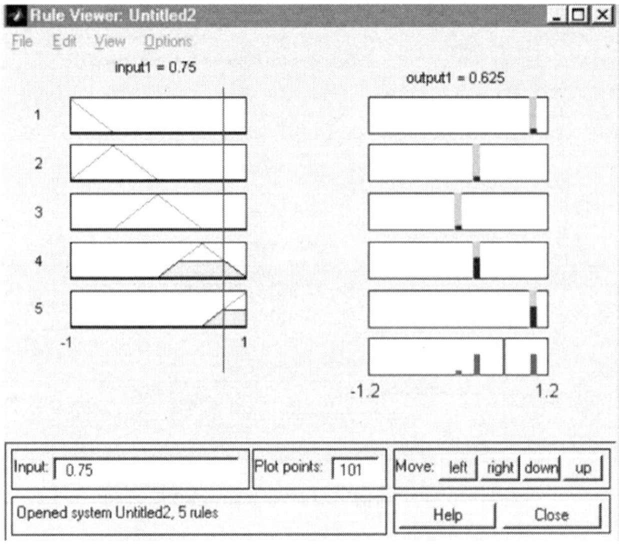

[그림 3.27] Sugeno 타입의 퍼지시스템의 퍼지 룰 작동 예

모든 입력의 경우에 퍼지시스템이 어떻게 작동하는 지를 보기 위해 View>Surface 를 선정하면 다음과 같이 퍼지시스템의 입출력관계를 볼 수 있다.

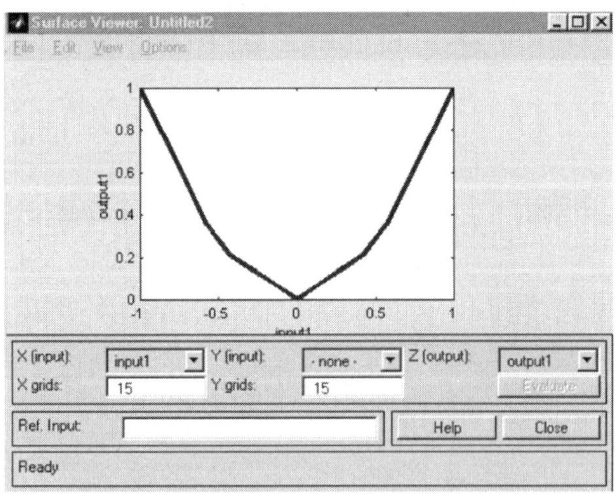

[그림 3.28] Sugeno 타입 퍼지시스템의 제어 Surfce 결과

4. Simulink를 이용한 퍼지제어

간단한 2차시스템 $\frac{10}{s^2+4s+10}$ 에 대하여 다양한 퍼지 제어기를 구성해 보고자 한다. 그리고 각각의 성능을 고전적인 PID 제어기와 비교하기로 한다.

1) PID제어시스템

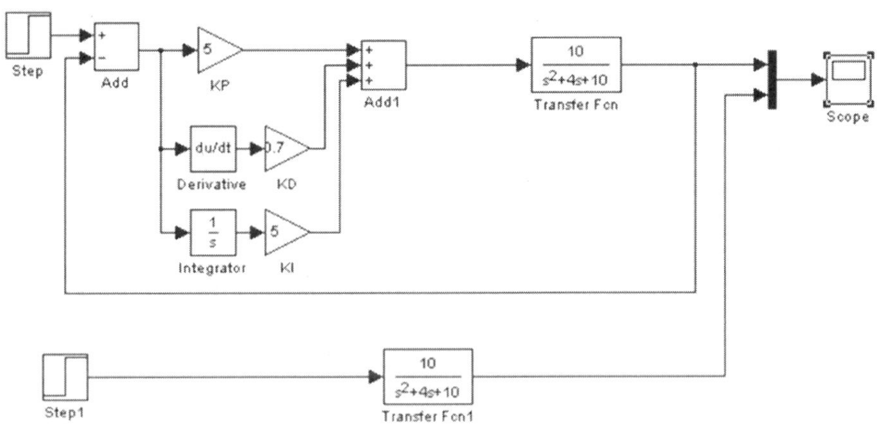

[그림 3.29] Simulink를 이용한 PID 제어기 구성

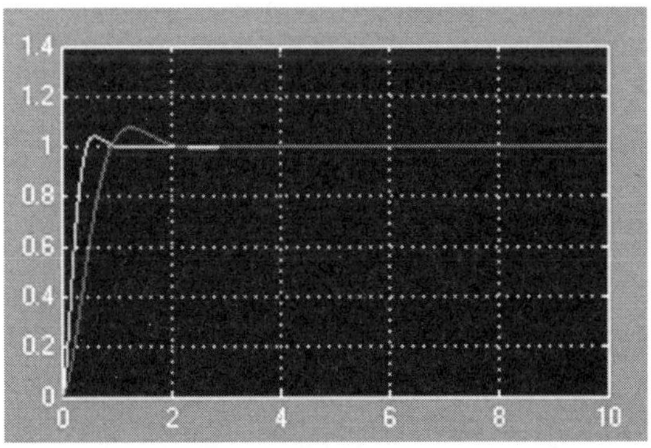

[그림 3.30] 스텝응답 비교

Simulink를 이용하여 아래 [그림 3.29]과 같이 PID제어기를 구성하였다. PID 제어기의 게인은 Kp=5, Ki=5, Kd=0.7 으로 선정하였다. PID 제어기를 사용한 경우의 출력과

제어기를 전혀 사용하지 않은 경우의 출력을 MUX를 통하여 Scope에 그래프를 출력하도록 하였다. [그림 3.30]는 각각의 경우에 대한 스텝응답을 나타내고 있다. PID제어기를 사용한 경우가 overshoot도 줄어들고 정착시간도 빨라짐을 알 수 있다.

2) Fuzzy 제어기

Matlab의 커멘드창에서 fuzzy를 입력하여 FIS(Fuzzy inference system) Editor를 작동시켜서 아래와 같이 입력변수와 출력변수에 대한 멤버쉽 함수를 디자인 한다. [그림 3.31], [그림 3.32], [그림 3.33]는 입력변수 e, de와 출력변수 output의 멤버쉽함수를 각각 나타내고 있다.

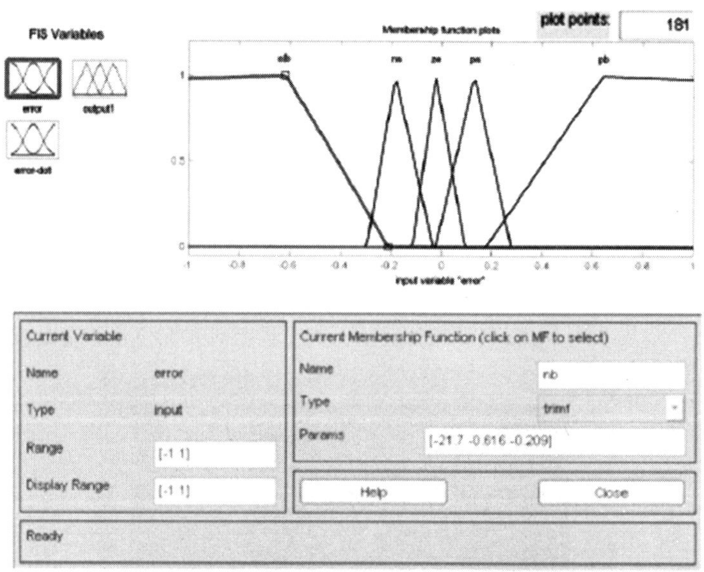

[그림 3.31] 입력변수인 오차(e)에 대한 멤버쉽 함수

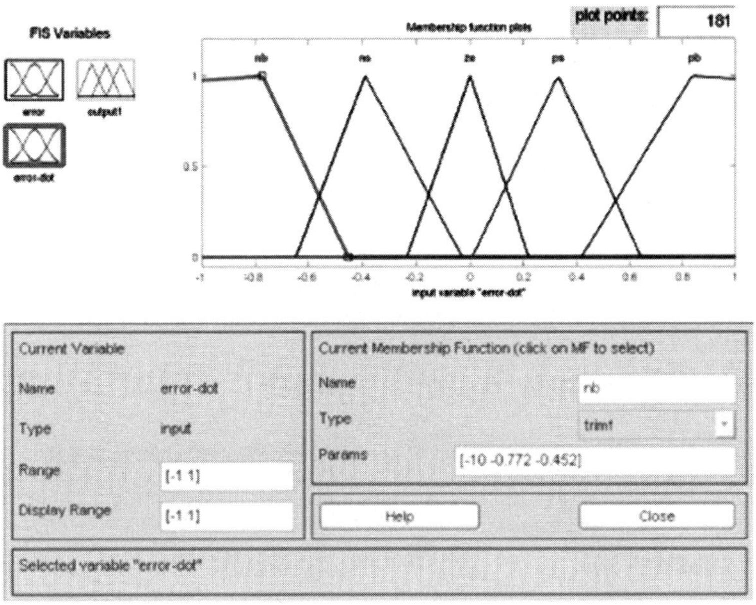

[그림 3.32] 입력변수인 오차율(de)에 대한 멤버쉽 함수

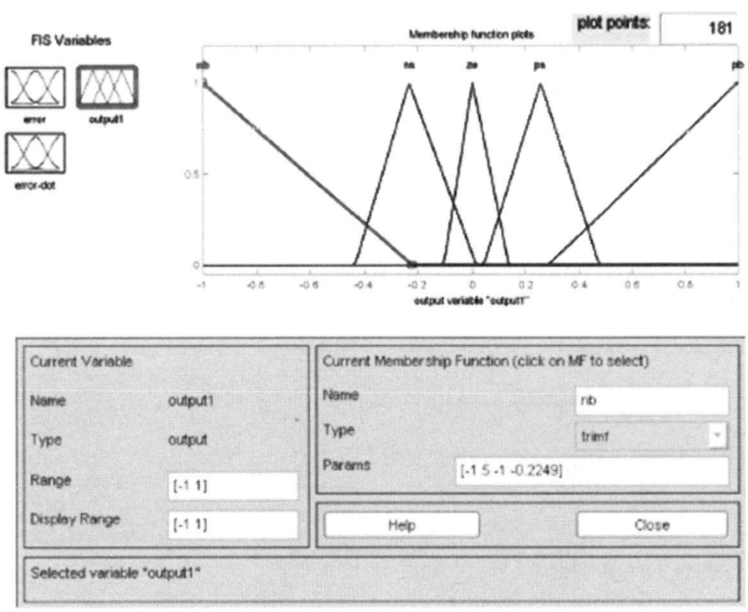

[그림 3.33] 출력변수인 output에 대한 멤버쉽 함수

[그림 3.31]에서 보는 바와 같이 오차가 적은 구간에서 제어정밀도가 필요한 경우에 NS, ZE, PS의 구간을 상대적으로 좁게 하는 것이 바람직하다. 마찬가지로 출력변수인 output에서도 그 구간을 좁게 설정하였다. [그림 3.34]은 입력변수와 출력변수를 이용하여 작성된 25경우의 퍼지룰을 나타내고 있다.

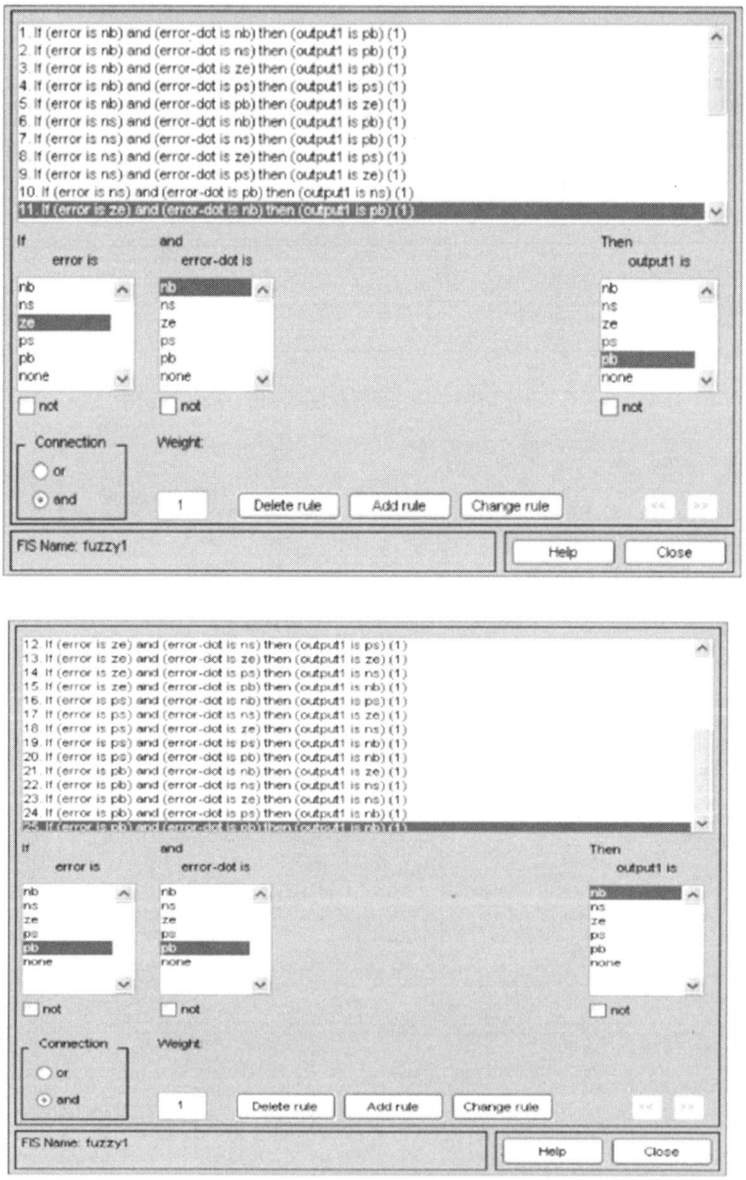

[그림 3.34] 퍼지룰의 작성

이제 퍼지제어기가 작성이 되었다. FIS Editor에서 File>Export>ToDisk를 선택하여 Matlab의 work 디렉토리에 fuzzy1.fis 이름으로 저장하였다. 작성된 퍼지제어기를 Simulink에 포함하기 위해서는 Simulink에서 먼저 Fule>New>Model을 선택하여 새로운 창을 생성한다. 그 다음 Fuzzy Logic Toolbox에서 Fuzzy Logic Controller 블록을 선택하여 마우스로 드래그해서 창에 집어넣는다. 그런 다음 Fuzzy Logic Controller 블록을 더블클릭하여 파일이름을 'fuzzy1'으로 입력을 하면 fuzzy1.fis 퍼지로직이 Simulink 윈도우에 삽입이 된다. 나머지는 아래 [그림 3.35]과 같이 회로를 완성할 수 있을 것이다.

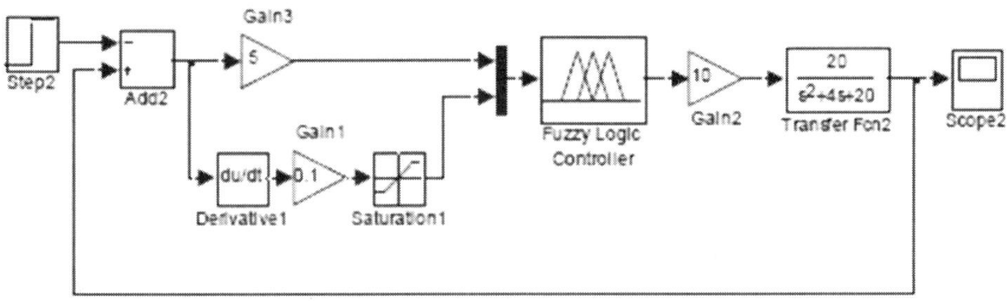

[그림 3.35] Simulink를 이용한 퍼지제어기 구성

위 회로에서 [오차=플랜트의 출력값-기준입력값]으로 설정되어 있다. 즉, 일반적인 개념과는 달리 피드백 값인 플랜드의 출력값이 양의 값으로 피드백되어 있다. 이렇게 하면 [그림 3.34]의 퍼지룰을 구성하기가 쉽다는 이유에서 약간의 편법을 사용하였다. 회로에서 Gain1, Gain2, Gain3는 성능을 개선하기 위하여 부가된 tuning요소라고 할 수 있다. 오차게인인 Gain3를 증가하면 응답은 빨라지는 경향을 보이고 overshoot이 증가하는 경향도 동시에 보인다. 반면에 오차율의 게인인 Gain1을 증가하면 감쇠가 증가하는 경향을 보인다. 고전제어기의 PD제어기의 게인과 유사한 특징을 보인다고 이해하면 도움이 될 것이다. 출력값의 게인인 gain2를 증가하면 정상상태 오차를 줄여주는 역할을 할 수 있다. 하지만 overshoot이 증가하는 경향도 동시에 보인다. 퍼지제어시스템에 대한 스텝응답 결과는 [그림 3.36]와 같다. 앞의 PID제어기와 비교해 볼 때 초기의 응답속도가 매우 빠르며 overshoot의 발생도 거의 일어나지 않았다.

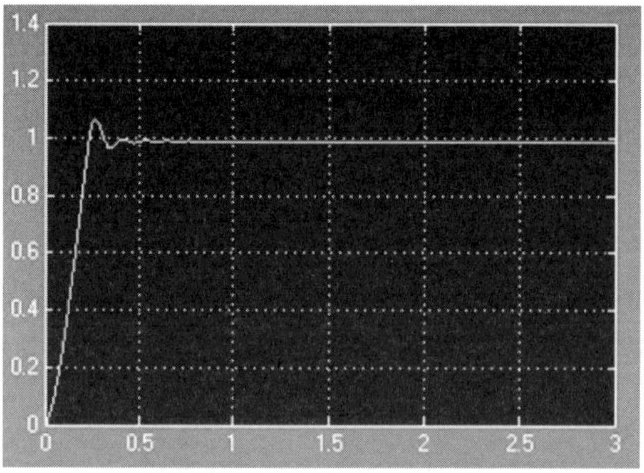

[그림 3.36] 퍼지제어시스템의 스텝응답

3) Self-Tuning Fuzzy 제어기

일반 퍼지제어기는 좋은 성능을 보장하기 위해서는 [그림 3.31] ~ [그림 3.33]에서 보는 바와 같이 입출력 멤버쉽함수의 함수범위를 잘 선정하는 것이 필요하며 많은 시행착오를 겪게한다. 이러한 시행착오를 줄일 수 있는 방법으로 Self-Tuning Fuzzy 제어기가 있다. Self-Tuning Fuzzy 제어기는 실시간적으로 입출력 멤버쉽함수의 폭을 조절하여 퍼지룰에 변화를 주는 방법으로 2가지 방법이 있다 : 1)입력멤버쉽함수를 조정 2)출력멤버쉽함수를 조정하는 방법이다.

(1) 출력 멤버쉽함수 조정을 통한 Self-Tuning Fuzzy 제어기 구성

먼저 플랜트를 제어하기 위한 퍼지제어기를 FIS Editor를 사용하여 구성한다. [그림 3.37], [그림 3.38], [그림 3.39]은 퍼지제어기의 오차, 오차율 및 제어출력값에 대한 멤버쉽함수를 각각 나타내고 있다. 전체범위는 -1에서 +1로 설정되어 있고 멤버쉽함수는 특별히 조정할 필요없이 같은 모양의 등분포로 구성되어 있다.

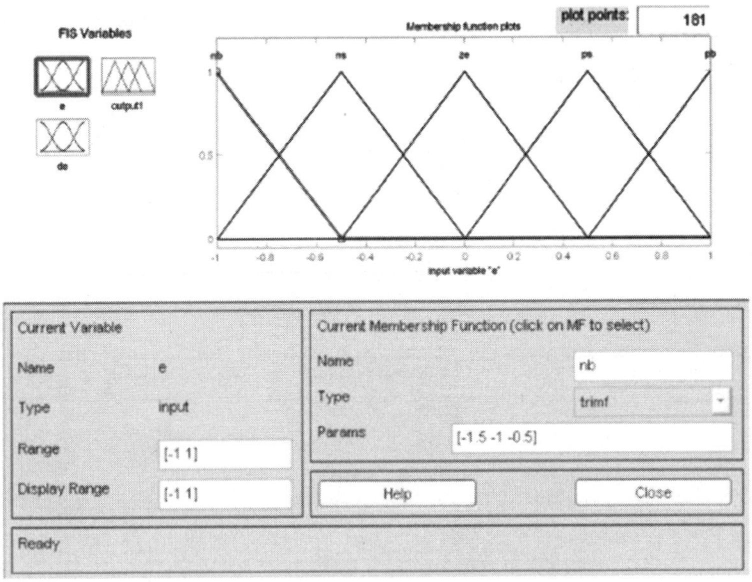

[그림 3.37] 퍼지제어기의 오차입력에 대한 멤버쉽함수

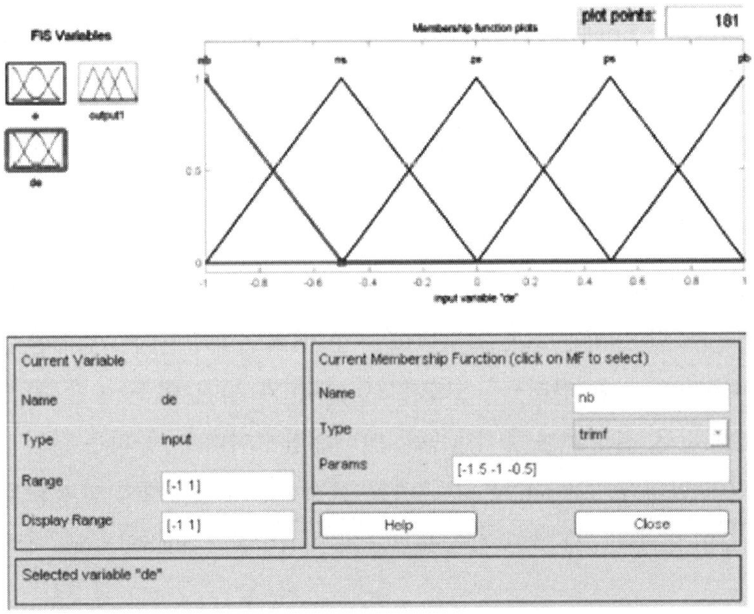

[그림 3.38] 퍼지제어기의 오차율 입력에 대한 멤버쉽함수

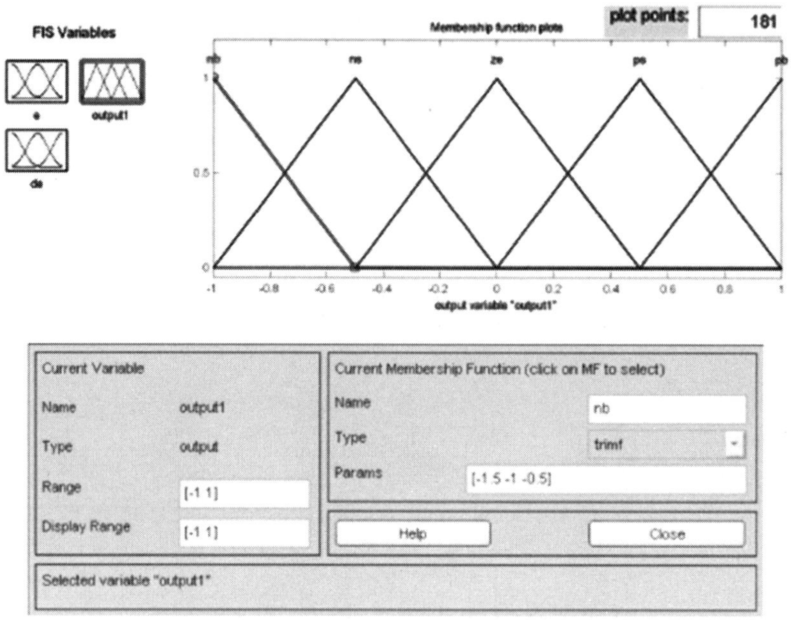

[그림 3.39] 퍼지제어기의 출력값에 대한 멤버쉽함수

퍼지룰은 [그림 3.34]에서 제시된 퍼지룰을 그대로 사용할 수 있으므로 따로 설명을 피하였다. 이상과 같이 설계된 퍼지제어기는 fuzzy2.fis 이름으로 저장하였다.

Self-tuning fuzzy제어기에서는 출력값을 변화(tuning)하기 위한 별도의 tuning용 Fuzzy 제어기가 필요하게 된다. 이 퍼지제어기 역시 입력변수를 오차(e)와 오차율(de)로 사용하고 있다. 출력변수는 주 퍼지제어기의 출력값을 튜닝하기위한 가중치로 사용되어진다. Tuning용 퍼지제어기는 아래 [그림 3.40], [그림 3.41]과 같이 비교적 간단하게 구성될 수 있다. [그림 3.40]는 오차값 입력에 대한 멤버쉽함수인데 3개의 함수로 구성하였다. 오차율(de)에 대한 멤버쉽함수도 [그림 3.40]와 똑 같이 구성할 수 있다. [그림 3.41]은 가중치값을 결정하는 출력변수의 멤버쉽함수이다. 가중치는 1에서 10까지 범위로 설정되어 있다. [그림 3.42]은 가중치를 결정하기 위한 9개의 퍼지룰을 나타내고 있다. 이와 같이 설계된 퍼지제어기를 fuzzy3.fis 이름으로 Matlab의 work 디렉토리에 저장하였다.

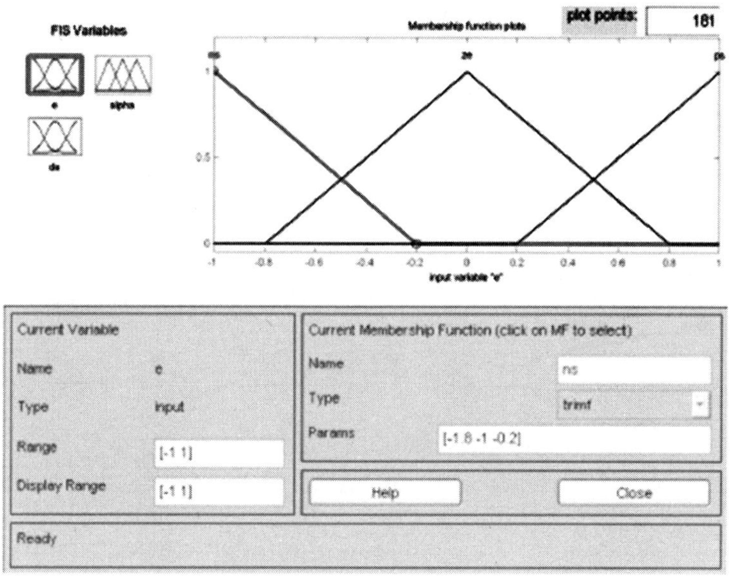

[그림 3.40] Tuning용 퍼지제어기의 오차값 입력에 대한 멤버쉽함수

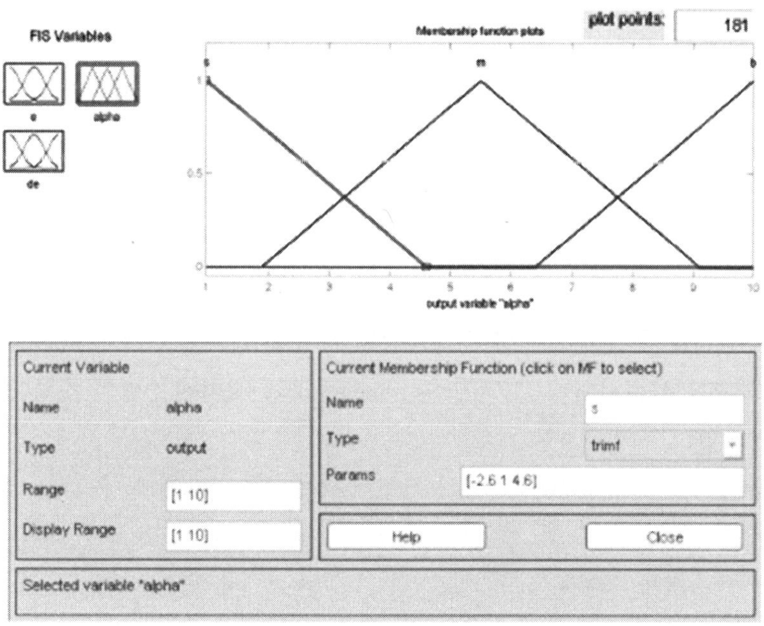

[그림 3.41] 가중치값을 결정하는 출력변수의 멤버쉽함수

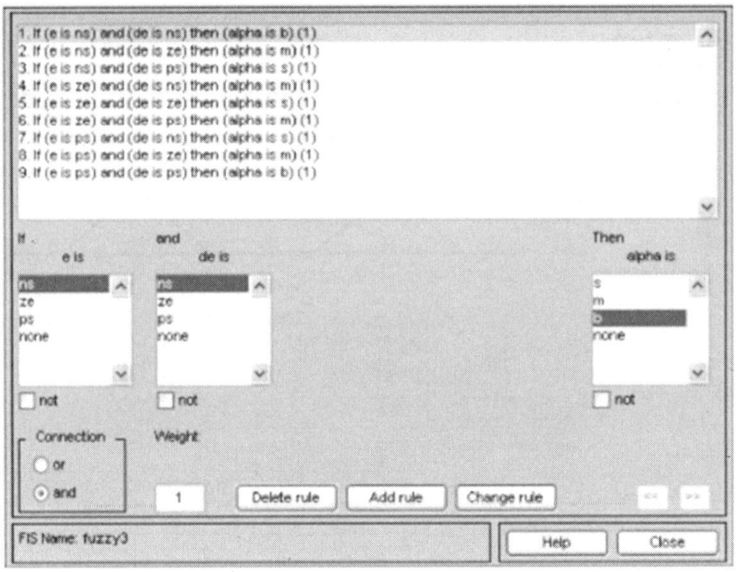

[그림 3.42] 가중치값을 결정하기 위한 퍼지룰 설정

아래 회로는 Simulink로 구성된 self-tuning fuzzy 제어시스템이다. 회로에서 오차값(e) 게인인 Gain3의 출력과 오차율(de)의 게인인 Gain1 출력부에 +1과 -1로 saturation을 설치하였다. 이는 퍼지제어기의 입력변수인 오차값(e)와 오차율(de) 값의 멤버쉽의 구간이 -1과 +1의 범위로 되어있기 때문이다.회로에서 몇번의 시행착오 끝에 Gain3=5, gain1=0.1의 상수로 결정하였다. 주 퍼지제어기의 출력게인인 Gain2=7로 선정되었다. 하지만 이 값은 튜닝퍼지제어기(fuzzy logic controller 1)의 가중치와 곱해져서 최종적으로 플랜트에 입력이 된다. 플랜트의 출력값 그래프는 Scope를 통해서 알 수 있다. 테스트 중에 오차값의 변화율(de)를 측정하기 위하여 Scope2를 설치하였고, 플랜트 입력값을 알아보기 위해서 Scope3를 설치하였다. 그리고 Self-tuning fuzzy 제어시스템의 스텝응답 결과는 [그림 3.44]과 같다.

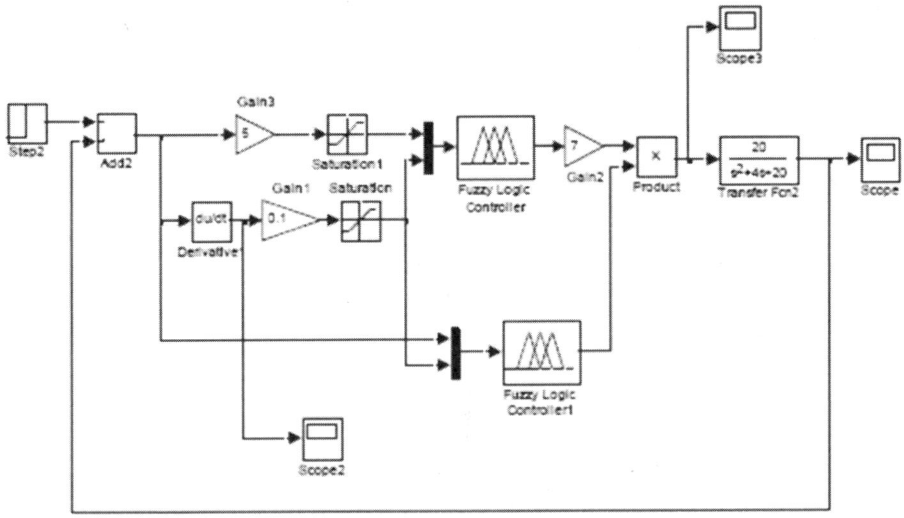

[그림 3.43] Self-tuning fuzzy 제어시스템

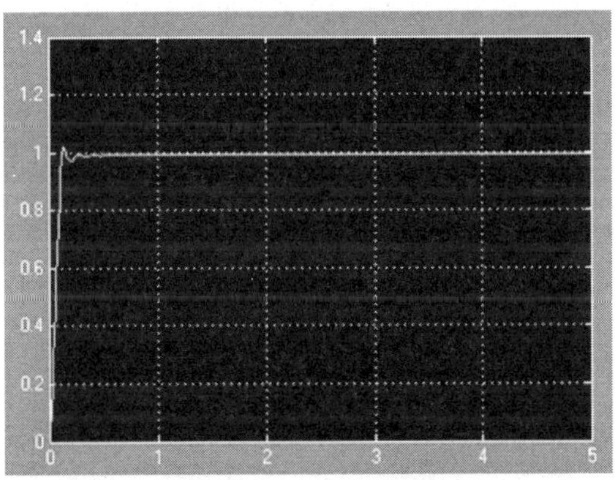

[그림 3.44] 스텝응답 결과

(2) 입력 멤버쉽함수 조정을 통한 Self-Tuning Fuzzy 제어기 구성

이 번 경우는 주 퍼지제어기(회로에서 fuzzy logic controller로 표시된 블록)의 출력값은 고정되어 있고, 반면에 입력변수인 오차값(e)에 튜닝용 퍼지제어기(회로에서 fuzzy logic controller1로 표시된 블록)의 결과치를 곱해서 오차값을 가변시키는 경우이다. 이 회로에서 주 퍼지제어기와 튜닝용 퍼지제어기는 앞 절에서 사용된 동일한 fuzzy2.fis와 fuzzy3.fis를 각각 사용하였다. [그림 3.46]에 스텝응답 결과를 나타내었다.

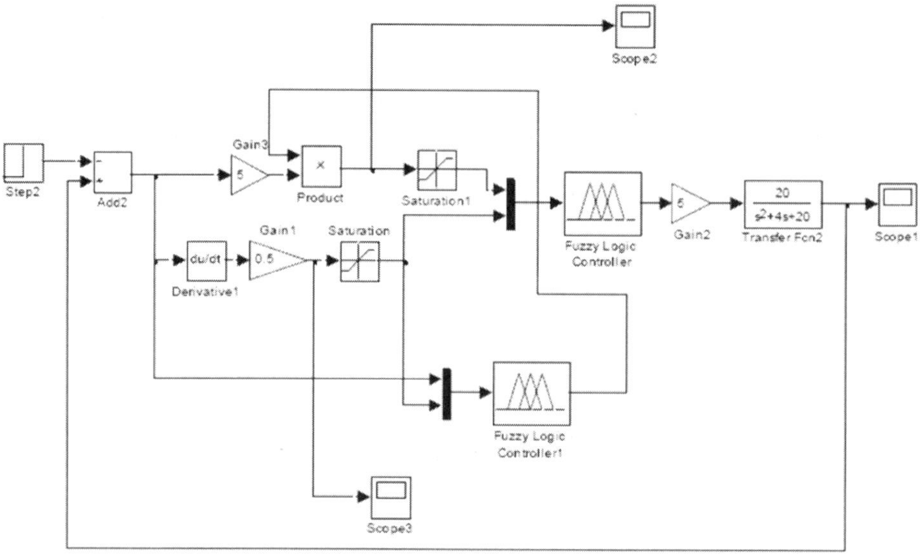

[그림 3.45] 오차값(e)의 멤버쉽함수 조정을 통한 Self-Tuning Fuzzy 제어시스템

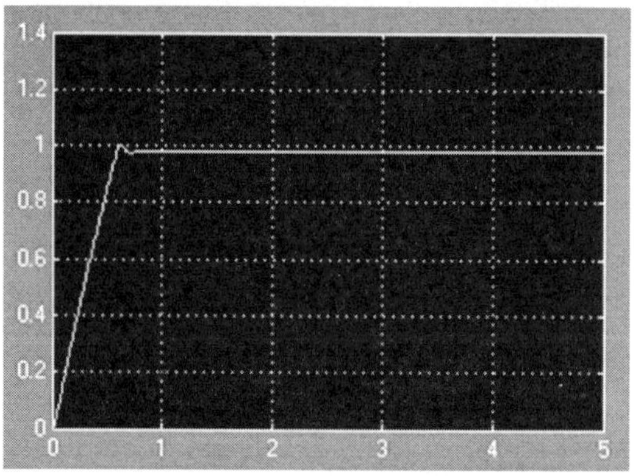

[그림 3.46] 스텝응답 결과

4) Self-Tuning Fuzzy-PD 제어기

Self-Tuning Fuzzy-PD 제어기는 퍼지룰을 이용하여 PD제어기의 게인을 online상에서 계속 변화시키는 형태의 제어기를 말한다. 다음과 같은 2차시스템을 플랜트로 간주해 보자.

$$G(s) = \frac{0.2884}{(s+1)^2}$$

아래 회로는 Self-Tuning Fuzzy-PD 제어시스템을 나타낸다. 그림에서 보는 바와 같이 퍼지제어기는 PD제어기의 2 게인인 Kp와 Kd의 상수에 곱해져서 online적으로 변화시킴을 알 수 있다.

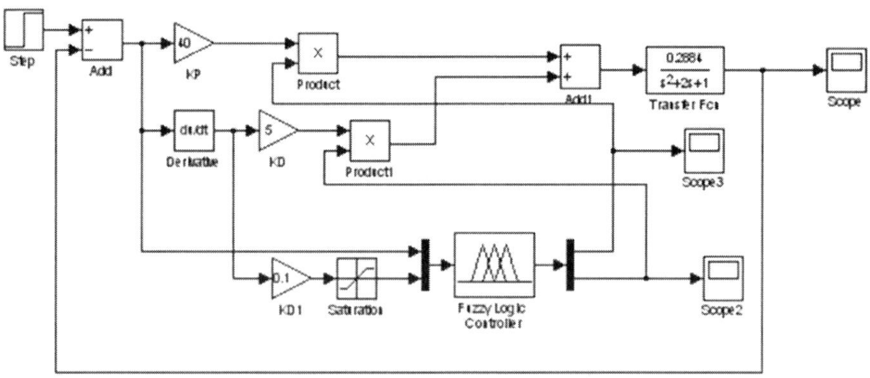

[그림 3.47] Self-Tuning Fuzzy-PD 제어시스템

회로에서 퍼지제어기는 이전의 퍼지제어기와는 달리 입력변수가 2개이고 동시에 출력변수도 2개인 형태를 취하고 있다. 만약 여러분이 PID제어기의 제어게인을 튜닝하기 위한 퍼지제어기를 구성하려면 입력변수는 2개이며 출력변수가 3개인 형태가 된다는 것을 알 수 있을 것이다. 이제 PD제어기의 2 게인을 조정할 수 있는 퍼지제어기를 구성해 보자. 이전의 예제와 마찬가지로 MATLAB의 명령창에서 fuzzy를 입력하여 FIS Editor를 작동시킨다.

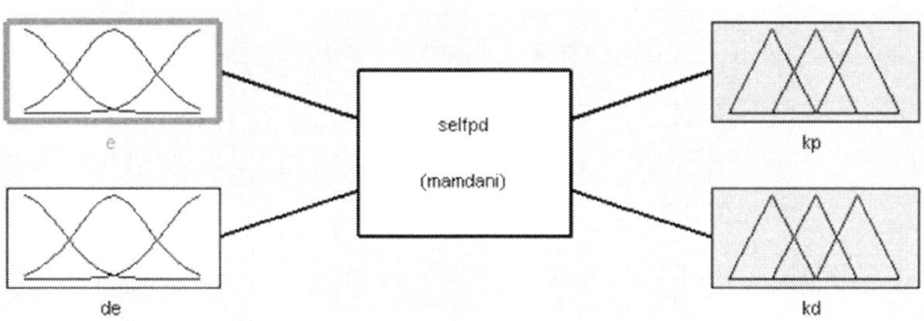

[그림 3.48] PD제어기 튜닝용 퍼지제어기

입력변수인 e, de의 멤버쉽함수는 이전의 퍼지제어기와 동일하게 구성하였다. 즉 5개의 등분포함수로 되어 있으며, 범위도 -1에서 +까지의 구간으로 설정되어 있다. 퍼지제어기의 두 출력함수에 대한 멤버쉽함수는 [그림 3.49]와 같다. 여기서는 4개의 멤버쉽함수 s, m, b, vb를 사용하였고, 범위는 1에서 10 까지이다. 전체 퍼지제어기의 퍼지룰은 [그림 3.50]에 나타내었다.

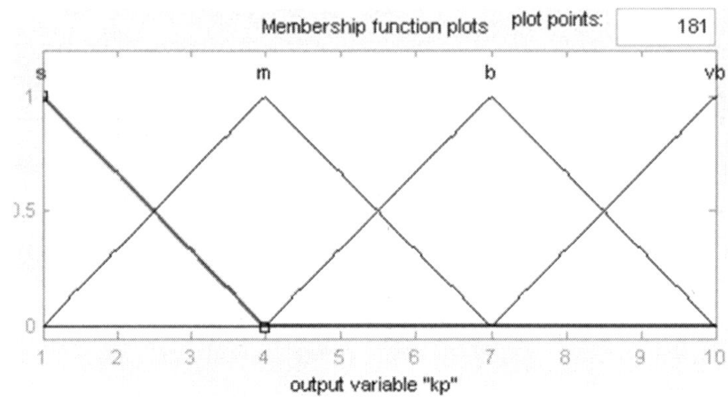

[그림 3.49] Kp와 Kd를 위한 멤버쉽 함수

1. If (e is nb) and (de is nb) then (kp is vb)(kd is s) (1)
2. If (e is nb) and (de is ns) then (kp is vb)(kd is s) (1)
3. If (e is nb) and (de is ze) then (kp is b)(kd is s) (1)
4. If (e is nb) and (de is ps) then (kp is m)(kd is m) (1)
5. If (e is nb) and (de is pb) then (kp is s)(kd is m) (1)
6. If (e is ns) and (de is nb) then (kp is vb)(kd is s) (1)
7. If (e is ns) and (de is ns) then (kp is b)(kd is s) (1)
8. If (e is ns) and (de is ze) then (kp is m)(kd is m) (1)
9. If (e is ns) and (de is ps) then (kp is s)(kd is b) (1)
10. If (e is ns) and (de is pb) then (kp is s)(kd is vb) (1)
11. If (e is ze) and (de is nb) then (kp is s)(kd is vb) (1)
12. If (e is ze) and (de is ns) then (kp is s)(kd is b) (1)
13. If (e is ze) and (de is ze) then (kp is s)(kd is b) (1)
14. If (e is ze) and (de is ps) then (kp is s)(kd is b) (1)
15. If (e is ze) and (de is pb) then (kp is s)(kd is vb) (1)
16. If (e is ps) and (de is nb) then (kp is s)(kd is b) (1)
17. If (e is ps) and (de is ns) then (kp is s)(kd is b) (1)
18. If (e is ps) and (de is ze) then (kp is s)(kd is m) (1)
19. If (e is ps) and (de is ps) then (kp is m)(kd is s) (1)
20. If (e is ps) and (de is pb) then (kp is b)(kd is s) (1)
21. If (e is pb) and (de is nb) then (kp is m)(kd is s) (1)
22. If (e is pb) and (de is ns) then (kp is b)(kd is s) (1)
23. If (e is pb) and (de is ze) then (kp is vb)(kd is s) (1)
24. If (e is pb) and (de is ps) then (kp is vb)(kd is s) (1)
25. If (e is pb) and (de is pb) then (kp is vb)(kd is s) (1)

[그림 3.50] 작성된 25개의 퍼지룰

Self-tuning 퍼지-PD제어시스템의 스텝응답결과는 [그림 3.51]과 같다.

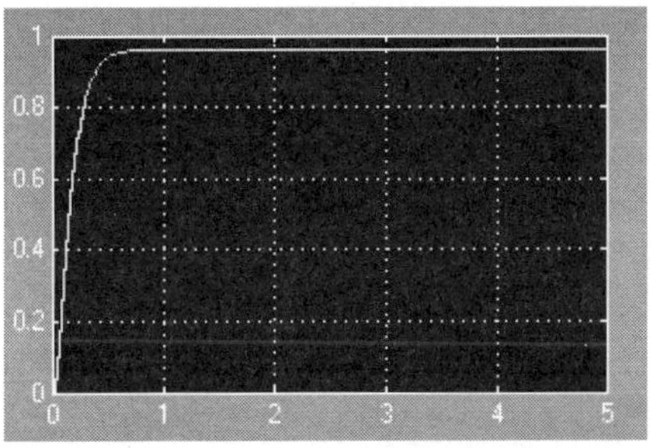

(a)

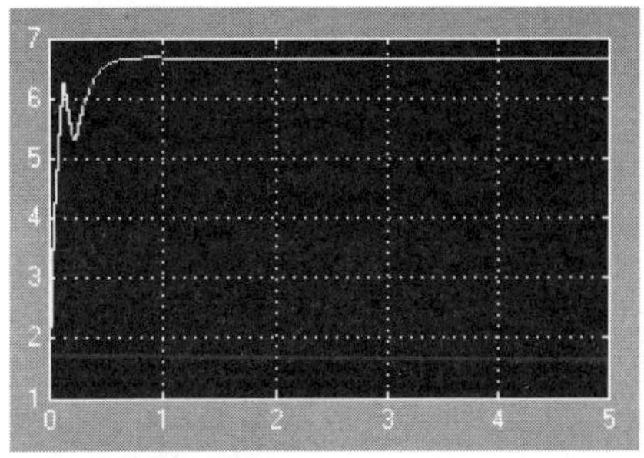

(b)

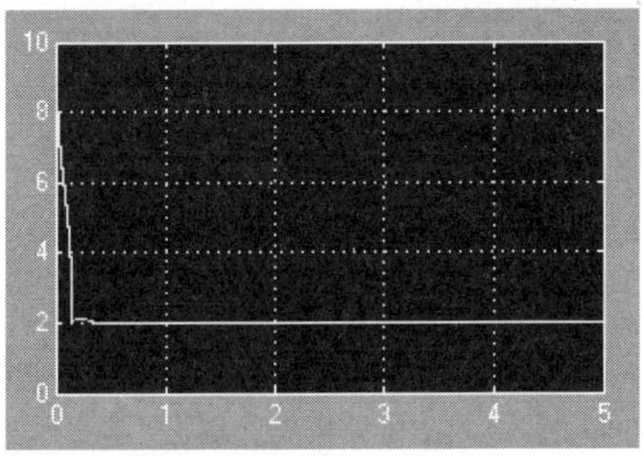

(c)

[그림 3.51] 스텝응답결과 : (a) 스텝응답 (b) 퍼지출력 Kp의 변화 (c) 퍼지출력 Kd의 변화

예 제 3.3 앞에서 다루었던 자동차 시스템을 다시 고려해 보자. 자동차에 작용하는 힘은 엔진 혹은 브레이크에 의해 전달되는 차 내부의 생성힘 (Fe), 주행 중에 공기가 차체에 미치는 공기저항힘(Fa), 그리고 오르막이나 내리막에 의해 생성되는 지형적 힘(Fh)의 3가지로 구분이 가능하다. 이 자동차 시스템을 속도를 제어할 수 있는 Fuzzy-PID 제어기를 설계해 보자.

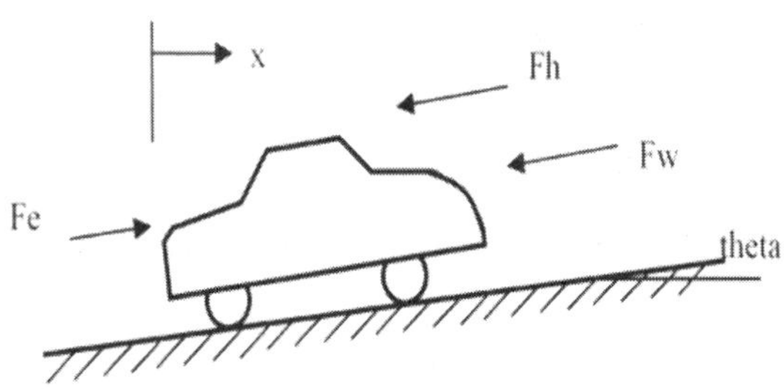

[그림 3.52] 언덕길에서 주행중인 자동차의 역학 모델

위의 자동차 모델에 뉴톤의 2법칙을 적용하면 다음과 같은 식을 얻을 수 있다.

$$m\ddot{x} = F_e - F_w - F_h$$

위 식에서 생성힘(Fe)는 $-2000 \le F_e \le 1000$의 범위를 가지고 있다고 가정한다. 이 조건에서 음의 값은 브레이크를 작동하는 경우에 해당되고, 양의 값은 엔진의 출력을 올리는 것을 의미한다. 공기저항힘(Fw)과 지형적 힘(Fh)은 다음의 식과 같이 시간에 따라 sine적으로 변한다고 가정한다.

$$F_w = 0.001(\dot{x} + 20\sin(0.01t))^2$$

$$F_h = 30\sin(0.0001x)$$

위 식을 변형하면 자동차를 추진하기 위해 필요한 생성 힘은 다음과 같이 표현된다.

$$F_e = m\ddot{x} + F_w + F_h$$

위 식들을 기반으로 Fuzzy-PID 제어기를 구성하고자 한다. 완성된 Fuzzy-PID 제어시스템은 아래 [그림 3.53]와 같이 구성될 것이다.

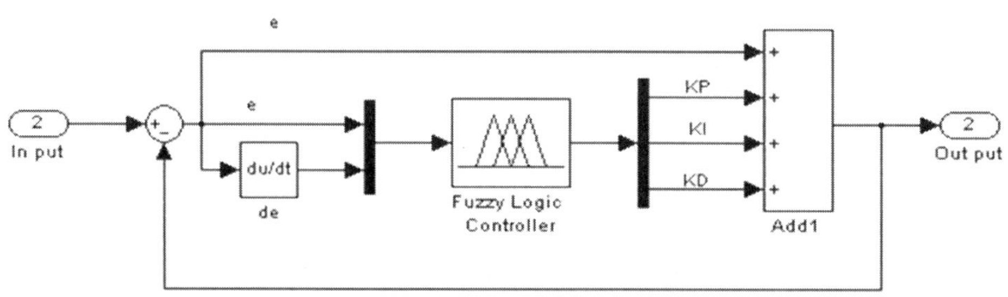

[그림 3.53] Fuzzy-PID 제어시스템의 구성

단계별로 나누어서 접근을 하기로 하자.

① 퍼지 입출력 변수를 다음과 같이 설정한다:

입력변수 : e(속도오차), de(속도오차율)

출력변수 : PID제어기의 게인값 (Kp, Ki, Kd)

② 퍼지 멤버쉽함수를 구성한다.

아래 그림은 Fuzzy-PID 제어기를 구성하기 fuzzy toolbox 모델이다. Matlab의 fuzzy toolbox를 사용하는 방법을 이미 배웠다. 다음과 같이 fuzzy제어기의 골격을 만들어 보자.

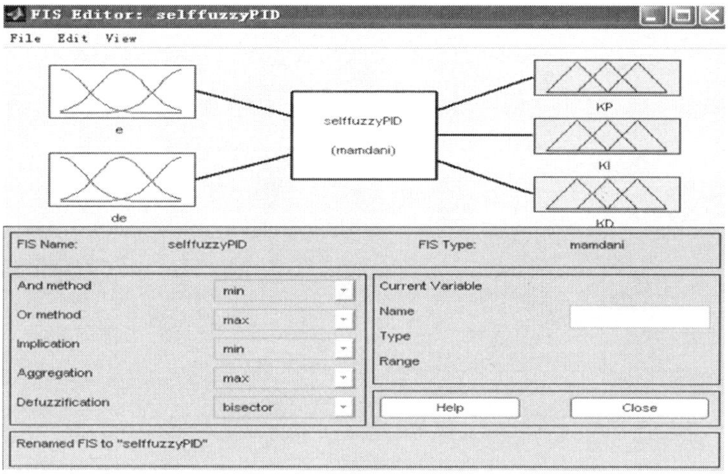

[그림 3.54] Fuzzy Logic Controller 구조

퍼지에어기의 입력변수인 e(속도오)와 de(속도오차율)에 대한 멤버쉽 함수를 다음과 같이 각각 구성하였다. 입력변수인 e, de에 대한 퍼지 멤버쉽 함수로 각각 5개를 사용하였다. 반면에, 출력변수인 Kp, Ki, Kd 에 대한 멤버쉽 함수는 각각 4개를 사용하였다.

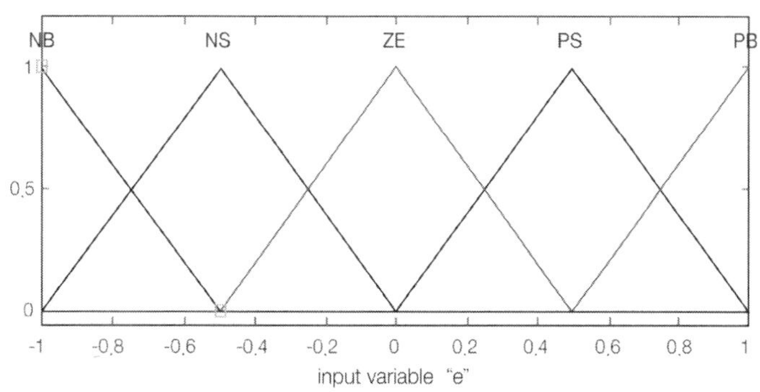

[그림 3.55] 퍼지제어기 입력변수의 멤버쉽 함수

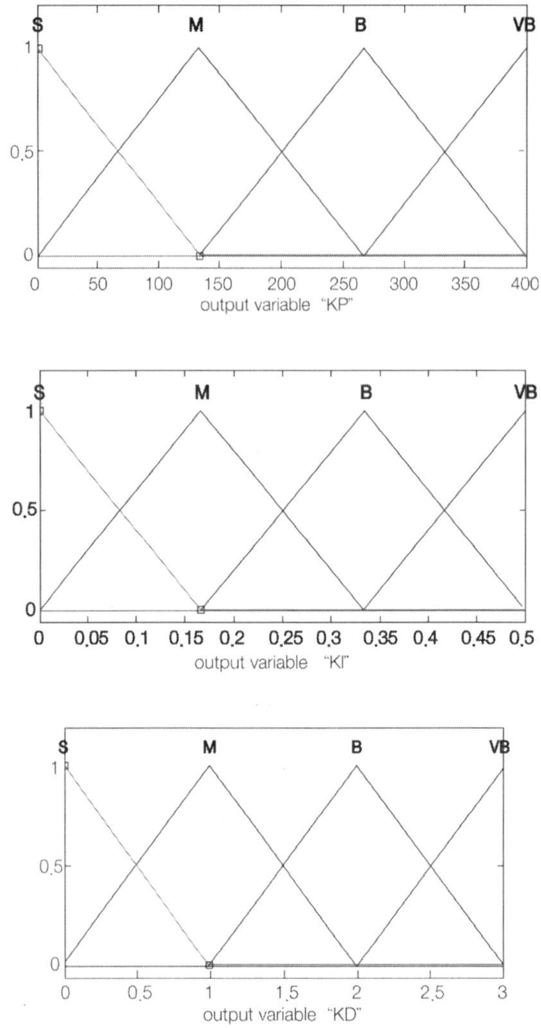

[그림 3.56] 퍼지제어기 출력변수의 멤버쉽 함수

③ 입출력변수의 멤버쉽함수를 이용하여 퍼지룰을 작성한다.

아래 [그림 3.57]에서 e=는 속도오차이고, 속도오차의 변화율은 $de = (e(n) - e(n-1))/\Delta t$로 정의하였다. 입출력멤버쉽 변수를 이용하여 각 경우에 대한 퍼지룰을 작성할 수 있다. 예를 들어, 현재 오차는 positive-small 이고 오차의 변화율은 negative-small이면, KP=small, KI=big, KD=big로 정하는 경우 퍼지룰은 다음과 같이 표현된다.

$$\text{If } e = PS,\ de = NS,\ \text{then } KP = S, KI = B, KD = B$$

e와 de의 멤버쉽함수가 각각 5개이므로 모두 25개의 룰을 작성하여야 한다.

KP/KI/KD		de				
		NB	NS	ZE	PS	PB
e	NB	VB/S/S	VB/B/S	B/B/S	M/B/M	S/S/M
	NS	VB/M/S	B/B/S	M/B/M	S/B/B	S/M/VB
	ZE	S/M/VB	S/B/B	S/VB/B	S/B/B	S/M/VB
	PS	S/M/B	S/B/B	S/VB/M	M/B/S	B/M/S
	PB	M/S/S	B/B/S	VB/VB/S	VB/B/S	VB/S/S

[그림 3.57] 작성된 퍼지룰 테이블

그런 다음 작성된 퍼지룰을 퍼지 툴박스의 Rule Editor에 [그림 3.58]과 같이 입력한다.

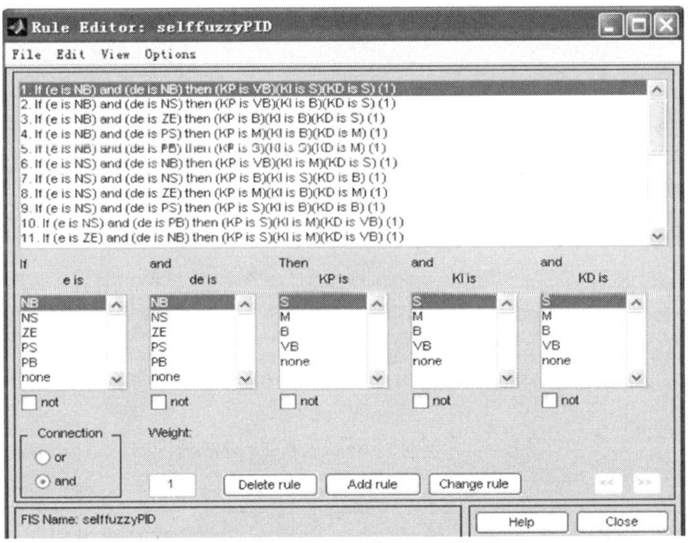

[그림 3.58] Fuzzy Rule Editor를 이용한 퍼지룰 입력

[그림 3.59]은 퍼지제어기에 생성된 각 출력변수의 제어평면(control surface)를 나타내고 있다.

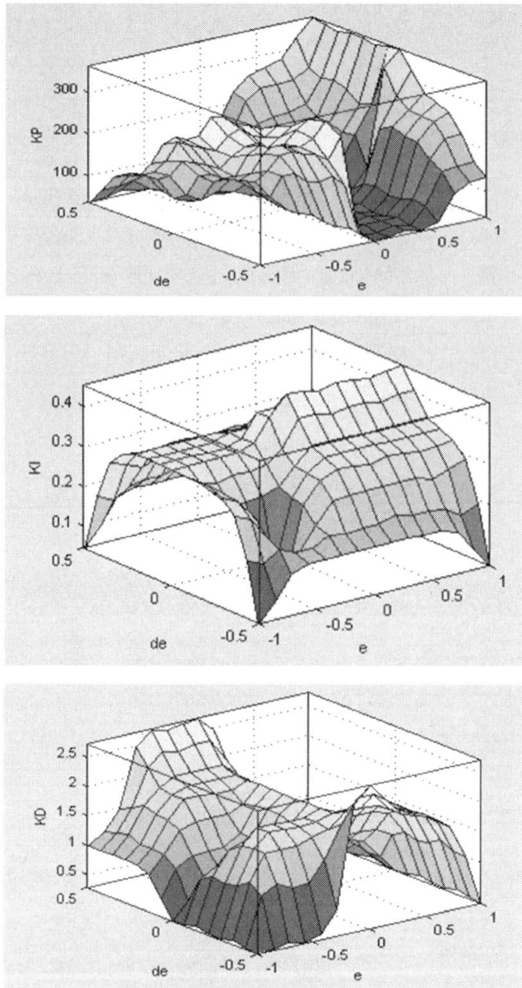

[그림 3.59] 생성된 KP, KI, KD 의 제어평면

이상으로 퍼지제어기 부분에 대한 설계는 완료되었다. 퍼지제어기의 출력값은 PID 제어기의 입력값으로 들어간다. 예를 들어 KP=50, KI=0.3, KD=2.5 일 경우 PID제어기의 블록은 다음과 같이 형성될 것이다. PID제어기의 입력부분은 e(속도오차)이고 출력부분은 Fe(추진제어력)이다.

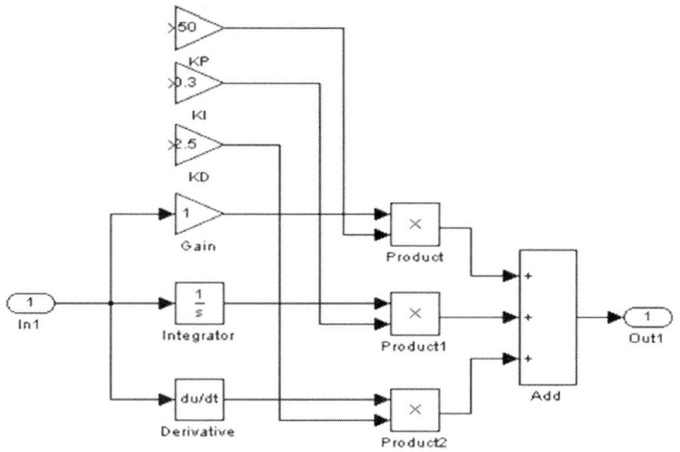

[그림 3.60] PID 제어기

위 [그림 3.60]의 Fe 힘이 [그림 3.61]의 자동차 동적식의 입력으로 들어가게 된다.

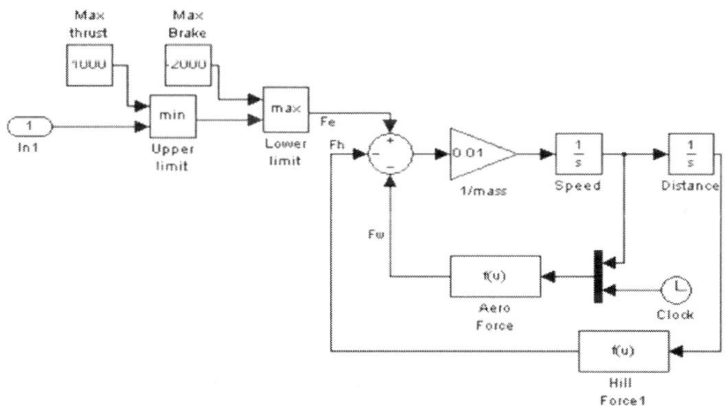

[그림 3.61] 자동차의 동적모델

[그림 3.62]은 Fuzzy-PID 제어시뮬레이션을 수행하기 위한 전체 제어시스템을 나타낸 것이다.

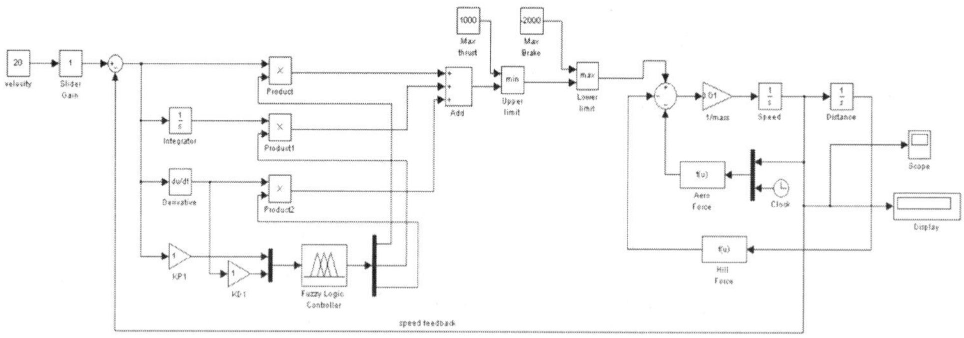

[그림 3.62] Fuzzy-PID 제어시스템

[그림 3.63]는 Fuzzy-PID와 일반 PID제어기를 비교하기 위한 블록회로도이다.

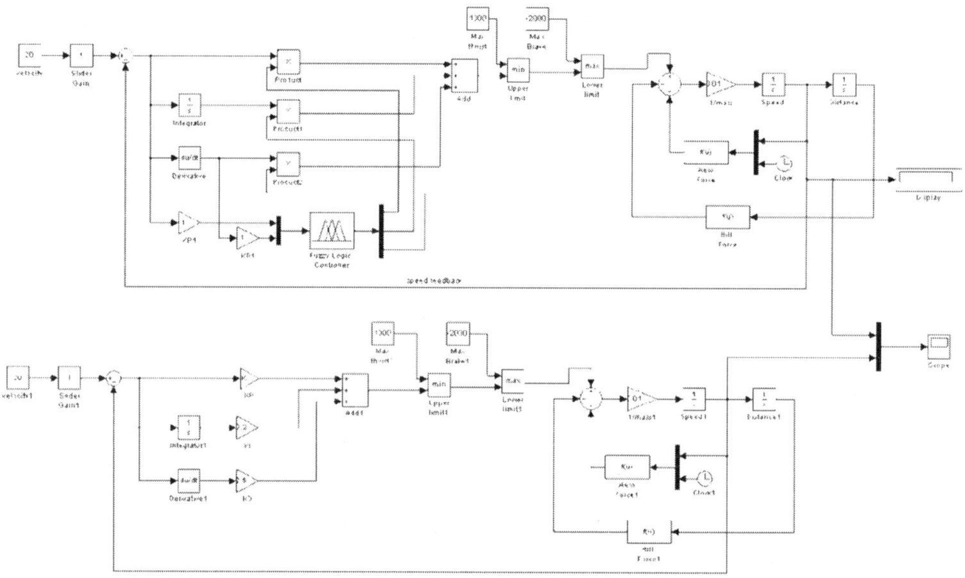

[그림 3.63] Fuzzy-PID 제어시스템과 일반PID제어기 비교 회로

아래 [그림 3.64]은 Fuzz-PID와 일반 PID제어기를 적용한 경우 자동차 속도제어에 대한 스텝응답을 비교하였다. Fuzzy-PID 제어기의 경우가 응답속도가 빠르다는 것을 알 수 있다. 일반 PID제어기를 사용하여 응답을 빠르게 하기 위해 게인을 더욱 증가한다면 상당한 량의 오버슛이 발생하는 문제점이 발생할 수도 있을 것이다.

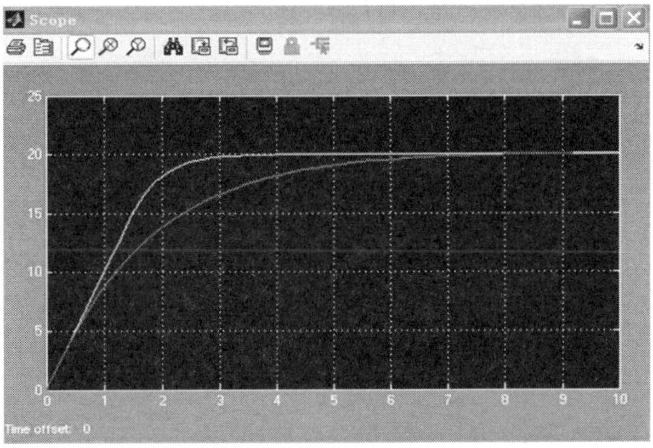

[그림 3.64] Fuzzy-PID와 일반 PID제어기의 스텝응답 비교

4장 퍼지 제어시스템의 응용사례

1. 퍼지 제어기를 이용한 DC 모터의 제어

1) DC-Motor의 운동식

아래 그림과 같이 DC 모터의 수학적인 구조는 토크식과 역기전력 (back EMF) 식으로 구분된다.

< Equivalent circuit of DC machine>

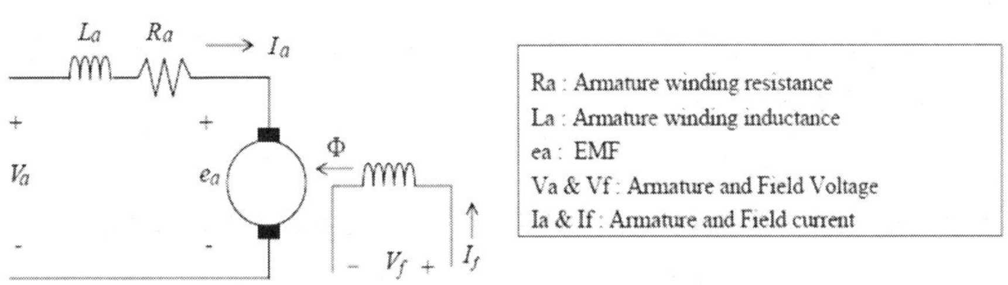

< Torque equation>

$$T_e = K\Phi I_a$$

< Back-EMF equation>

$$E_a = K\Phi\omega$$

[그림 4.1] DC 모터 회로, 토크 및 역기전력 식

키르히호프 법칙(Kirchoff's law)을 이용하여 DC 모터의 특성식을 구하면 다음과 같다.

$$v_a = R_a i_a + L_a \frac{di_a}{dt} + e_a$$

$$e_a = K\phi\omega$$

$$T_e = K\phi i_a$$

$$T_e - T_L = J\frac{d\omega}{dt} + B\omega$$

위 식으로부터 다음과 같은 변수를 구할 수 있다.

$$I_a(s) = \frac{V_a(s) - E_a(s)}{L_a S + R_a}$$

$$E_a(s) = K_e \omega(s)$$

$$T_e(s) = K_t I_a(s)$$

$$\omega(s) = \frac{T_e(s) - T_L(s)}{Js + B}$$

위 식에서 Te는 모터에 걸리는 토크, J 는 모터의 관성모멘트, 그리고 B 는 점성마찰 토크와 관련된 감쇠상수이다.

위 식들을 이용하여 모터의 동적모델을 구현하면 아래 블록과 같다.

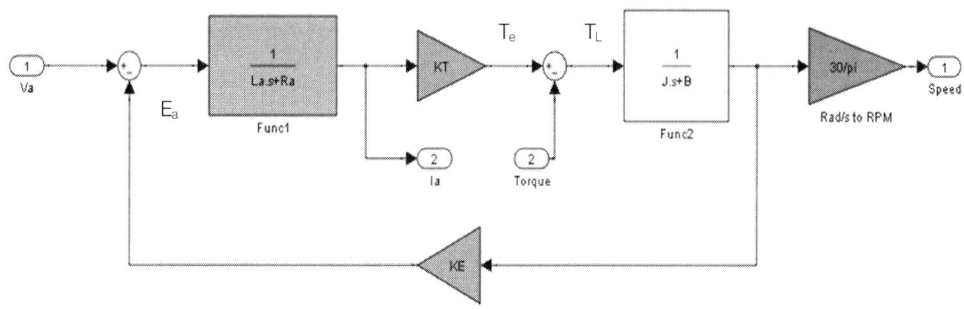

[그림 4.2] DC 모터의 모델

시뮬레이션을 위해 사용된 모터 파라메터들은 아래 표와 같다.

[표 4.1] motor 파라메터

La	Ra	J	B	KE	KT	Va	Ia	ω
0.00405	1.4	0.05	0.0002	0.4095	0.4095	100	28.5	2000

위 모터 모델식을 확인하기 위하여 open-loop과 closed-loop 제어기를 구현하여 보았다. closed-loop 제어기는 PI 제어기를 사용하였다. 아래 [그림 4.3]에 전체 시스템의 블록선도가 그려져 있다. [그림4.4]는 open-loop 시스템과 PI제어기를 적용한 경우의 스텝 응답을 비교한 그래프이다.

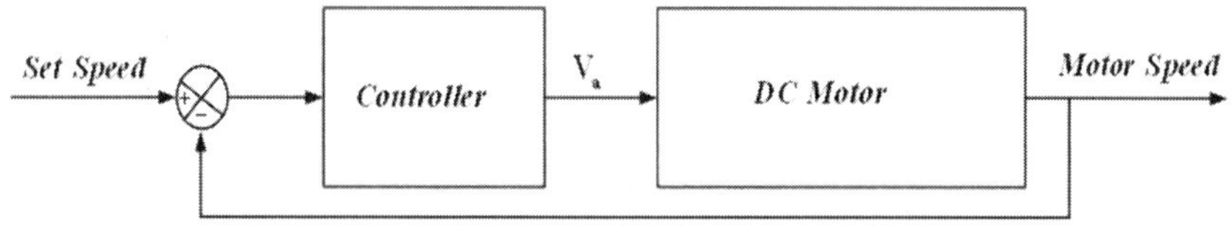

[그림 4.3] Closed-loop 제어시스템

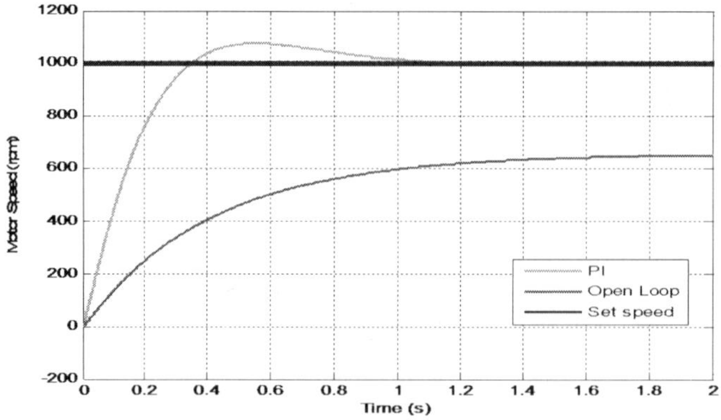

[그림 4.4] open-loop 시스템과 PI제어기를 적용한 경우의 스텝응답

2) 퍼지로직(Fuzzy Logic)을 이용한 DC 모터 제어기

퍼지제어기를 구성하려면 입력변수와 출력변수를 설정하여야 한다. 퍼지제어를 위해 주로 사용하는 입력변수는 다른 일반제어시스템과 마찬가지로 오차값(E)과 오차값의 변화율 (DE)을 사용한다. 모터의 구동속도를 제어하기 위한 출력변수는 공급전압(V_o)을 사용하였다.

[그림 4.5], [그림 4.6], [그림 4.7]은 입력변수와 출력변수에 대한 소속함수를 나타내고 있다.

[표 4.2]는 작성된 퍼지룰을 나타낸다. 2개의 입력변수가 각각 5개의 퍼지소속함수를 가지므로 전체 퍼지룰은 모두 25개 이다. [그림 4.8]은 입출력 퍼지함수와 퍼지룰을 이용하여 생성한 퍼지제어평면을 나타내고 있다.

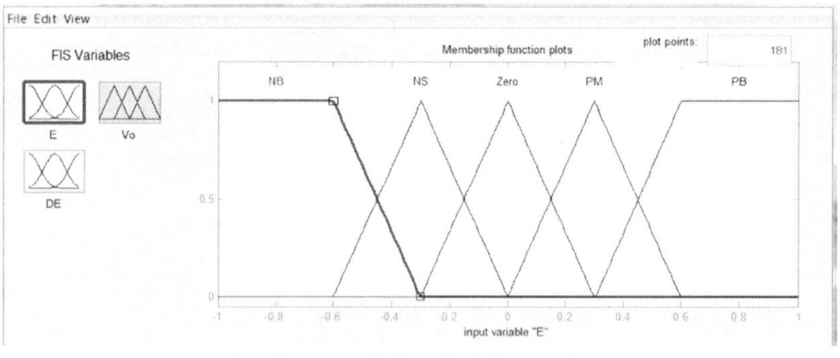

[그림 4.5] 오차값(E)에 대한 소속함수

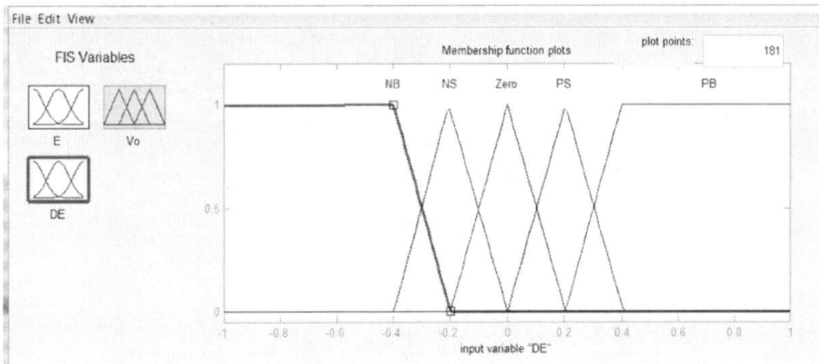

[그림 4.6] 오차값의 변화율(DE)에 대한 소속함수

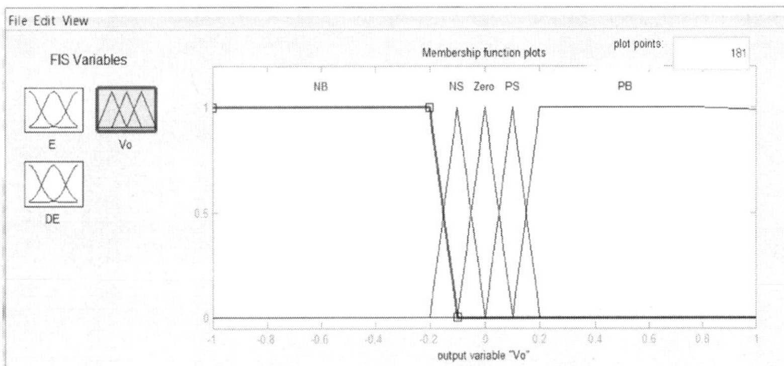

[그림 4.7] 출력값(V_0)에 대한 소속함수

[표 4.2] 퍼지 룰

DE I E	NB	NS	Zero	PS	PB
NB	NB	NB	NS	NS	PB
NS	NB	NS	NS	Zero	PB
Zero	NS	NS	Zero	PS	PB
PS	NS	Zero	PS	PS	PB
PB	Zero	PS	PS	PB	PB

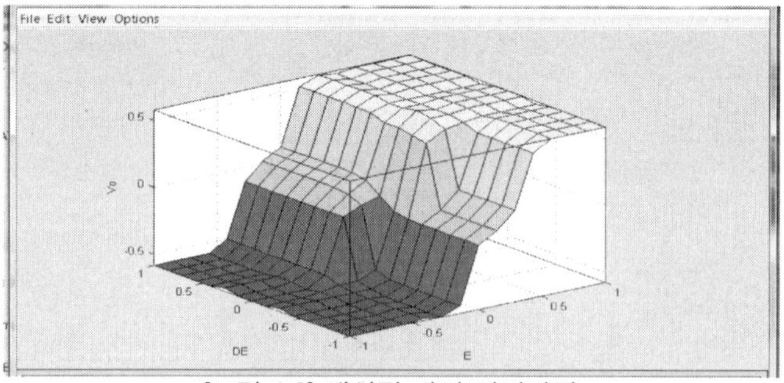

[그림 4.8] 생성된 퍼지 제어평면

[그림 4.9]는 퍼지제어시스템의 Simulink 블록선도를 나타낸 그림이다. 그림에서 게인 8과 9는 입력되는 값이 1로 정규화 되도록 한 값이다.

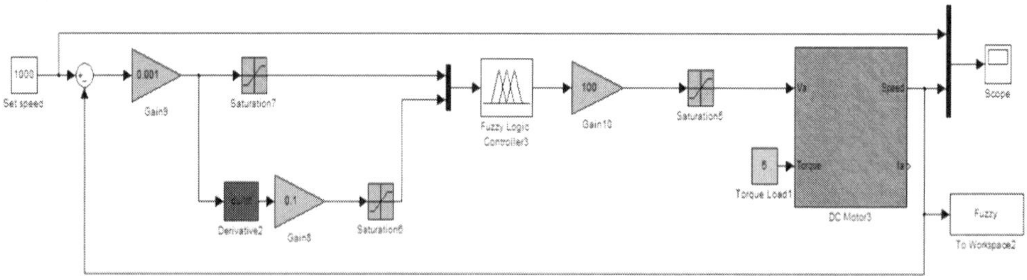

[그림 4.9] 퍼지제어기의 Simulink 블록선도

[그림 4.10]은 시뮬레이션 결과이다. 퍼지제어의 경우는 오버슛이 거의 발생하지 않음을 알 수 있다.

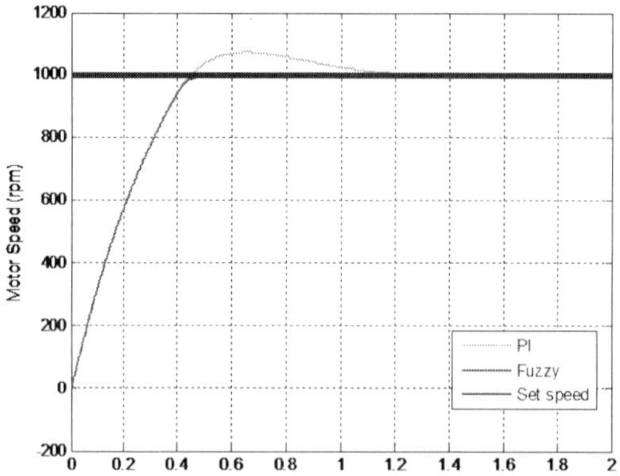

[그림 4.10] 시뮬레이션 결과

3) Self-Tuning 퍼지제어기를 이용한 모터제어

Self-tuning 제어기는 앞의 절에서 구현한 퍼지제어기와 매우 유사하나, 2개의 퍼지제어 블록을 사용한다는 점이 다르다. 첫 번째 퍼지제어블록은 주 제어기 (main controller)로 사용되며, 두 번째 퍼지블록은 첫 번째 퍼지제어기의 입력이나 출력 소속함수 (membership function)를 튜닝하기 위한 목적으로 사용된다. 본 절에서는 출력 소속함수를 튜닝하기 위하여 사용되었다. 두 개의 퍼지제어기 모두 앞 절에서와 같이 2개의 입력변수를 사용하였다. [그림 4.11]에서 [그림 4.13]은 입력변수와 출력변수에 대한 퍼지 소속함수를 나타낸 그림이다.

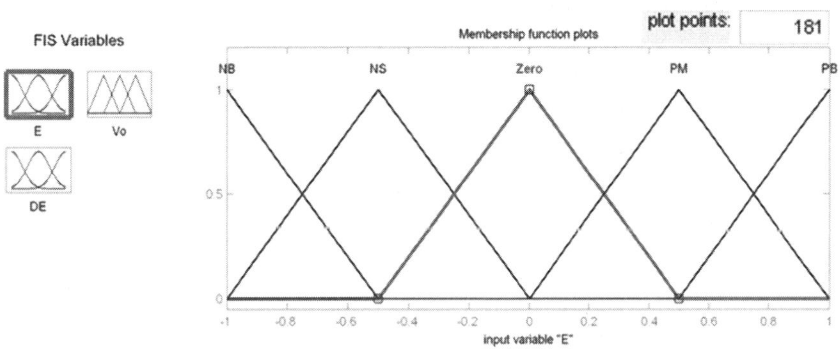

[그림 4.11] 오차값(E)에 대한 소속함수

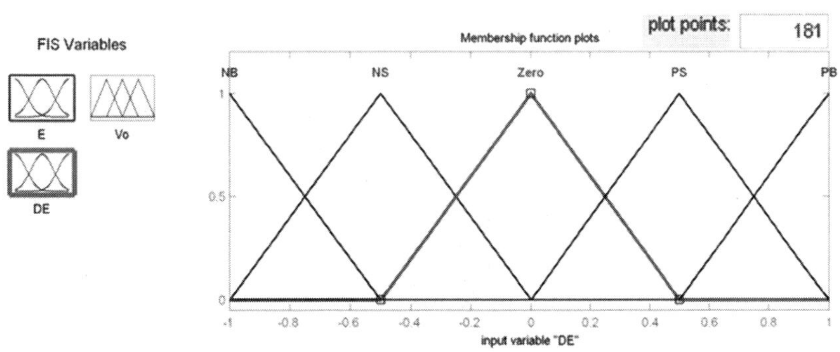

[그림 4.12] 오차값의 변화율(DE)에 대한 소속함수

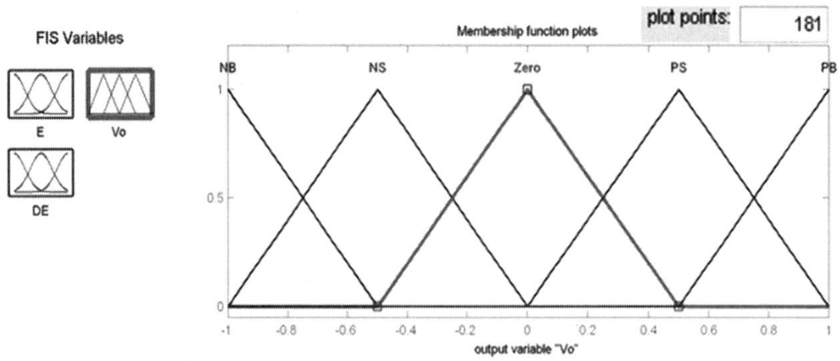

[그림 4.13] 출력값(V_0)에 대한 소속함수

[표 4.3]은 주제어기에 사용된 25개의 퍼지규칙을 나내고 있으며, [그림 4.14]는 주제어기에 임의의 입력값이 주어졌을 경우 주 제어기가 계산해 내는 출력값을 나타낸 그래프 즉, 퍼지 제어 평면을 나타낸 그림이다

[표 4.3] 주제어기에 사용된 퍼지규칙

DE l E	NB	NS	Zero	PS	PB
NB	NB	NB	NS	Zero	Zero
NS	NB	NS	NS	Zero	PB
Zero	NS	NS	Zero	PS	PB
PS	Zero	Zero	PS	PS	PB
PB	Zero	PS	PS	PB	PB

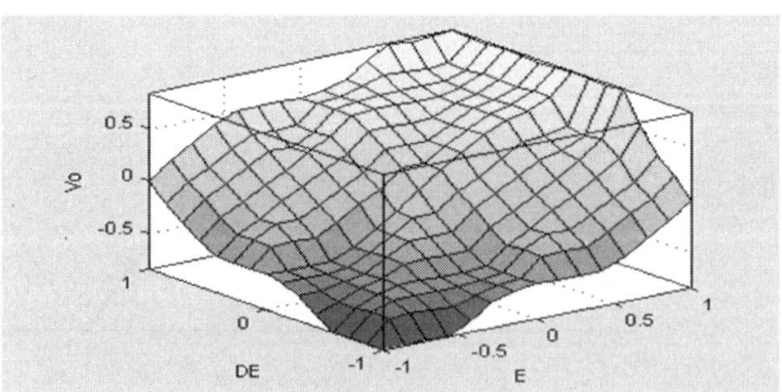

[그림 4.14] 주 퍼제제어기의 제어평면

[그림 4.15]에서 [그림 4.17]은 두 번째 퍼지 제어기 즉, 튜닝을 하기 위한 목적으로 사용된 퍼지제어기의 입력 및 출력신호에 대한 소속함수를 나타낸 그림이다. [표 4.4]는

튜닝용 퍼지제어기에 사용된 25개의 퍼지규칙을 나내고 있으며, [그림 4.18]은 튜닝용 퍼지제어기에 임의의 입력값이 주어졌을 경우 계산해 내는 출력값을 나타낸 그래프 즉, 퍼지 제어 평면을 나타낸 그림이다.

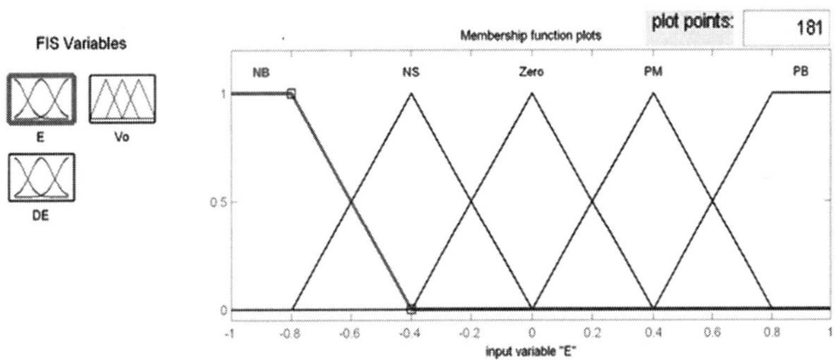

[그림 4.15] 오차값(E)에 대한 소속함수

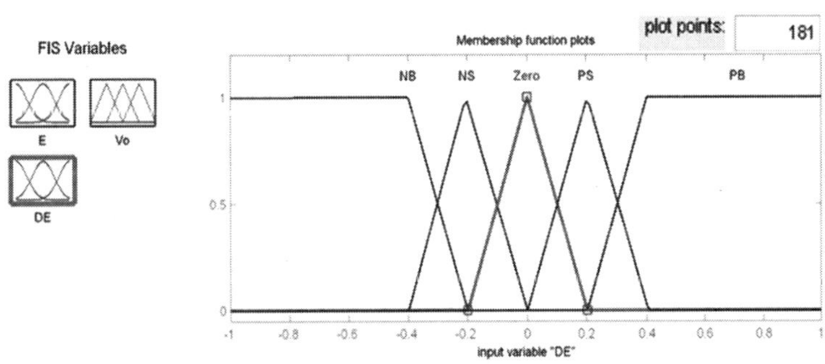

[그림 4.16] 오차값의 변화율(DE)에 대한 소속함수

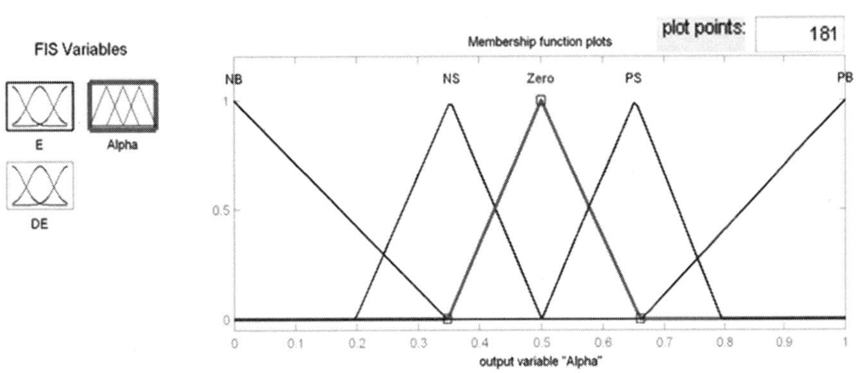

[그림 4.17] 튜닝용 제어기의 출력값 *Alpha*에 대한 소속함수

[표 4.4] 튜닝용 퍼지제어기의 제어규칙

DE | E	NB	NS	Zero	PS	PB
NB	NB	NB	NS	Zero	Zero
NS	NB	NS	NS	Zero	PB
Zero	NS	NS	Zero	PS	PB
PS	Zero	Zero	PS	PS	PB
PB	Zero	PS	PS	PB	PB

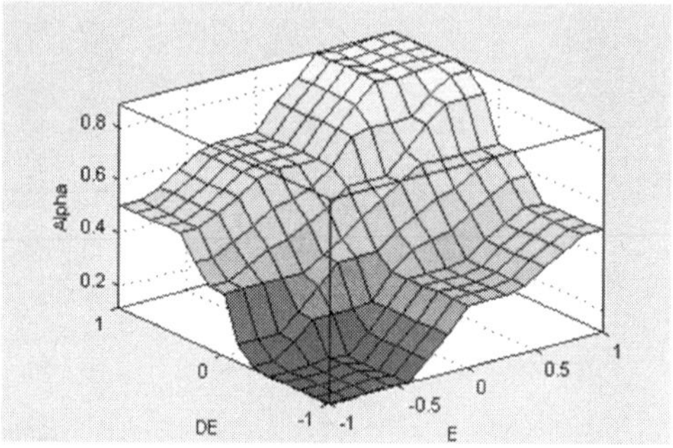

[그림 4.18] 튜닝용 퍼지제어기의 제어평면

[그림 4.19]는 self-tuning 퍼지 제어시스템 전체의 Simulink 선도를 나타낸 그림이며, [그림 4.20]은 self-tuning 퍼지 제어기와 PI제어기의 계단응답을 비교한 그림이다.

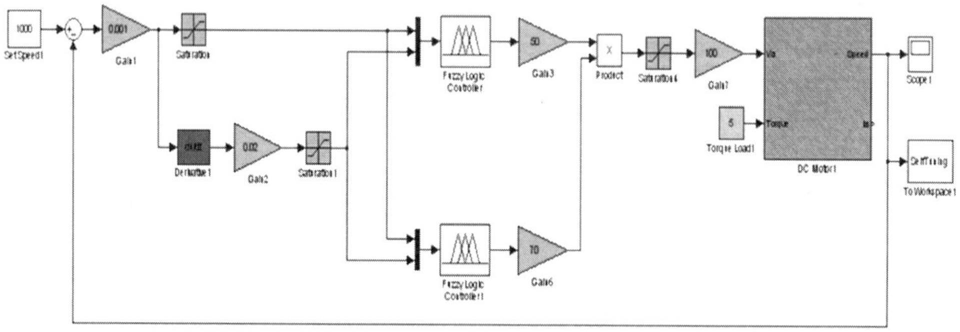

[그림 4.19] Self-tuning 퍼지 제어시스템 Simulink 선도

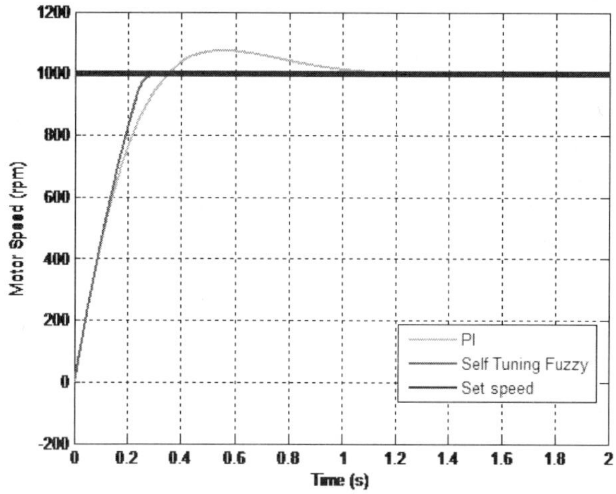

[그림 4.20] Self-tuning 퍼지 제어기와 PI제어기의 계단응답 비교

4) Self-Tuning 퍼지 PI 제어기

이 번 절에서는 퍼지제어기가 PI제어기의 Kp게인과 Ki게인을 튜닝하는 역할을 하도록 구성하였다. 전체 시스템의 구성은 [그림 4.21]과 같다. [그림 4.22]부터 [그림 4.25]는 각각 오차(E), 오차율(dE), KP 게인, KI 게인에 대한 퍼지 소속함수를 나타낸 그림이다. [표 4.5]와 [표 4.6]은 입력값인 오차와 오차율에 대한 KP와 KI의 출력값을 각각 구하는 퍼지룰을 나타내고 있다.

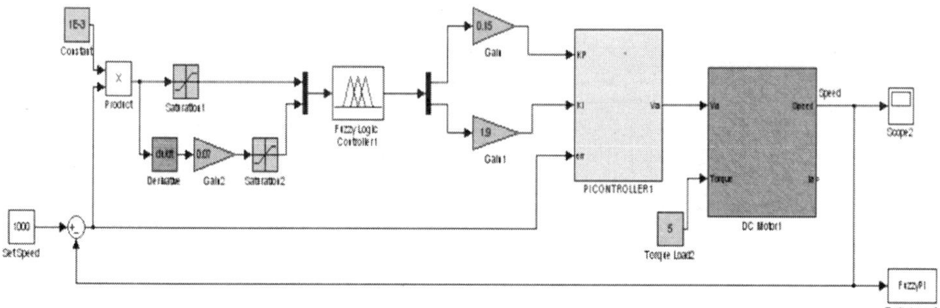

[그림 4.21] Simulink로 구현된 전체 제어시스템

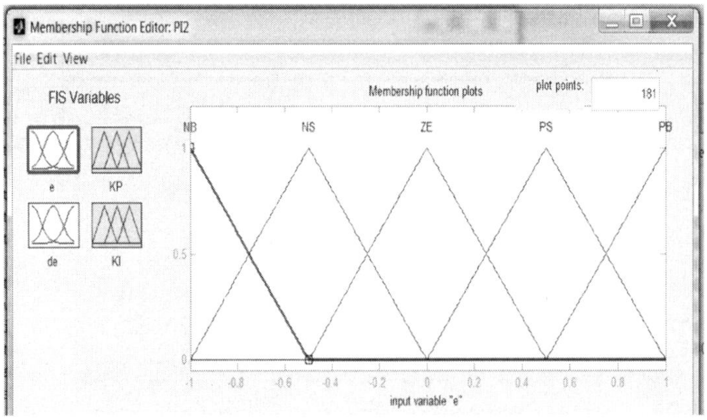

[그림 4.22] 오차 (E)에 대한 퍼지 소속함수

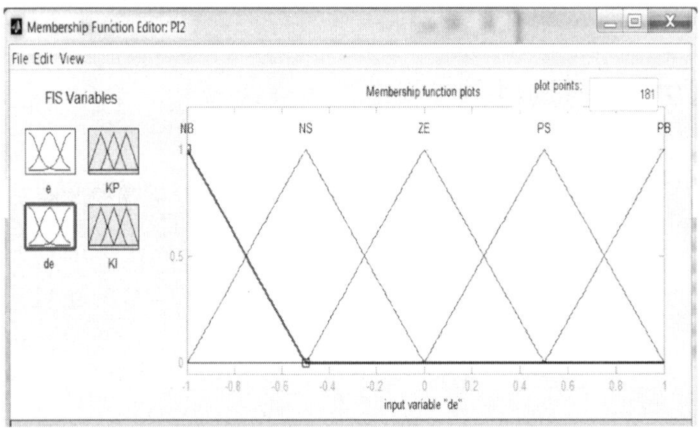

[그림 4.23] 오차율 (DE)에 대한 퍼지 소속함수

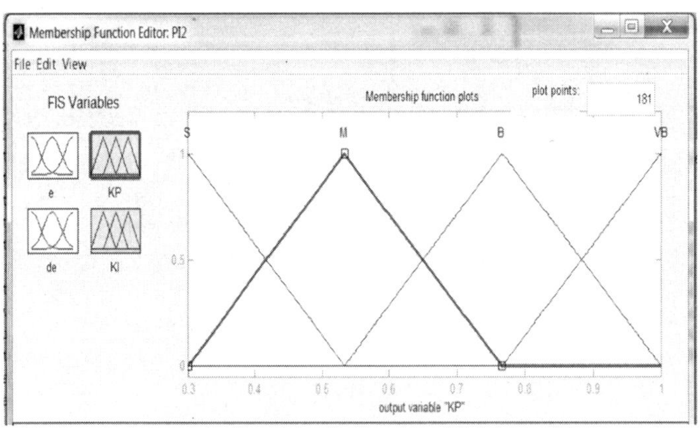

[그림 4.24] 게인 KP에 대한 퍼지 소속함수

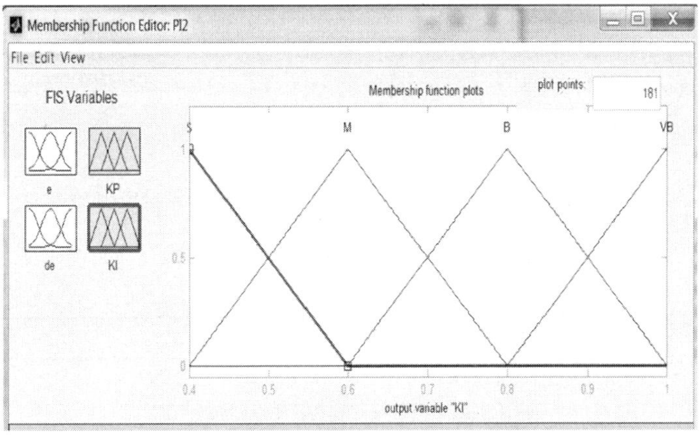

[그림 4.25] 게인 KI에 대한 퍼지 소속함수

[표 4.5] 게인 KP의 출력값을 각각 구하는 퍼지룰

K_P		e					
		N31	N21	N11	P11	P21	P31
de	N3	VB	M	S	S	M	VB
	N2	VB	M	S	S	M	VB
	N1	VB	B	S	S	B	VB
	P1	VB	B	S	S	B	VB
	P2	VB	M	S	S	M	VB
	P3	VB	M	S	S	M	VB
	P3	VB	M	S	S	M	VB

[표 4.6] 게인 KI의 출력값을 각각 구하는 퍼지룰

K_I		e					
		N31	N21	N11	P11	P21	P31
de	N3	VB	B	M	M	B	VB
	N2	VB	B	M	M	B	VB
	N1	VB	M	S	S	M	VB
	P1	VB	M	S	S	M	VB
	P2	VB	B	M	M	B	VB
	P3	VB	B	M	M	B	VB

[그림 4.26]과 [그림 4.27]은 전체 시스템이 동작하면서 PI제어기의 KP게인과 KI게인이 시간이 지나감에 따라 튜닝되고 있음을 나타내는 그래프이다.

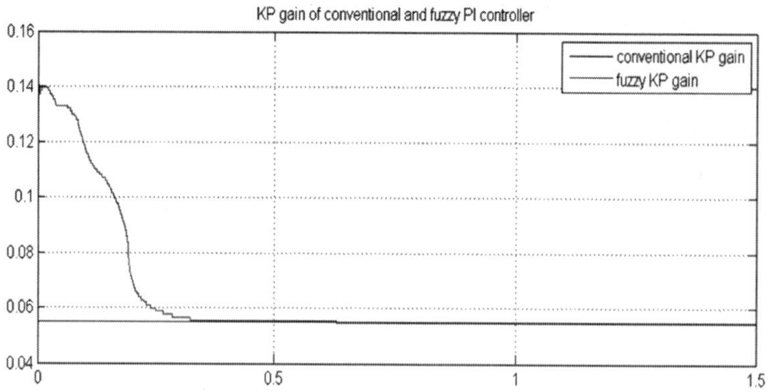

[그림 4.26] Kp 게인의 튜닝과정

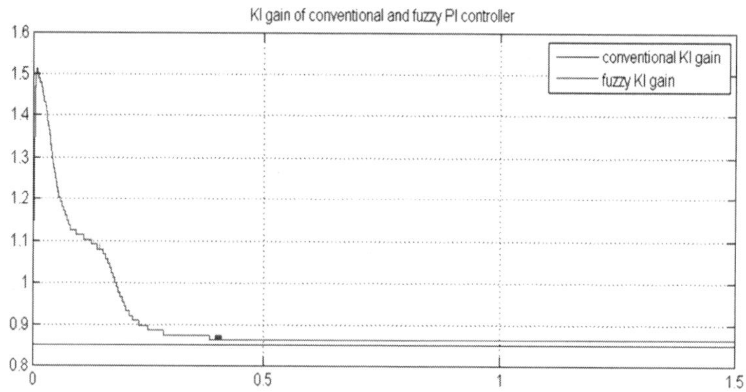

[그림 4.27] KI 게인의 튜닝과정

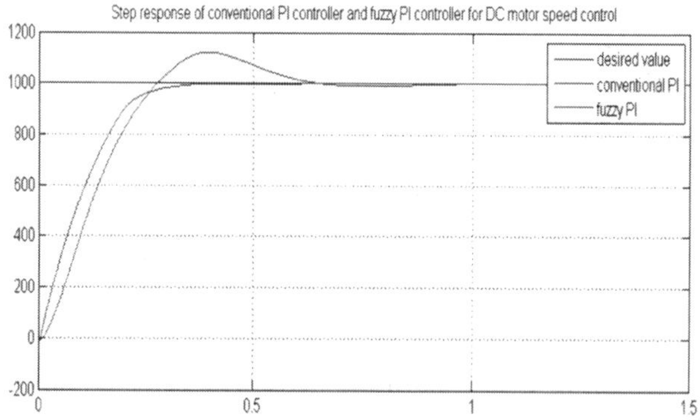

[그림 4.28] PI제어기와 self-tuning 퍼지 PI제어기의 계단응답 성능 비교

[그림 4.28]은 일반적인 PI제어기와 self-tuning 퍼지 PI제어기의 계단응답 성능을 비

교한 그래프이다.

[그림 4.29]는 앞에서 고려된 4가지 제어기 즉, 일반 PI제어기, 퍼지제어기, self-tuning 퍼지제어기, self-tuning 퍼지PI제어기의 성능을 같이 비교한 그래프이다. 상승속도(rising time)는 self-tuning 퍼지PI제어기, self-tuning 퍼지제어기, PI제어기, 퍼지제어기 순으로 빠르게 추종함을 보였다. 일반 PI 제어기는 오버슛(overshoot)이 높게 나타났다.

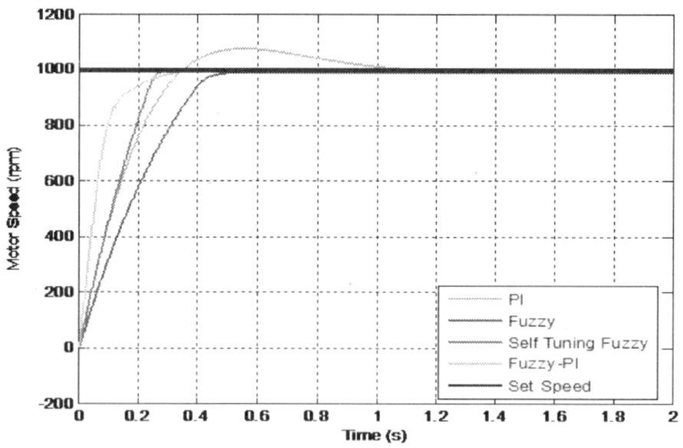

[그림 4.29] 앞에서 고려된 4가지 제어시스템에 대한 성능비교

2. 반능동(Semi-active) 자동차 현가시스템의 퍼지제어

1) 차량 모델

(1) 사용되는 파라메터

자동차가 불규칙적인 노면 위를 일정한 속도로 움직이고 있다고 가정한다. 노면의 변화값이 차량모델의 입력값이 된다. [그림 4.30]와 [그림 4.31]은 각각 2자유도 와 4자유도 모델을 나타낸다.

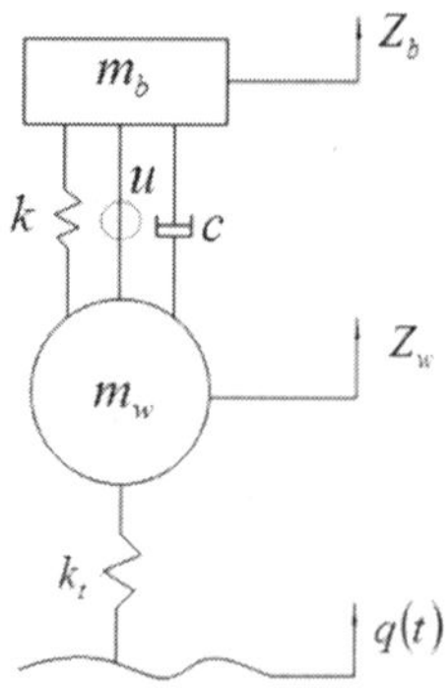

[그림 4.30] 2자유도 차량 모델

2자유도 차량 모델에서 사용되는 각 파라메터는 다음과 같이 정의된다.

m_b : mass of the vehicle body (the sprung mass),

m_W : unsprung mass of the wheel,

u : active controller of the front suspension,

c : damp of the suspension,

k : stiffness of the suspension,

k_t : stiffness of the wheel,

Z_b : displacement of the vehicle body,

Z_w : displacement of the unsprung mass of the wheel,

$q(t)$: input signal of road.

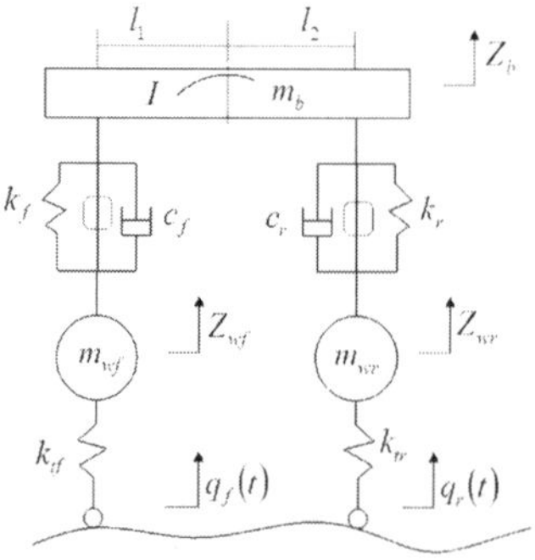
[그림 4.31] 4자유도 차량 모델

4자유도 차량 모델에서 사용되는 각 파라메터는 다음과 같이 정의된다.

m_b : mass of the vehicle body (the sprung mass),

m_{wf} : unsprung mass of the front wheel,

m_{wr} : unsprung mass of the rear wheel,

l_1 : distance between the mass center and the front wheel,

l_2 : distance between the mass center and the rear wheel,

I : inertia of the sprung mass about mass center,

u_f : active controller of the front suspension,

u_r : active controller of the rear suspension,

c_f : damp of the front suspension,

c_r : damp of the rear suspension,

k_f : stiffness of the front suspension,

k_r : stiffness of the rear suspension,

k_{tf} : stiffness of the front wheel,

k_{tr} : stiffness of the rear wheel,

Z_b : displacement of the vehicle body,

Z_{wf} : displacement of the unsprung mass of the front wheel,

Z_{wr} : displacement of the unsprung mass of the rear wheel,

$q_f(t)$: input signal of the front wheel,

$q_r(t)$: input signal of the front wheel.

(2) 수학적 모델링

① 입력함수(노면변화)의 정의

노면변화 $q(t)$는 다음과 같이 정의하였다.

$$\dot{q}(t) + 2\pi n_0 q(t) = \sqrt{2\pi G_q(n_o) n_0^2 u} \cdot w(t)$$

위 식에서,

n_0 : spatial frequency,

$G_q(n_0)$: road roughness,

u : velocity of vehicle,

$w(t)$: white-noise excitation.

② 2자유도 모델식

뉴턴의 법칙을 이용하여 2자유도 모델에 대한 운동방정식을 유도하면 다음과 같다.

$$\begin{cases} m_b\ddot{x}_1 + c(\dot{x}_1 - \dot{x}_2) + k(x_1 - x_2) = u \\ m_w\ddot{x}_2 - c(\dot{x}_1 - \dot{x}_2) - k(x_1 - x_2) + k_1 x_2 = k_t q(t) - u \end{cases}$$

위의 식을 행렬로 표시하면,

$$[M]\ddot{Z}(t) + [C]\dot{Z}(t) + [K]Z(t) = [P]q(t) + [R]u$$

위 식에서,

$$[M] = \begin{bmatrix} m_b & 0 \\ 0 & m_w \end{bmatrix}$$

$$[C] = \begin{bmatrix} c & -c \\ -c & c \end{bmatrix}$$

$$[K] = \begin{bmatrix} k & k \\ -k & k + k_1 \end{bmatrix}$$

$$[P] = \begin{bmatrix} 0 \\ k_1 \end{bmatrix}$$

$$[R] = \begin{bmatrix} 1 \\ -1 \end{bmatrix}$$

여기서, $\dot{y}_1 = \dot{Z}$, $y_2 = Z$, $Y = \begin{bmatrix} y_1 \\ y_2 \end{bmatrix}$ 고 놓으면, 식(2)는 다음과 같다.

$$\begin{cases} [M]\dot{y}_1 + [C]y_1 + [K]y_2 = [P]q(t) + [R]u \\ \dot{y}_2 = y_1 \end{cases}$$

위 식에 대한 상태방정식을 구하면,

$$A\dot{Y} + BY = C(t) + Du$$

위 식에서,

$$[A] = \begin{bmatrix} [M] & 0 \\ 0 & [I] \end{bmatrix}$$

$$B = \begin{bmatrix} [C] & [K] \\ -[I] & 0 \end{bmatrix}$$

$$C = \begin{bmatrix} P \\ 0 \end{bmatrix}$$

$$D = \begin{bmatrix} R \\ 0 \end{bmatrix}$$

③ 4자유도 모델식

4자유도 모델에 대한 운동방정식을 유도하면 다음과 같다.

$$[M]\ddot{Z}(t) + [C]\dot{Z}(t) + [K]Z(t) = [P]q(t) + [R]u$$

위 식에서,

$$[M] = \begin{bmatrix} M_B & 0 & 0 & 0 \\ 0 & I_x & 0 & 0 \\ 0 & 0 & M_{wf} & 0 \\ 0 & 0 & 0 & M_{wr} \end{bmatrix}$$

$$[C] = \begin{bmatrix} c_f + c_r & c_f * l_1 - c_r * l_2 & -c_f & -c_r \\ c_f * l_1 - c_r * l_2 & c_f * l_1^2 + c_r * l_2^2 & -c_f * l_1 & c_r * l_2 \\ -c_f & -c_f * l_1 & c_f & 0 \\ -c_r & c_r * l_2 & 0 & c_r \end{bmatrix}$$

$$[K] = \begin{bmatrix} k_f + k_r & k_f * l_1 - k_r * l_2 & -k_f & -k_r \\ k_f * l_1 - k_r * l_2 & k_f * l_1^2 + k_r * l_2^2 & -k_f * l_1 & k_r * l_2 \\ -k_f & -k_f * l_1 & k_f + k_{tf} & 0 \\ -k_r & k_r * l_2 & 0 & k_r + k_{tr} \end{bmatrix}$$

$$[P] = \begin{bmatrix} 0 & 0 \\ 0 & 0 \\ k_{tf} & 0 \\ 0 & k_{tr} \end{bmatrix}$$

$$[R] = \begin{bmatrix} 1 & 1 \\ l_1 & -l_2 \\ -1 & 0 \\ 0 & -1 \end{bmatrix}$$

위 식에서 $\dot{y}_1 = \dot{Z},\ y_2 = Z,\ Y = \begin{bmatrix} y_1 \\ y_2 \end{bmatrix}$ 라고 놓으면

위 운동방정식은 다음과 같다.

$$\begin{cases} [M]\dot{y}_1 + [C]y_1 + [K]y_2 = [P]q(t) + [R]u \\ \dot{y}_2 = y_1 \end{cases}$$

이 식에 대한 상태방정식을 구하면,

$$A\dot{Y} + BY = Cq(t) + Du$$

위 식에서,

$$A = \begin{bmatrix} [M] & 0 \\ 0 & [I] \end{bmatrix}$$

$$B = \begin{bmatrix} [C] & [K] \\ -[I] & 0 \end{bmatrix}$$

$$C = \begin{bmatrix} [P] \\ [I] \\ [0] \end{bmatrix}$$

$$D = \begin{bmatrix} [R] \\ [I] \\ [0] \end{bmatrix}$$

위 식들로부터, 차체의 속도와 변위값은 Runge-Kutta 법을 사용하여 구할 수 있다.

3) 시뮬레이션

(1) 2자유도 모델의 시뮬레이션

① 퍼지함수의 설계

MATLAB의 FIS 에디터를 이용하여 퍼지함수를 디자인하였다. 제어기의 입력 및 출력변수는 7개의 퍼지함수로 구성하였다: NL, NM, NS, ZE, PS, PM, PL. 입력변수는 위치오차 및 속도오차로 정하였고, 출력변수는 힘(force)으로 규정하였다. 변위오차의 입력범위는 [-0.01 0.01] m, 속도오차의 입력범위는 [-0.1 0.1] *m/s*로 설정하였다. 출력값의 범위는 [-1000 1000] N으로 설정하였다. 퍼지 소속함수(membership function)는 Gaussian-type의 함수를 이용하였다. [그림 4.32], [그림 4.33], [그림 4.34]는 입력변수(위치오차 및 속도오차) 및 출력변수에 대한 퍼지 소속함수를 나타내고 있다.

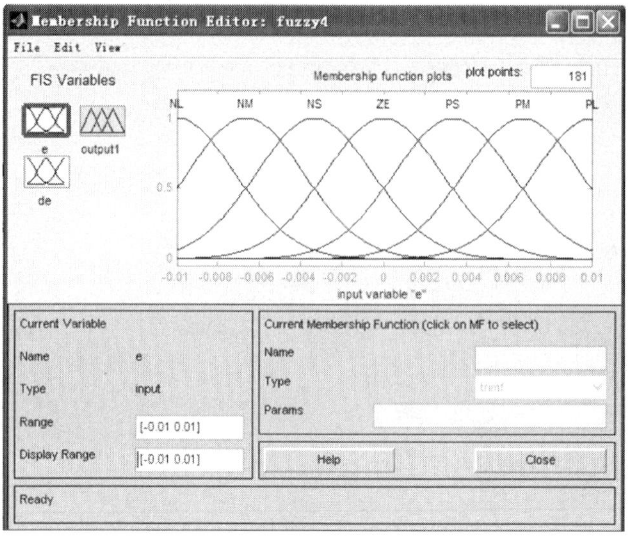

[그림 4.32] 변위오차(e)에 대한 퍼지소속함수

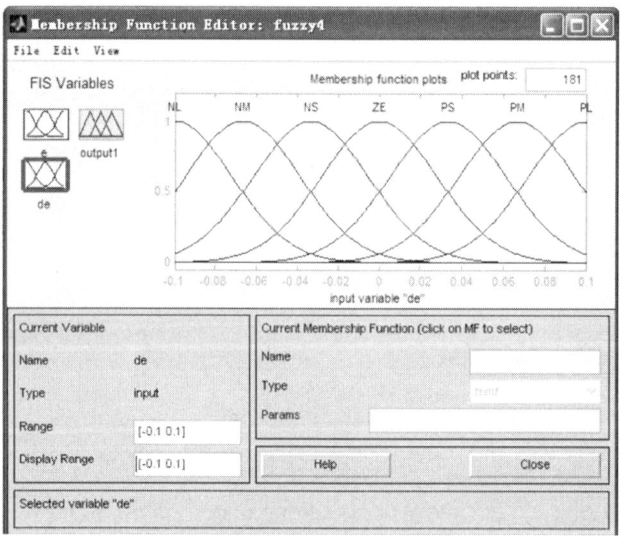

[그림 4.33] 속도오차(de)에 대한 퍼지소속함수

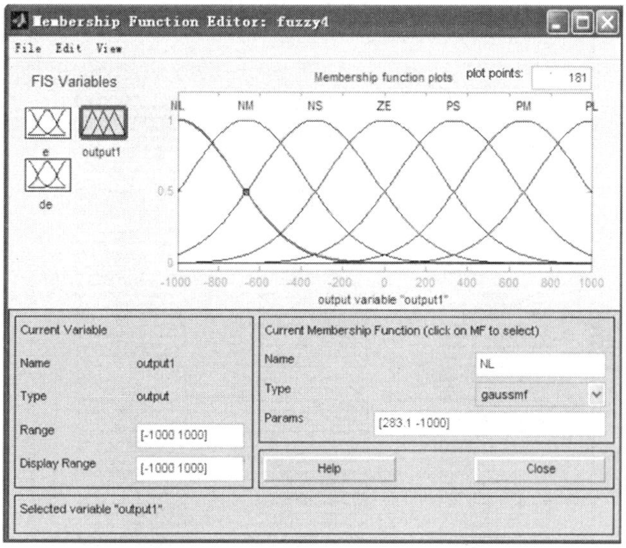

[그림 4.34] 출력힘에 대한 퍼지 소속함수

이상의 입출력 퍼지함수를 이용하여 퍼지 룰을 [표 4.7]과 같이 작성하였다.

[표 4.7] 작성된 퍼지룰

de($\dot{e}$)	e						
	NL	NM	NS	ZE	PS	PM	PL
NL	PL	PL	PM	PS	PS	PS	ZE
NM	PL	PM	PS	ZE	PS	ZE	NS
NS	PM	PS	ZE	ZE	ZE	NS	NM
ZE	PM	PS	ZE	ZE	ZE	NS	NM
PS	PM	PS	ZE	ZE	ZE	NS	NM
PM	PS	ZE	NS	ZE	NS	NM	NL
PL	ZE	NS	NS	NS	NM	NL	NL

퍼지룰을 완료한 후 MATLAB의 Rule Viewer을 클릭하면 다음과 같이 입력값의 변화에 따른 출력힘의 변화를 그림으로 알 수 있다.

[그림 4.35]에서 e=0, de=0이면 output1=$2.11*10^{-6}$ 이라는 것을 보여준다. e와 de를 나타내는 선을 drag해서 움직이면 출력힘의 값도 변화하게 된다. [그림 4.36]은 모든 입력 경우의 수에 대한 출력값을 3차원 그래프로 표시한 그림이다.

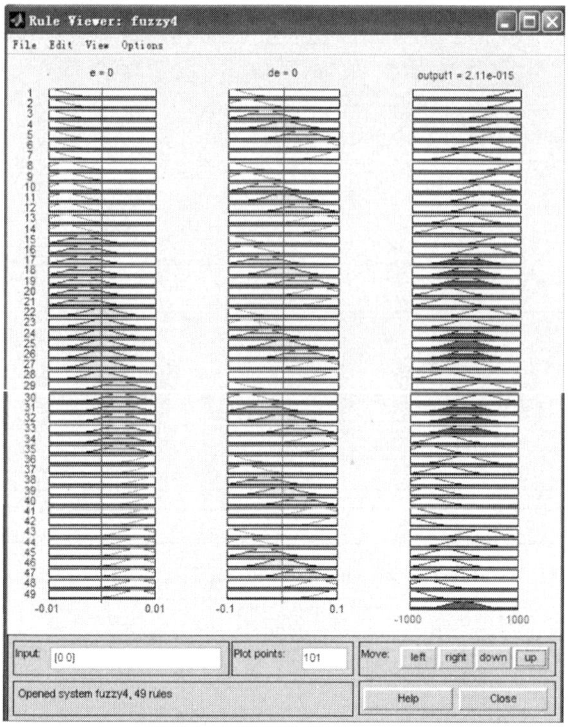

[그림 4.35] 퍼지룰의 작동

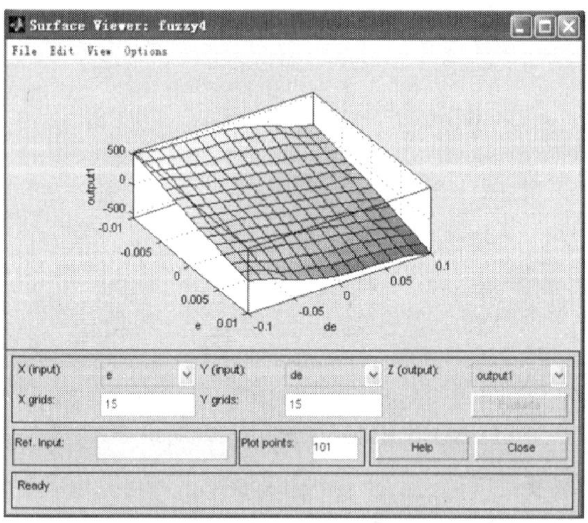

[그림 4.36] 퍼지제어기의 제어 표면(surface)

② 2자유도 모델에 대한 시뮬레이션 결과

차량 현가장치의 응답성능을 알아보기 위해 먼저 도로 노면의 형상을 [그림 4.37]과 같이 생성하였다.

수동식(passive) 현가장치와 퍼지제어기를 이용한 반 능동(semi-active) 현가장치에 대한 가속도, 속도, 변위 응답특성이 [그림 4.38], [그림 4.39], [그림 4.40]에 각각 나타나 있다. 전체적으로 볼 때 반 능동 현가장치가 수동적 현가장치에 비해 응답특성이 양호한 것을 알 수 있다.

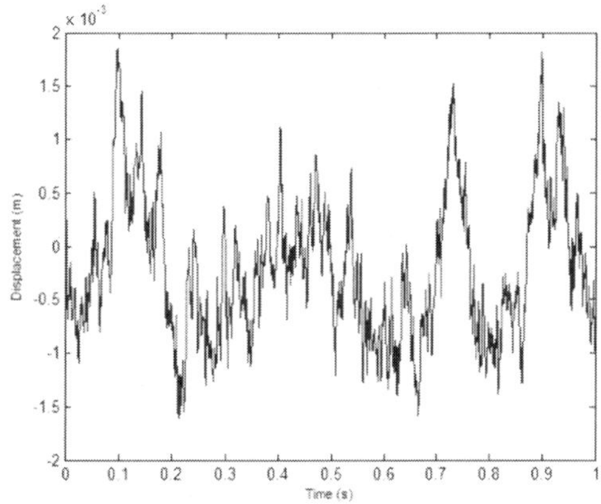

[그림 4.37] 도로 노면 변화(입력값)

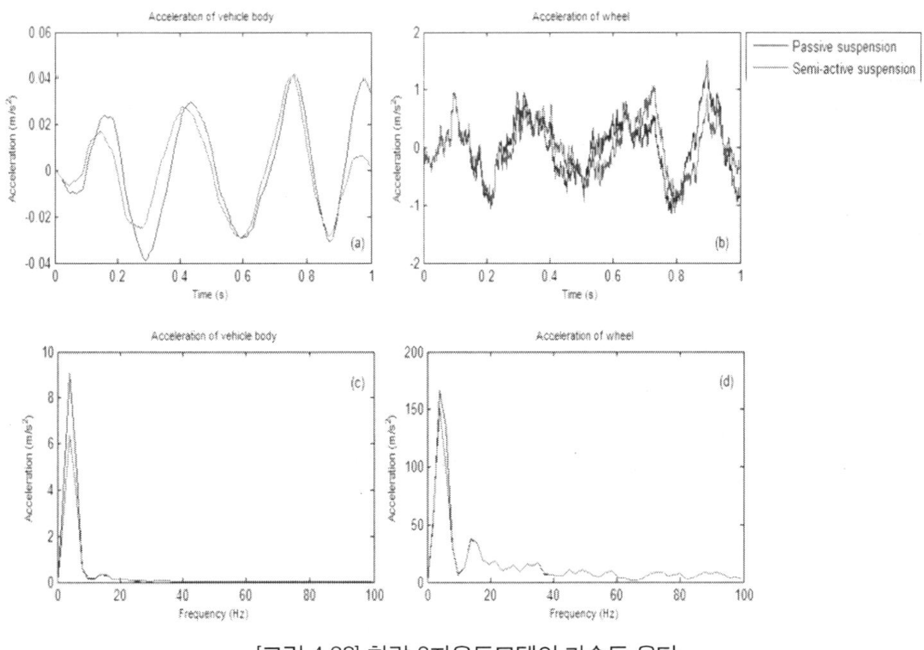

[그림 4.38] 차량 2자유도모델의 가속도 응답

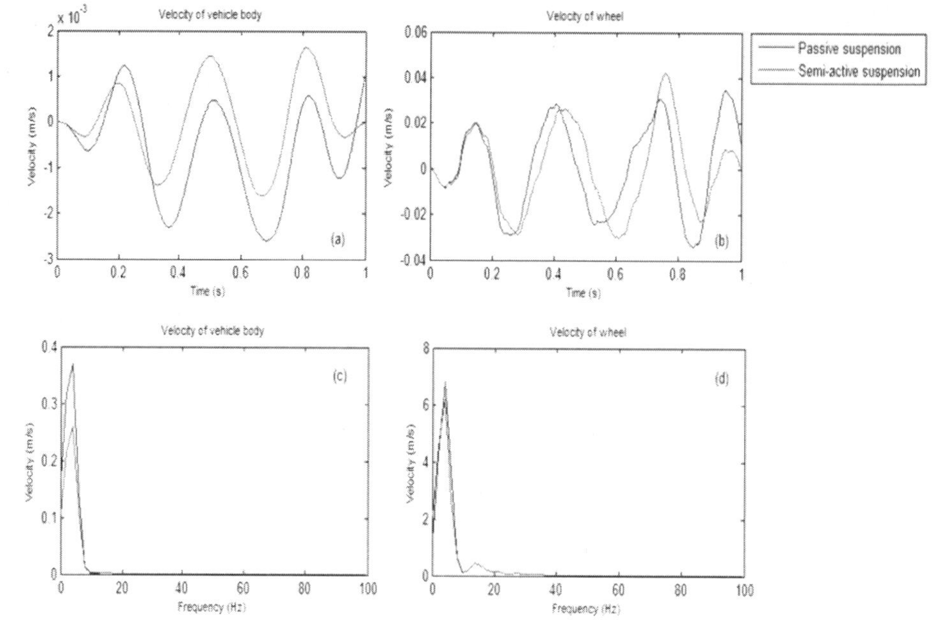

[그림 4.39] 차량 2자유도모델의 속도 응답

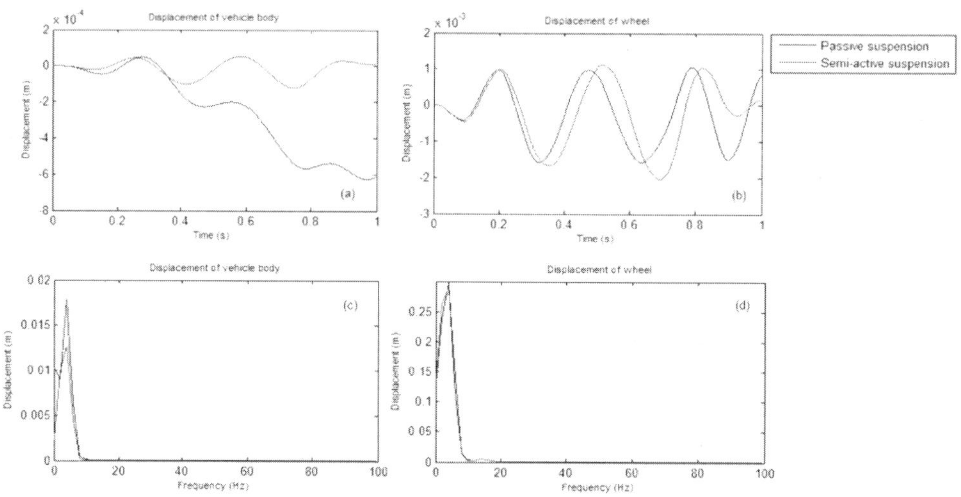

[그림 4.40] 차량 2자유도모델의 변위 응답

참고로 위 시뮬레이션에 대한 Matlab 소스코드를 다음과 같이 첨부하였다.

```
close all
clear;clc;
%Vehicle parameters
mb = 1000;
mw = 150;
k = 17600;
kt = 62800;
c = 750;

u = 50;%velocity of vehicle
n0 = 0.1;
Gq = 256*10e-6;
%A
M = [mb 0;0 mw];
I = eye(2);
O = zeros(2);
A = [M O;O I];
%B
C = [c -c;-c c];
K = [k -k;-k k+kt];
B = [-C -K; I O];
A1 = A\B;
C1 = [0;kt;0;0];
B1C1 = A\C1;
U = [1;-1;0;0];
%%road   q(t)
deltT = 0.0005;     %Time intervals: s
```

```
q = zeros(1,2000);
wt = randn(1,3000);
Aq = -2*pi*n0*u;
Bq = sqrt(Gq*n0^2*u);
for i=1:1:1999
    k1 = Aq*q(i)+Bq*wt(i);
    k2 = Aq*(q(i)+deltT/2*k1)+Bq*wt(i+1);
    k3 = Aq*(q(i)+deltT/2*k2)+Bq*wt(i+1);
    k4 = Aq*(q(i)+deltT*k3)+Bq*wt(i+2);
    q(i+1) = q(i)+deltT/6*(k1+2*k2+2*k3+k4);
 end
t = 0:deltT:deltT*1999;

% dlmwrite('road.txt',q);
q = dlmread('road_2DOF.txt');   %% using input(road) data road_2DOF.txt
q = q*10;
figure(1)
plot(t,q); ylabel('Displacement (m)','fontsize',8);xlabel('Time (s)','fontsize',8);
e = 0;
de = 0;
fuzzypid = readfis('FuzzyFunction2DOF');  %% using generated fuzzy model
% Semi-active suspension
x = zeros(4,1999);
force = zeros(1,2000);
for i=1:1:1998
   force(i+2) = evalfis([e,de],fuzzypid);
   k11 = A1*x(1:4,i)+B1C1*q(i)+A\U*force(i);
   k22 = A1*(x(1:4,i)+deltT/2*k11)+B1C1*q(i+1)+A\U*force(i+1);
   k33 = A1*(x(1:4,i)+deltT/2*k22)+B1C1*q(i+1)+A\U*force(i+1);
```

```
    k44 = A1*(x(1:4,i)+deltT*k33)+B1C1*q(i+2)+A\U*force(i+2);
    x(1:4,i+1) = x(1:4,i)+deltT/6*(k11+2*k22+2*k33+k44);
    e = x(3,i+1);
    de = x(1,i+1);
end

% Passive suspension
x1 = zeros(4,1999);
for i=1:1:1998
    k111 = A1*x1(1:4,i)+B1C1*q(i);
    k222 = A1*(x1(1:4,i)+deltT/2*k111)+B1C1*q(i+1);
    k333 = A1*(x1(1:4,i)+deltT/2*k222)+B1C1*q(i+1);
    k444 = A1*(x1(1:4,i)+deltT*k333)+B1C1*q(i+2);
    x1(1:4,i+1) = x1(1:4,i)+deltT/6*(k111+2*k222+2*k333+k444);
end

t1=0:deltT:deltT*1998;

detf = 1/deltT/1024;
f = 0:detf:100;
window = hanning(1024);
Vzb_fft = fft(x(1,1:1024).*window');
Vzw_fft = fft(x(2,1:1024).*window');
Szb_fft = fft(x(3,1:1024).*window');
Szw_fft = fft(x(4,1:1024).*window');
Vzb = abs(Vzb_fft(1,1:length(f)));
Vzw = abs(Vzw_fft(1,1:length(f)));
Szb = abs(Szb_fft(1,1:length(f)));
Szw = abs(Szw_fft(1,1:length(f)));
```

```
Vzb_fft1 = fft(x1(1,1:1024).*window');
Vzw_fft1 = fft(x1(2,1:1024).*window');
Szb_fft1 = fft(x1(3,1:1024).*window');
Szw_fft1 = fft(x1(4,1:1024).*window');
Vzb1 = abs(Vzb_fft1(1,1:length(f)));
Vzw1 = abs(Vzw_fft1(1,1:length(f)));
Szb1 = abs(Szb_fft1(1,1:length(f)));
Szw1 = abs(Szw_fft1(1,1:length(f)));

P = [0;kt];
R = [1;-1];
ac1 = zeros(2,length(t1));
ac = zeros(2,length(t1));
for i=1:1:length(t1)
   ac1(1:2,i) = M\(-C)*x1(1:2,i)+M\(-K)*x1(3:4,i)+M\P*q(1,i);
   ac(1:2,i) = M\(-C)*x(1:2,i)+M\(-K)*x(3:4,i)+M\P*q(1,i)+M\R*force(1,i);
end

Azb = Vzb*2*pi.*f;
Azw = Vzw*2*pi.*f;
Azb1 = Vzb1*2*pi.*f;
Azw1 = Vzw1*2*pi.*f;

figure(2)
subplot(2,2,1);plot(t1,x1(3,:),t1,x(3,:)); title('Displacement of vehicle
body','fontsize',8);ylabel('Displacement (m)','fontsize',8);xlabel('Time (s)','fontsize',8);
subplot(2,2,2);plot(t1,x1(4,:),t1,x(4,:)); title('Displacement of
wheel','fontsize',8);ylabel('Displacement (m)','fontsize',8);xlabel('Time (s)','fontsize',8);
```

```
subplot(2,2,3);plot(f,Szb1,f,Szb); axis([0 100 0 0.02]); title('Displacement of vehicle body','fontsize',8);ylabel('Displacement (m)','fontsize',8);xlabel('Frequency (Hz)','fontsize',8);
subplot(2,2,4);plot(f,Szw1,f,Szw); axis([0 100 0 0.3]);  title('Displacement of wheel','fontsize',8);ylabel('Displacement (m)','fontsize',8);xlabel('Frequency (Hz)','fontsize',8);

figure(3)
subplot(2,2,1);plot(t1,x1(1,:),t1,x(1,:)); title('Velocity of vehicle body','fontsize',8);ylabel('Velocity (m/s)','fontsize',8);xlabel('Time (s)','fontsize',8);
subplot(2,2,2);plot(t1,x1(2,:),t1,x(2,:));  title('Velocity  of  wheel','fontsize',8);ylabel('Velocity (m/s)','fontsize',8);xlabel('Time (s)','fontsize',8);
subplot(2,2,3);plot(f,Vzb1,f,Vzb); axis([0 100 0 0.4]); title('Velocity of vehicle body','fontsize',8);ylabel('Velocity (m/s)','fontsize',8);xlabel('Frequency (Hz)','fontsize',8);
subplot(2,2,4);plot(f,Vzw1,f,Vzw); axis([0 100 0 8]);    title('Velocity of wheel','fontsize',8);ylabel('Velocity (m/s)','fontsize',8);xlabel('Frequency (Hz)','fontsize',8);

figure(4)
subplot(2,2,1);plot(t1,ac1(1,:),t1,ac(1,:)); title('Acceleration of vehicle body','fontsize',8);ylabel('Acceleration (m/s^2)','fontsize',8);xlabel('Time (s)','fontsize',8);
subplot(2,2,2);plot(t1,ac1(2,:),t1,ac(2,:)); title('Acceleration of wheel','fontsize',8);ylabel('Acceleration (m/s^2)','fontsize',8);xlabel('Time (s)','fontsize',8);
subplot(2,2,3);plot(f,Azb1,f,Azb); axis([0 100 0 10]);   title('Acceleration of vehicle body','fontsize',8);ylabel('Acceleration (m/s^2)','fontsize',8);xlabel('Frequency (Hz)','fontsize',8);
subplot(2,2,4);plot(f,Azw1,f,Azw); axis([0 100 0 200]);  title('Acceleration of wheel','fontsize',8);ylabel('Acceleration (m/s^2)','fontsize',8);xlabel('Frequency (Hz)','fontsize',8);
```

(2) 4자유도 모델의 시뮬레이션

① 퍼지함수의 설계

제어기의 입력 및 출력변수는 7개의 퍼지함수로 구성하였다 : NL, NM, NS, ZE, PS, PM, PL. 입력변수는 위치오차 및 속도오차로 정하였고, 출력변수는 힘(force)으로 규정하였다. 변위오차의 입력범위는 [-0.01 0.01] m, 속도오차의 입력범위는 [-1 1] *m/s*로 설정하였다. 출력값의 범위는 [-10 10] N으로 설정하였다. 퍼지 소속함수(membership function)는 Gaussian-type의 함수를 이용하였다. [그림 4.41], [그림 4.42], [그림 4.43]은 입력변수(위치오차 및 속도오차) 및 출력변수에 대한 퍼지 소속함수를 나타내고 있다

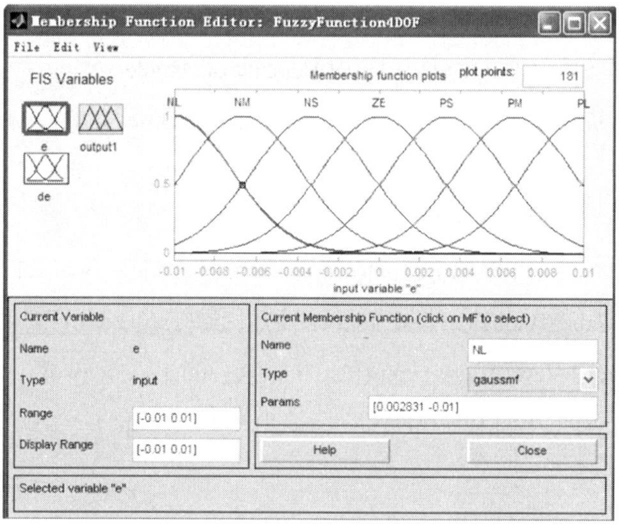

[그림 4.41] 입력변수인 오차값(e)에 대한 퍼지소속함수

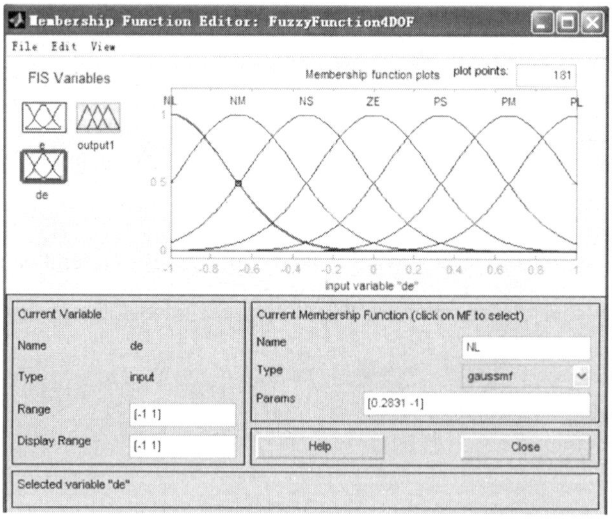

[그림 4.42] 입력변수인 오차율(de)에 대한 퍼지소속함수

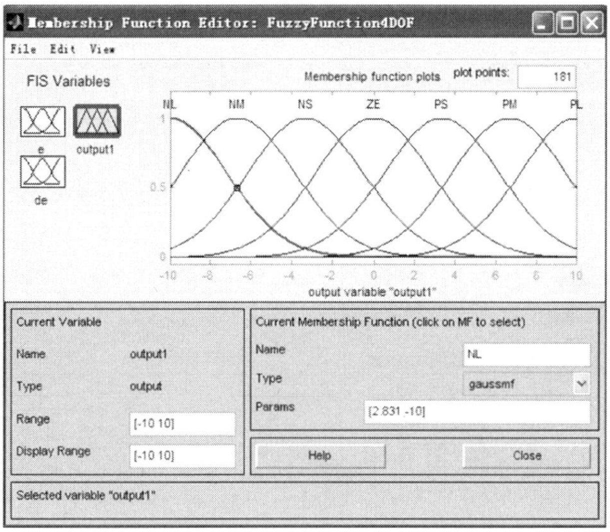

[그림 4.43] 출력변수인 제어힘에 대한 퍼지소속함수

퍼지제어기의 제어규칙은 앞에서 사용한 [표 4.7]과 같다. 생성된 퍼지제어기의 제어표면(control surface)은 [그림 4.44]와 같다.

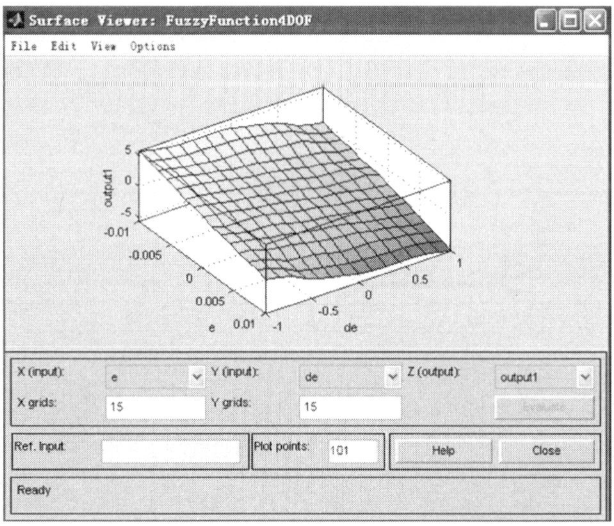

[그림 4.44] 생성된 퍼지제어기의 제어표면

② 4자유도 모델의 시뮬레이션 결과

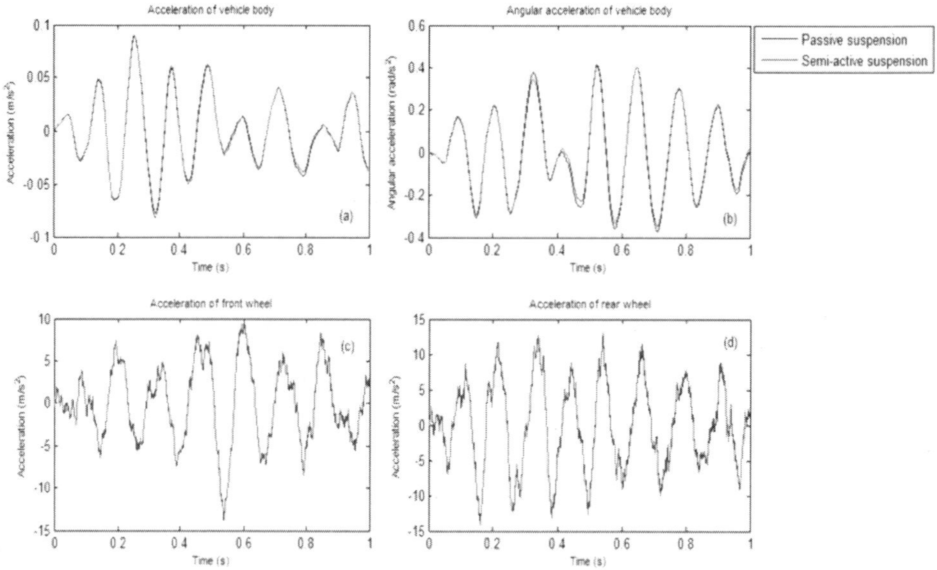

[그림 4.45] 차량 4자유도모델의 가속도 응답(시간영역)

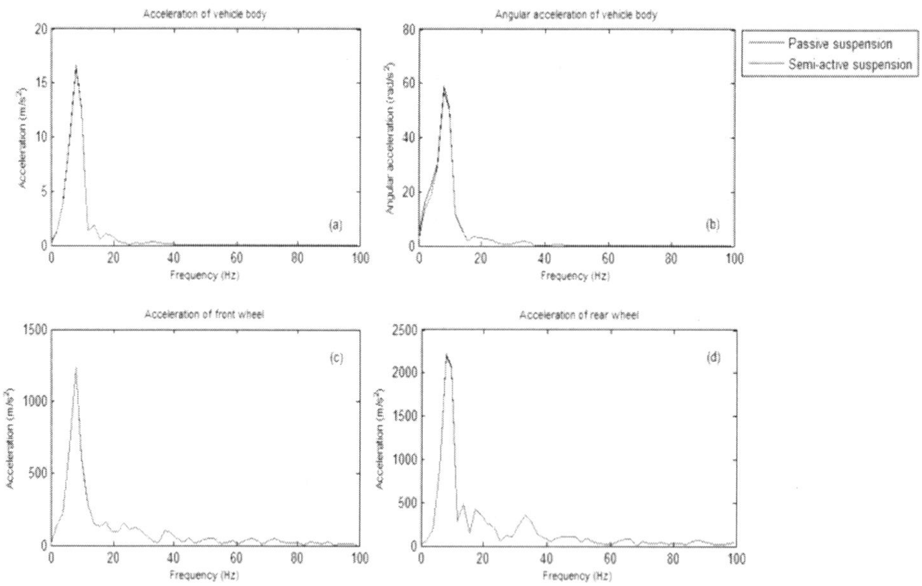

[그림 4.46] 차량 4자유도모델의 가속도 응답(주파수영역)

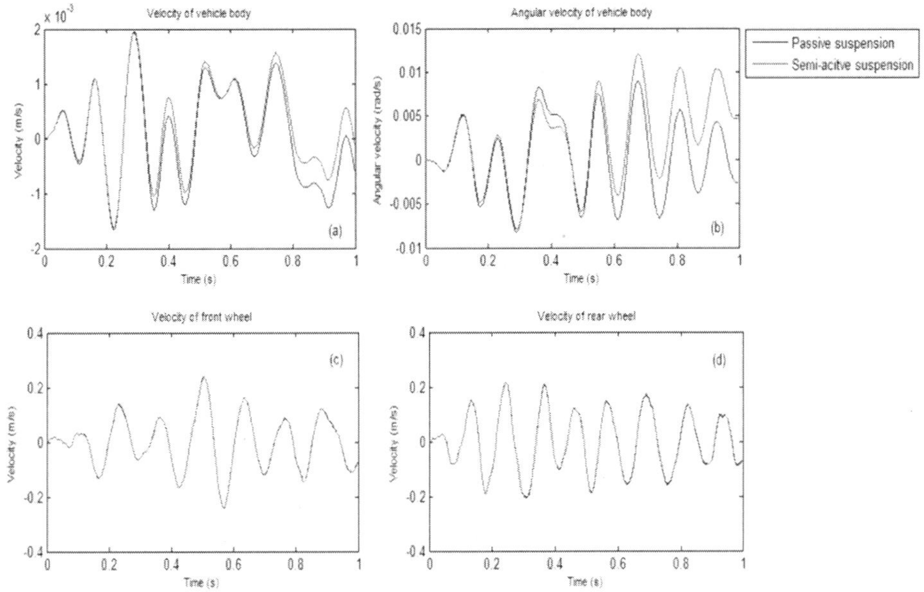

[그림 4.47] 차량 4자유도모델의 속도 응답(시간영역)

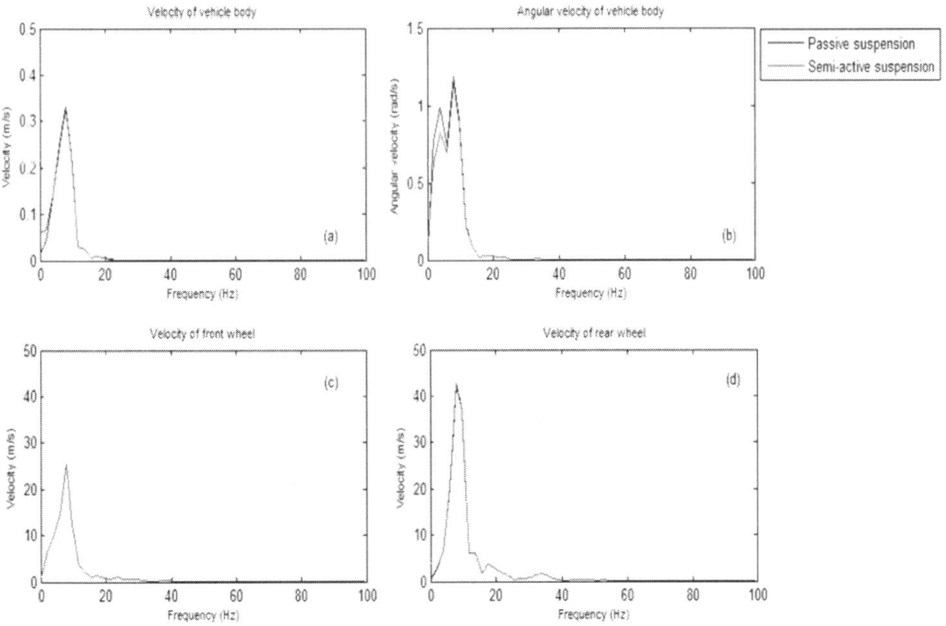

[그림 4.48] 차량 4자유도모델의 속도 응답(주파수영역)

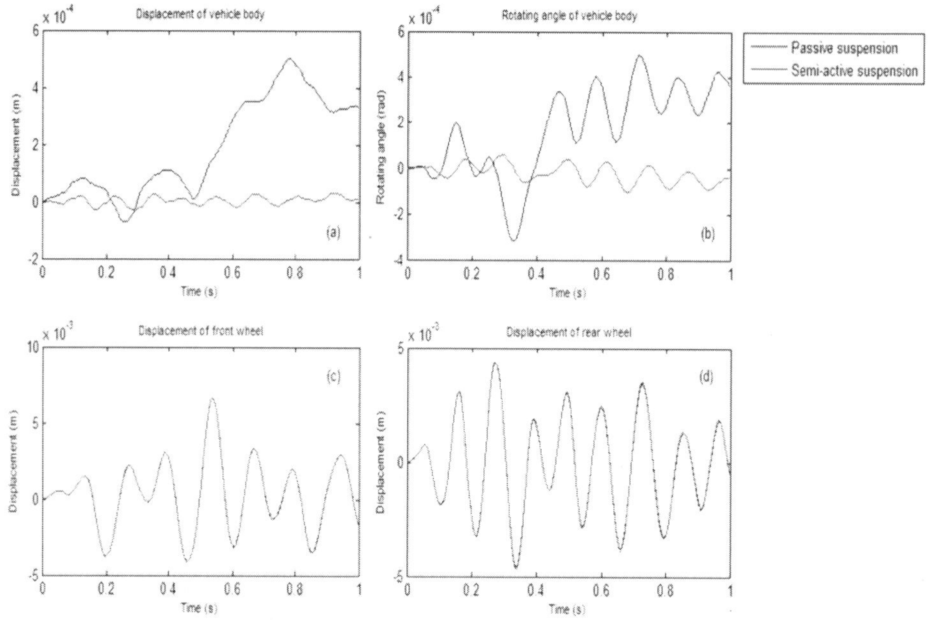

[그림 4.49] 차량 4자유도모델의 변위 응답(시간영역)

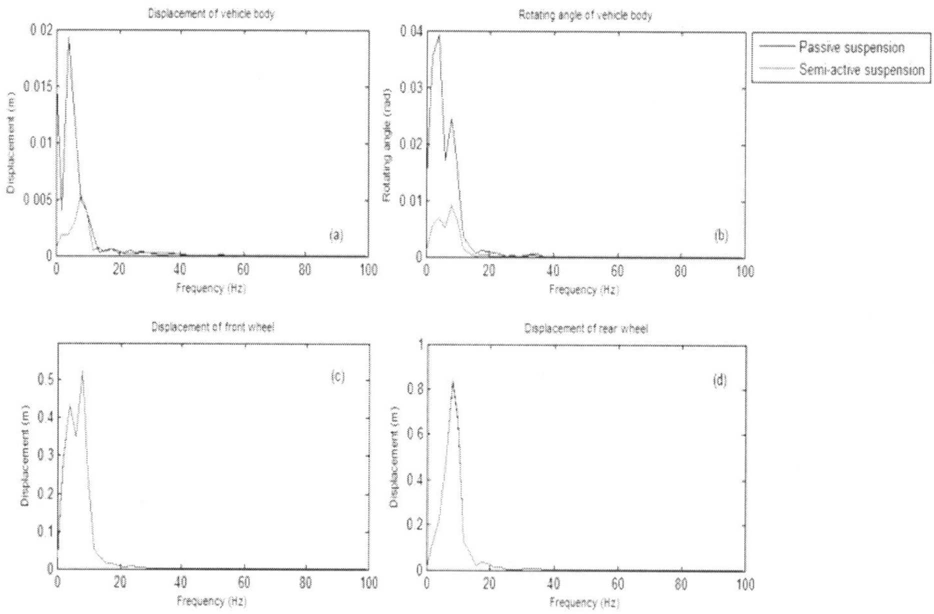

[그림 4.50] 차량 4자유도모델의 변위 응답(주파수영역)

참고로 위 시뮬레이션에 대한 Matlab 소스코드를 다음과 같이 첨부하였다.

```
close all
clear;clc;
%Vehicle parameters
mb=5017;
Ix=1500;
mwf=313;
mwr=410;
l1=1.27;
l2=1.48;
kf=17600;
kr=60500;
ktf=628000;
ktr=1256000;
cr=1020;
cf=753;

u = 50;%velocity of vehicle
n0 = 0.1;
Gq = 256*10e-6;
%A
M = [mb 0 0 0;0 Ix 0 0;0 0 mwf 0;0 0 0 mwr];
I = eye(4);
O = zeros(4);
A = [M O;O I];
%B
C = [cf+cr cf*l1-cr*l2 -cf -cr;cf*l1-cr*l2 cf*(l1^2)+cr*(l2^2) -cf*l1 cr*l2;-cf -cf*l1 cf 0;-cr
cr*l2 0 cr];
K = [kf+kr kf*l1-kr*l2 -kf -kr;kf*l1-kr*l2 kf*(l1^2)+kr*(l2^2) -kf*l1 kr*l2;-kf -kf*l1 kf+ktf
```

```
0;-kr kr*l2 0 kr+ktr];
  B = [-C -K; I O];
  A1 = A\B;
  P = [0 0 ktf 0 1 0 0 0;0 0 0 ktr 0 1 0 0];
  P = P';
  R = [1 l1 -1 0 1 0 0 0;1 -l2 0 -1 0 1 0 0];
  R = R';
  deltT = 0.0005;    %Time intervals: s

  %%%%%%%%%%%%%%%%%%%
  qf = zeros(1,100);
  wt = randn(1000);
  Aq = -2*pi*n0*u;
  Bq = sqrt(Gq*n0^2*u);
  for i=1:1:1999
     k1 = Aq*qf(i)+Bq*wt(i);
     k2 = Aq*(qf(i)+deltT/2*k1)+Bq*wt(i+1);
     k3 = Aq*(qf(i)+deltT/2*k2)+Bq*wt(i+1);
     k4 = Aq*(qf(i)+deltT*k3)+Bq*wt(i+2);
     qf(i+1) = qf(i)+deltT/6*(k1+2*k2+2*k3+k4);
   end
   qr = zeros(1,100);
   for i=36363:1:1999+36362
     kr1 = Aq*qr(i-36362)+Bq*wt(i);
     kr2 = Aq*(qr(i-36362)+deltT/2*kr1)+Bq*wt(i+1);
     kr3 = Aq*(qr(i-36362)+deltT/2*kr2)+Bq*wt(i+1);
     kr4 = Aq*(qr(i-36362)+deltT*kr3)+Bq*wt(i+2);
     qr(i-36362+1) = qr(i-36362)+deltT/6*(kr1+2*kr2+2*kr3+kr4);
  end
```

```
t = 0:deltT:deltT*1999;
q = [qf;qr];
%dlmwrite('road.txt',q);
q = dlmread('road_4DOF.txt'); %% using input(road) data road_4DOF.txt
q = q*10;
figure(1)
plot(t,q(1,:)); ylabel('Displacement (m)','fontsize',8);xlabel('Time (s)','fontsize',8);
figure(2)
plot(t,q(2,:)); ylabel('Displacement (m)','fontsize',8);xlabel('Time (s)','fontsize',8);

deltT = 0.0005;    %Time intervals: s
x = zeros(8,1999);

e1 = zeros(1,2000);
de1 = zeros(1,2000);
e2 = zeros(1,2000);
de2 = zeros(1,2000);
force1 = zeros(1,2000);
force2 = zeros(1,2000);
force = zeros(2,2000);
fuzzypid = readfis('FuzzyFunction4DOF'); %% using generated fuzzy model

% Semi-active suspension
for i=1:1:1998
   force1(i+2) = evalfis([e1(i),de1(i)],fuzzypid);
   force2(i+2) = evalfis([e2(i),de2(i)],fuzzypid);
   force(1:2,i+2) = [force1(i+2);force2(i+2)];
   k11 = A1*x(1:8,i)+A\P*q(1:2,i)+A\R*force(1:2,i);
   k22 = A1*(x(1:8,i)+deltT/2*k11)+A\P*q(1:2,i+1)+A\R*force(1:2,i+1);
```

```
    k33 = A1*(x(1:8,i)+deltT/2*k22)+A\P*q(1:2,i+1)+A\R*force(1:2,i+1);
    k44 = A1*(x(1:8,i)+deltT*k33)+A\P*q(1:2,i+2)+A\R*force(1:2,i+2);
    x(1:8,i+1) = x(1:8,i)+deltT/6*(k11+2*k22+2*k33+k44);
    e1(i+1) = x(5,i+1)-l1*x(6,i+1);
    de1(i+1) = x(1,i+1)-l1*x(2,i+1);
    e2(i+1) = x(5,i+1)+l2*x(6,i+1);
    de2(i+1) = x(1,i+1)+l2*x(2,i+1);
end

% Passive suspension
x1 = zeros(8,1999);
for i=1:1:1998
     k111 = A1*x1(1:8,i)+A\P*q(1:2,i);
     k222 = A1*(x1(1:8,i)+deltT/2*k111)+A\P*q(1:2,i+1);
     k333 = A1*(x1(1:8,i)+deltT/2*k222)+A\P*q(1:2,i+1);
     k444 = A1*(x1(1:8,i)+deltT*k333)+A\P*q(1:2,i+2);
     x1(1:8,i+1) = x1(1:8,i)+deltT/6*(k111+2*k222+2*k333+k444);
end

t1 = 0:deltT:deltT*1998;
detf = 1/deltT/1024;
f = 0:detf:100;
window = hanning(1024);
Vzb_fft = fft(x(1,1:1024).*window');
Vab_fft = fft(x(2,1:1024).*window');
Vfw_fft = fft(x(3,1:1024).*window');
Vrw_fft = fft(x(4,1:1024).*window');
Szb_fft = fft(x(5,1:1024).*window');
Sab_fft = fft(x(6,1:1024).*window');
```

```
Sfw_fft = fft(x(7,1:1024).*window');
Srw_fft = fft(x(8,1:1024).*window');
Vzb = abs(Vzb_fft(1,1:length(f)));
Vab = abs(Vab_fft(1,1:length(f)));
Vfw = abs(Vfw_fft(1,1:length(f)));
Vrw = abs(Vrw_fft(1,1:length(f)));
Szb = abs(Szb_fft(1,1:length(f)));
Sab = abs(Sab_fft(1,1:length(f)));
Sfw = abs(Sfw_fft(1,1:length(f)));
Srw = abs(Srw_fft(1,1:length(f)));

Vzb_fft1 = fft(x1(1,1:1024).*window');
Vab_fft1 = fft(x1(2,1:1024).*window');
Vfw_fft1 = fft(x1(3,1:1024).*window');
Vrw_fft1 = fft(x1(4,1:1024).*window');
Szb_fft1 = fft(x1(5,1:1024).*window');
Sab_fft1 = fft(x1(6,1:1024).*window');
Sfw_fft1 = fft(x1(7,1:1024).*window');
Srw_fft1 = fft(x1(8,1:1024).*window');
Vzb1 = abs(Vzb_fft1(1,1:length(f)));
Vab1 = abs(Vab_fft1(1,1:length(f)));
Vfw1 = abs(Vfw_fft1(1,1:length(f)));
Vrw1 = abs(Vrw_fft1(1,1:length(f)));
Szb1 = abs(Szb_fft1(1,1:length(f)));
Sab1 = abs(Sab_fft1(1,1:length(f)));
Sfw1 = abs(Sfw_fft1(1,1:length(f)));
Srw1 = abs(Srw_fft1(1,1:length(f)));

P1 = [0 0 ktf 0;0 0 0 ktr];
R1 = [1 -l1 -1 0;1 l2 0 -1];
```

```
ac1 = zeros(2,length(t1));
ac = zeros(2,length(t1));
for i=1:1:length(t1)
   ac1(1:4,i) = M\(-C)*x1(1:4,i)+M\(-K)*x1(5:8,i)+M\P1'*q(1:2,i);
   ac(1:4,i) = M\(-C)*x(1:4,i)+M\(-K)*x(5:8,i)+M\P1'*q(1:2,i)+M\R1'*force(1:2,i);
end

ab_fft1 = fft(ac1(1,1:1024).*window');
aa_fft1 = fft(ac1(2,1:1024).*window');
awf_fft1 = fft(ac1(3,1:1024).*window');
awr_fft1 = fft(ac1(4,1:1024).*window');
ab1 = abs(ab_fft1(1,1:length(f)));
aa1 = abs(aa_fft1(1,1:length(f)));
awf1 = abs(awf_fft1(1,1:length(f)));
awr1 = abs(awr_fft1(1,1:length(f)));

ab_fft = fft(ac(1,1:1024).*window');
aa_fft = fft(ac(2,1:1024).*window');
awf_fft = fft(ac(3,1:1024).*window');
awr_fft = fft(ac(4,1:1024).*window');
ab = abs(ab_fft(1,1:length(f)));
aa = abs(aa_fft(1,1:length(f)));
awf = abs(awf_fft(1,1:length(f)));
awr = abs(awr_fft(1,1:length(f)));

figure(3)
subplot(2,2,1);plot(t1,x1(1,:),t1,x(1,:)); title('Velocity of vehicle
body','fontsize',8);ylabel('Velocity (m/s)','fontsize',8);xlabel('Time (s)','fontsize',8);
subplot(2,2,2);plot(t1,x1(2,:),t1,x(2,:)); title('Angular velocity of vehicle
```

```
body','fontsize',8);ylabel('Angular velocity (rad/s)','fontsize',8);xlabel('Time (s)','fontsize',8);
    subplot(2,2,3);plot(t1,x1(3,:),t1,x(3,:)); title('Velocity of front
wheel','fontsize',8);ylabel('Velocity (m/s)','fontsize',8);xlabel('Time (s)','fontsize',8);
    subplot(2,2,4);plot(t1,x1(4,:),t1,x(4,:)); title('Velocity of rear
wheel','fontsize',8);ylabel('Velocity (m/s)','fontsize',8);xlabel('Time (s)','fontsize',8);

    figure(4)
    subplot(2,2,1);plot(t1,x1(5,:),t1,x(5,:)); title('Displacement of vehicle
body','fontsize',8);ylabel('Displacement (m)','fontsize',8);xlabel('Time (s)','fontsize',8);
    subplot(2,2,2);plot(t1,x1(6,:),t1,x(6,:)); title('Rotating angle of vehicle
body','fontsize',8);ylabel('Rotating angle (rad)','fontsize',8);xlabel('Time (s)','fontsize',8);
    subplot(2,2,3);plot(t1,x1(7,:),t1,x(7,:)); title('Displacement of front
wheel','fontsize',8);ylabel('Displacement (m)','fontsize',8);xlabel('Time (s)','fontsize',8);
    subplot(2,2,4);plot(t1,x1(8,:),t1,x(8,:)); title('Displacement of rear
wheel','fontsize',8);ylabel('Displacement (m)','fontsize',8);xlabel('Time (s)','fontsize',8);

    figure(5)
    subplot(2,2,1);plot(f,Vzb1,f,Vzb); axis([0 100 0 0.5]); title('Velocity of vehicle
body','fontsize',8);ylabel('Velocity (m/s)','fontsize',8);xlabel('Frequency (Hz)','fontsize',8);
    subplot(2,2,2);plot(f,Vab1,f,Vab); axis([0 100 0 1.5]); title('Angular velocity of vehicle
body','fontsize',8);ylabel('Angular velocity (rad/s)','fontsize',8);xlabel('Frequency (Hz)','fontsize',8);
    subplot(2,2,3);plot(f,Vfw1,f,Vfw); axis([0 100 0 50]); title('Velocity of front
wheel','fontsize',8);ylabel('Velocity (m/s)','fontsize',8);xlabel('Frequency (Hz)','fontsize',8);
    subplot(2,2,4);plot(f,Vrw1,f,Vrw); axis([0 100 0 50]); title('Velocity of rear
wheel','fontsize',8);ylabel('Velocity (m/s)','fontsize',8);xlabel('Frequency (Hz)','fontsize',8);

    figure(6)
    subplot(2,2,1);plot(f,Szb1,f,Szb); axis([0 100 0 0.02]); title('Displacement of vehicle
body','fontsize',8);ylabel('Displacement (m)','fontsize',8);xlabel('Frequency (Hz)','fontsize',8);
```

```
subplot(2,2,2);plot(f,Sab1,f,Sab); axis([0 100 0 0.04]); title('Rotating angle of vehicle body','fontsize',8);ylabel('Rotating angle (rad)','fontsize',8);xlabel('Frequency (Hz)','fontsize',8);
subplot(2,2,3);plot(f,Sfw1,f,Sfw); axis([0 100 0 0.6]);  title('Displacement of front wheel','fontsize',8);ylabel('Displacement (m)','fontsize',8);xlabel('Frequency (Hz)','fontsize',8);
subplot(2,2,4);plot(f,Srw1,f,Srw); axis([0 100 0 1]);  title('Displacement of rear wheel','fontsize',8);ylabel('Displacement (m)','fontsize',8);xlabel('Frequency (Hz)','fontsize',8);

figure(7)
subplot(2,2,1);plot(t1,ac1(1,:),t1,ac(1,:));title('Acceleration of vehicle body','fontsize',8);ylabel('Acceleration (m/s^2)','fontsize',8);xlabel('Time (s)','fontsize',8);
subplot(2,2,2);plot(t1,ac1(2,:),t1,ac(2,:));title('Angular acceleration of vehicle body','fontsize',8);ylabel('Angular acceleration (rad/s^2)','fontsize',8);xlabel('Time (s)','fontsize',8);
subplot(2,2,3);plot(t1,ac1(3,:),t1,ac(3,:));title('Acceleration of front wheel','fontsize',8);ylabel('Acceleration (m/s^2)','fontsize',8);xlabel('Time (s)','fontsize',8);
subplot(2,2,4);plot(t1,ac1(4,:),t1,ac(4,:));title('Acceleration of rear wheel','fontsize',8);ylabel('Acceleration (m/s^2)','fontsize',8);xlabel('Time (s)','fontsize',8);

figure(8)
subplot(2,2,1);plot(f,ab1,f,ab);   axis([0 100 0 20]); title('Acceleration of vehicle body','fontsize',8);ylabel('Acceleration (m/s^2)','fontsize',8);xlabel('Frequency (Hz)','fontsize',8);
subplot(2,2,2);plot(f,aa1,f,aa);   axis([0 100 0 80]); title('Angular acceleration of vehicle body','fontsize',8);ylabel('Angular acceleration (rad/s^2)','fontsize',8);xlabel('Frequency (Hz)','fontsize',8);
subplot(2,2,3);plot(f,awf1,f,awf); axis([0 100 0 1500]); title('Acceleration of front wheel','fontsize',8);ylabel('Acceleration (m/s^2)','fontsize',8);xlabel('Frequency (Hz)','fontsize',8);
subplot(2,2,4);plot(f,awr1,f,awr); axis([0 100 0 2500]); title('Acceleration of rear wheel','fontsize',8);ylabel('Acceleration (m/s^2)','fontsize',8);xlabel('Frequency (Hz)','fontsize',8);
```

수동식(passive) 현가장치와 퍼지제어기를 이용한 반 능동(semi-active) 현가장치에 대한 가속도, 속도, 변위 응답특성이 [그림 4.45]~[그림 4.50]에 나타나 있다. [그림 4.45]와

[그림 4.46]은 시간영역과 주파수영역에서 차체와 바퀴부의가속도 응답을 나타낸 것이고, [그림 4.47]와 [그림 4.48]은 시간영역과 주파수영역에서 차체와 바퀴부의 속도 응답을 나타낸 것이다. [그림 4.49]와 [그림 4.50]은 시간영역과 주파수영역에서 차체와 바퀴부의 변위 응답을 나타내고 있다. 시뮬레이션 결과에서 알 수 있듯이 퍼지제어기를 이용한 반능동제어시스템의 변위 응답이 훨씬 우수함을 알 수 있다.

3. 장애물 우회 기능을 갖는 다관절 지능 로봇 시스템

1) 여유자유도 로봇의 장애물 우회 알고리즘

여유자유도 로봇은 작업을 수행하기 위하여 필요한 자유도(degree of freedom)보다 더 많은 자유도를 가지고 있는 경우를 말한다. 어떤 로봇 팔의 끝위치가 주어질 때 끝위치를 만족하는 로봇 팔의 자세는 무수히 많이 존재하게 된다. 따라서, 이러한 여유자유도를 이용하여 원하는 로봇의 작동요소를 최적화할 수 있다는 장점이 있다. 예를 들어 로봇 팔의 작동 중에 소요되는 에너지를 최소화시킨다던지, 특이점(singular point)을 피한다던지, 원하는 궤적을 따라서 속도 및 힘의 전달율(transmission ratio)을 최대화할 수 있는 등의 작업을 수행할 수 있다. 여유자유도를 가진 로봇이 움직일 때 돌발적으로 발생하는 장애물을 최적의 자세를 유지하면서 우회할 수 있는 알고리즘을 소개하고자 한다.

2) 역기구학(Inverse Kinematics)

여유자유도를 갖는 로봇 팔의 모델은 2차원 (X, Y) 좌표계에서 움직이는 3자유도 수평관절 로봇으로 구성할 수 있다.

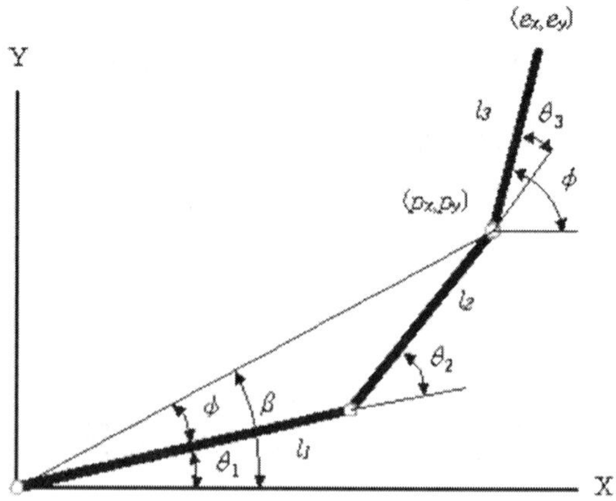

[그림 4.51] 3축 수평 다관절 로봇 모델

[그림 4.51]에서 로봇 팔의 끝점의 좌표 (e_x, e_y, ϕ) 와 로봇 팔의 3번째 링크가 (X, Y)좌표와 이루는 각도를 라고 하면, 로봇 팔의 3번째 링크의 원점의 좌표 (p_x, p_y)의 위치는 식(4.1)과 같이 구해진다.

$$p_x = e_x - l_3 \cos\phi$$

$$p_y \equiv e_y - l_3 \sin\phi \tag{4.1}$$

삼각함수의 공식으로부터

$$p_x^2 + p_y^2 = I_1^2 + I_2^2 - 2I_1I_2\cos(2\pi - \theta_2) = I_1^2 + I_2^2 - 2I_1I_2\cos\theta_2 \tag{4.2}$$

위 식을 정리하면

$$\cos\theta_2 = \frac{p_x^2 + p_y^2 - I_1^2 - I_2^2}{2I_1I_2}$$

$$\sin\theta_2 = \sqrt{1 - \cos^2\theta_2} \tag{4.3}$$

식(4.2)로 부터 2번째 관절각 는 식(4.4)와 같이 구해진다.

$$\theta_2 = atan2(\sin\theta_2, \cos\theta_2) \tag{4.4}$$

[그림 4.51]에서

$$\beta = \mathrm{atan2}(\mathrm{p_x}, \mathrm{p_y})$$

$$\phi = \cos^{-1}\left[\frac{p_x^2 + p_y^2 + I_1^2 - I_2^2}{2I_1\sqrt{p_x^2 + p_y^2}}\right] \tag{4.5}$$

그러므로, θ_1, θ_3는 다음과 같이 구해질 수 있다.

$$\theta_1 = \beta - \phi$$

$$\theta_3 = \phi - \theta_1 - \theta_2 \tag{4.6}$$

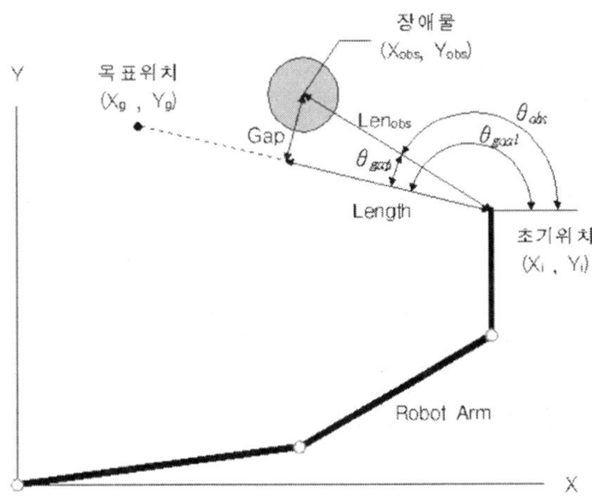

[그림 4.52] 로봇 팔과 장애물의 모델

3) 퍼지논리를 이용한 장애물 우회 계획

[그림 4.52]는 로봇이 움직일 때 돌발적으로 발생한 장애물이 로봇 팔의 끝점의 진행방향 가까이 놓여져 있는 모습을 보여주고 있다. 퍼지제어를 이용하기 위하여 필요한 입력변수는 Gap과 Length로 선정하였다. Gap은 로봇 팔의 끝점(end effector)이 진행방향의 선상으로부터 장애물의 법선방향으로 떨어진 거리로 정의되고, Length는 장애물이 로봇 팔의 끝점에서 로봇 팔의 진행방향으로 떨어져 있는 거리로 정의된다.

[그림 4.52]에서 θ_{goal}, θ_{obs} 그리고 len_{obs}는 아래와 같이 표시된다.

$$\theta_{goal} = \tan^{-1}(\frac{y_g - y}{x_g - x}) \tag{4.7}$$

$$\theta_{obs} = \tan^{-1}(\frac{y_{obs} - y}{x_{obs} - x}) \tag{4.8}$$

$$Len_{obs} = \sqrt{(x_{obs} - x)^2 + (y_{obs} - y)^2} \tag{4.9}$$

θ_{gap}을 다음과 같이 정의하면

$$\theta_{\text{gap}} = \theta_{\text{goal}} - \theta_{\text{obs}} \tag{4.10}$$

퍼지제어기의 입력변수 Gap과 Length는 다음과 같은 식으로 표시된다.

$$\text{Gap} = \text{Len}_{\text{obs}} \sin\theta_{gap} \tag{4.11}$$

그리고, 퍼지제어에 사용된 출력변수는 $\triangle\theta$(로봇 팔의 끝점의 이동방향 수정각)로 선정하였다.

입력변수의 퍼지 세트 Gap은 NB(Negative Big), NS(Negative Small), ZE(Zero), PS(Positive Small), PB(Positive Big)으로 선정하였고, Length는 ZE(Zero), PS(Positive Small), PM(Positive Medium), PB(Positive Big)으로 선정하였다. 출력변수에 대한 퍼지 세트 는 ZE(Zero), PS(Positive

Small), PM(Positive Medium), PB(Positive Big), PVB(Positive Very Big)으로 선정하였다.

소속함수(fuzzy membership function)는 [그림 4.53]에 나타나 있다.

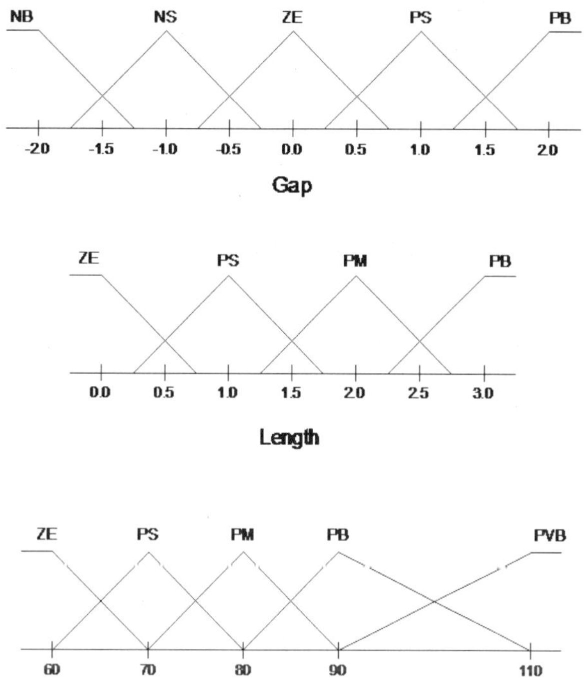

[그림 4.53] 퍼지 입력변수 및 출력변수의 소속함수

입력 및 출력변수의 퍼지세트에 대한 퍼지제어규칙인 FAM(Fuzzy Associative Memory)은 [표 4.8]에 나타나 있다. FAM이란 입력변수와 출력변수의 퍼지세트간의 논리적으로 타당한 IF~THEN 규칙을 함축적으로 나열한 것이라고 볼 수 있다. 예를 들어 FAM의 좌측상단의 블록을 달리 표현하면 다음과 같은 논리규칙으로 표시된다.

IF Length is ZE and Gap is NB, THEN is PVB.

그리고, 퍼지제어기는 FAM을 이용하여 임의의 입력변수가 입력되었을 때 비퍼지화(defuzzification method) 방법을 이용하여 명확한 출력값을 제공하게 된다.

[표 4.8] 퍼지제어규칙(FAM)

		Length			
		ZE	PS	PM	PB
Gap	NB	PVB	PVB	PVB	PB
	NS	PVB	PVB	PB	PB
	ZE	PVB	PB	PB	PM
	PS	PB	PB	PM	PS
	PB	PB	PM	PS	ZE

4) 자세 최적화(Posture Optimization)

여유자유도를 갖는 로봇 팔의 속도는 높은 차원의 관절공간(joint space)에서 낮은 차원의 작업공간(task space)으로 식(4.12)와 같이 치환(mapping)이 된다.

$$X^* = J(\theta)\theta^* \tag{4.12}$$

여기서, $X=[x_1, x_2, \cdots, x_m]^T$는 작업좌표 벡터이고, $\theta=[\theta_1, \theta_2, \cdots, \theta_n]$는 관절좌표 벡터이며, J는 m×n자코비안 행렬이다. 식(4.12)에 대한 역기구학식은 식(4.13)과 같이 구해진다.

$$\theta^* = J^+X^* + (I - J^+J)K \tag{4.13}$$

식(4.13)에서 J^*는 자코비안 행렬의 수도-인버스(pseudo-inverse)이며 아래의 식과 같이 정의된다.

$$J^+ = J^T(JJ^T)^{-1} \tag{4.14}$$

그리고, 식(4.13)에서 K는 임의의 벡터이다. 식(4.13)에서 $(I - J^+ J)K$값은 로봇 팔의 내부운동(internal motion)을 설명해 주는 항목이다. 즉, 로봇 팔의 끝점이 고정되어 있다 하더라도 여유자유도를 갖는 로봇 팔은 무수히 많은 자세를 가지게 되는데, 바로 이 현상을 설명해 주는 식이다. 식(4.13)의 내부운동 중에서 로봇 팔이 원하는 성능함수(performance criterion)를 최대화 시켜 주도록 벡터 K의 값을 결정하여야 한다. 성능함수를 $P(\theta)$라고 했을 때, P(θ)를 최대화하기 위한 벡터 K의 관계는 식(4.15)와 같이 구해진다.

$$K = \frac{\partial P}{\partial \theta} k \tag{4.15}$$

식(4.15)에서 $\frac{\partial P}{\partial \theta} = \left[\frac{\partial P}{\partial \theta_1}, \frac{\partial P}{\partial \theta_2}, \cdots, \frac{\partial P}{\partial \theta_n} \right]^T$ 그리고 k는 임의의 양의 상수이다. 따라서, 식(4.15)의 관계가 유지되게 하는 내부운동(internal motion)은 항상 P(θ)를 증가시키는 방향으로 움직인다는 것을 의미한다.

로봇 팔이 이동 중에 발생될 수 있는 장애물에 충돌하지 않고 안전하게 우회하여 목적지에 도달하는 것이 중요한 요소이므로, 장애물이 존재하고 로봇 팔의 끝점의 위치가 결정된 경우에 로봇 팔의 각각의 링크(link)가 [그림 4.54]에서 보는 바와 같이 장애물로부터 가능한 멀리 떨어져 있는 자세를 취하도록 성능함수를 설정하였다.

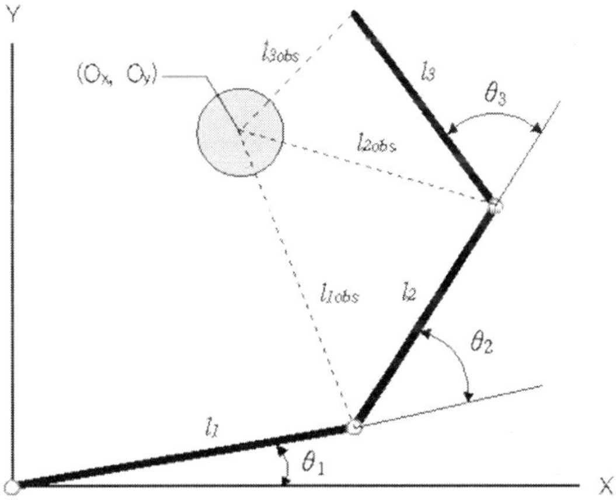

[그림 4.54] 성능함수(Performance Criterion)

따라서, 성능함수(performance criterion) 식은 식(4.16)과 같이 구성이 된다.

$$P(\theta) = l_{1obs} + l_{2obs} + l_{3obs} \tag{4.16}$$

식(4.16)에서

$$l_{1obs} = \sqrt{(l_1\cos\theta_1 - O_x)^2 + (l_1\sin\theta_1 - O_y)^2}$$

$$l_{2obs} = \sqrt{(l_1\cos\theta_1 + l_2\cos(\theta_1+\theta_2) - O_x)^2 + (l_1\sin\theta_1 + l_2\sin(\theta_1+\theta_2) - O_y)^2}$$

$$l_{3obs} = \sqrt{[(l_1\cos\theta_1 + l_2\cos(\theta_1+\theta_2) + l_3\cos(\theta_1+\theta_2+\theta_3) - O_x)^2}$$

$$[(l_1\sin\theta_1 + l_2\sin(\theta_1+\theta_2) + l_2\cos(\theta_1+\theta_2+\theta_3) - O_y)^2] \quad \cdots\cdots\cdots\cdots (4.17)$$

그리고, 위 식들에서 O_x, O_y는 각각 장애물 중심의 x성분 및 y성분이다.

5) 경로제어 알고리즘

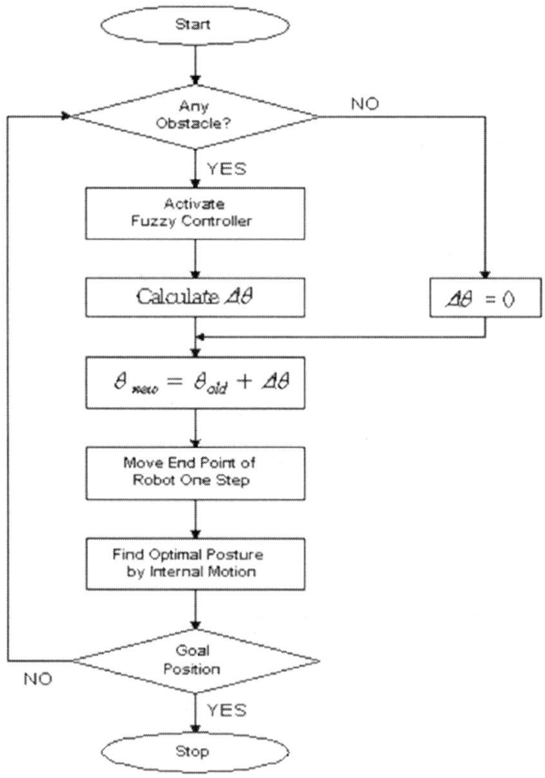

[그림 4.55] 여유자유도 로봇의 경로제어 알고리즘

[그림 4.55]는 여유자유도를 갖는 로봇 팔의 경로제어 알고리즘에 대한 제어흐름도이다. [그림 4.55]에서 로봇 팔이 계획된 경로를 따라 움직일 때 규정된 반경 이내에 장애물이 감지되지 않으면 로봇 팔은 계획된 경로를 수정하지 않고 목표 위치에 도달하게 되지만, 장애물이 감지되면 퍼지제어기(fuzzy controller)가 작동이 되어 계획된 경로에서 방향 수정에 필요한 수정각 $\Delta\theta$를 계산하게 된다. 따라서, 로봇 팔의 끝점의 진행방향이 결정되며 이 방향으로 한 스텝만큼 움직이게 하는 정보를 주게 된다. 그러나, 로봇 팔의 끝점에서 여유자유도 로봇은 수많은 자세(posture)가 존재하므로 주어진 목적에 맞는 성능함수(performance criterion)를 최대화시키는 자세를 구하게 된다.

6) 실험장치의 구성

실험에 사용된 주요 주변장치의 모델명과 사양은 다음의 [표 4.9]와 같다.

[표 4.9] 주요 주변장치의 사양

	제품명	비 고
컴 퓨 터	486DX2-50	
모 터	NSK Direct-Drive Motor 1010	Max Torque : 16kgf-m Resolution : 38400count/rev
	NSK Direct-Drive Motor 0408	Max Torque : 1kgf-m Resolution : 25600count/rev
	Harmonic Drive motor HS-250-2-RH-14-6002	Max Torque : 0.33kgf-m Resolution : 40000count/rev
카운트 보드	자체 제작	16bit 5 channel up/down Counter
D/A 보드	Real Time Device ADA-2110	A/D Convert : 16 channel D/A Convert : 2 channel
	Real Time Device DA-720	D/A Convert : 4 channel

카운트 보드는 모터의 엔코드에서 입력되는 신호를 디지털 신호로 변환하여 컴퓨터에 입력시키고, 컴퓨터는 입력된 정보를 이용하여 로봇의 현재 위치를 계산하여 원하는 위치만큼 이동하라는 제어신호를 내보낸다. 이 디지털신호를 D/A 보드가 아날로그 신호로 변환하여 모터 드라이버에 보내어 로봇을 구동시키게 된다.

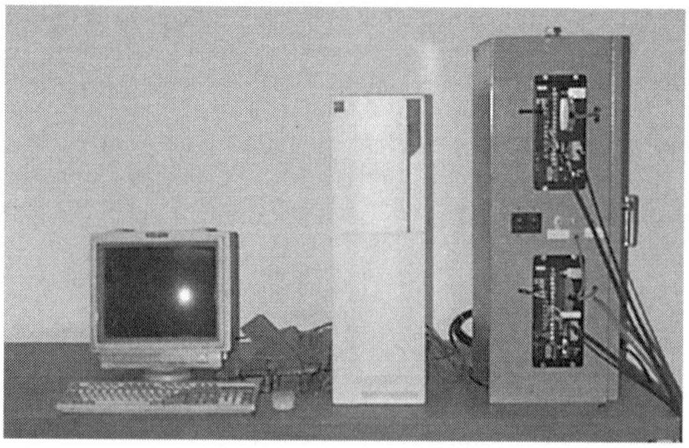

[그림 4.56] 제어기 사진

7) 여유자유도 로봇의 장애물 우회

3관절 로봇은 여유자유도를 가지기 때문에 내부운동의 최적화 과정이 필요하다. 실험을 위하여 사용된 3관절 로봇 팔의 크기는 $l_1 = 60$, $l_2 = 40$, $l_3 = 25$로 선정하였다. 시작위치에서의 로봇 팔의 끝점의 좌표를 (ex, ey) = (113, 23)으로 목표 위치에서 로봇 팔의 끝점의 좌표를 (ex, ey) = (50, 70)으로 선정하였고, 장애물의 형상은 원의 형태로 가정하였으며 장애물의 크기와 위치는 원의 반경과 중심의 위치로 표현하였다. 그리고 장애물의 위치와 로봇팔의 끝점의 간격이 장애물 직경의 5배 이내로 가까워졌을 때 퍼지제어기가 작동하여 로봇 팔의 끝점의 진행 방향을 수정하도록 하였고, 이때부터 퍼지제어와 동시에 로봇 팔의 최적화 자세를 찾는 과정을 수행하였다.

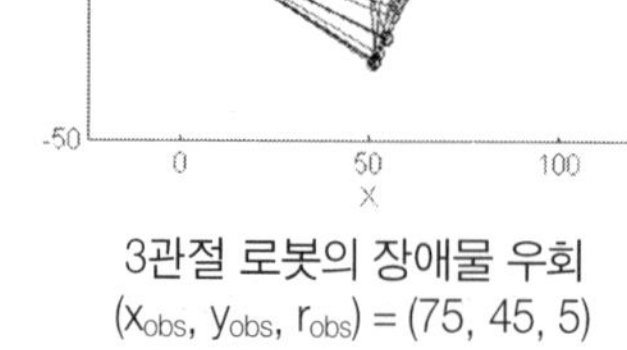

3관절 로봇의 장애물 우회
$(x_{obs}, y_{obs}, r_{obs}) = (75, 45, 5)$

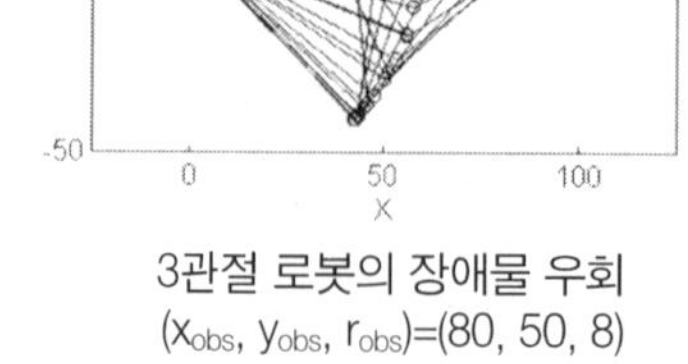

3관절 로봇의 장애물 우회
$(x_{obs}, y_{obs}, r_{obs})=(80, 50, 8)$

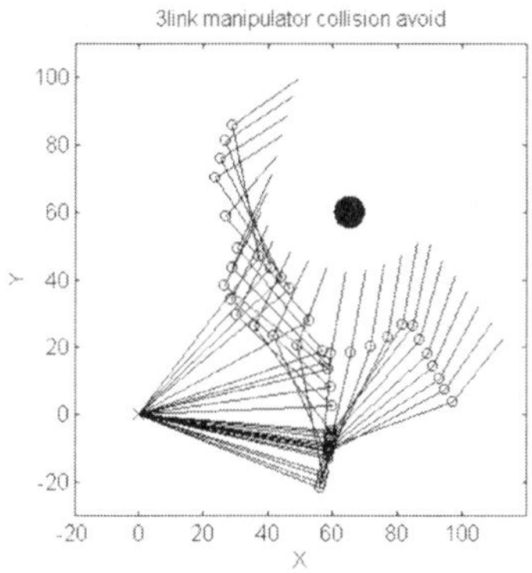

3관절 로봇의 장애물 우회
(x_{obs}, y_{obs}, r_{obs})=(55,60,5)

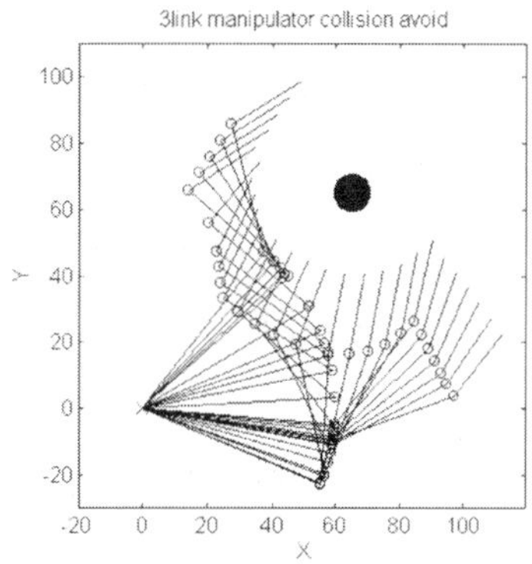

3관절 로봇의 장애물 우회
(x_{obs}, y_{obs}, r_{obs})=(65,65,6)

[그림 4.57] 3관절 로봇의 장애물 우회 모의 실험

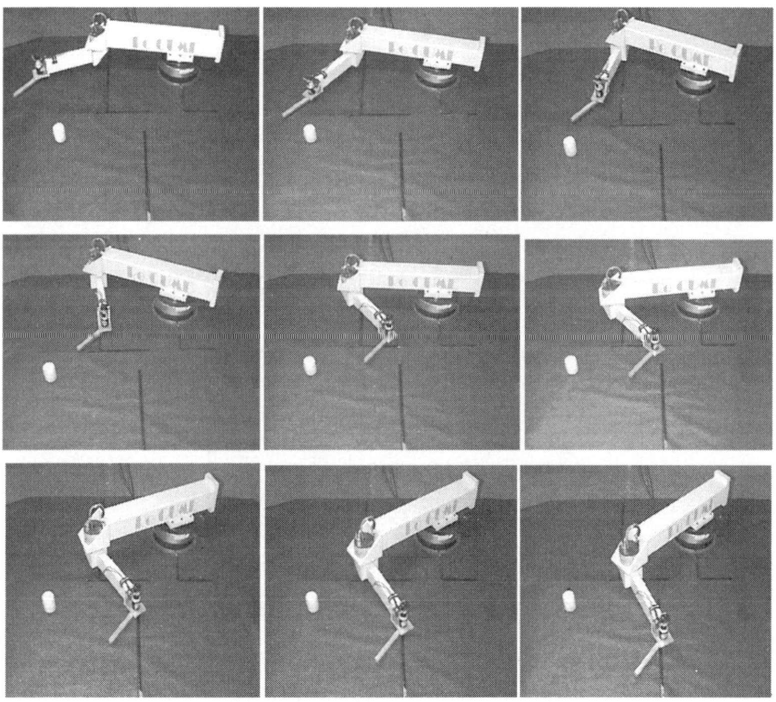

[그림 4.58] 3관절 로봇의 장애물 우회 실험

[그림 4.57]은 3관절 로봇의 장애물 우회 모의 실험이다. 그림에서 보듯이 장애물의 위치와 크기에 관계없이 장애물을 성공적으로 우회하여 목표 위치에 도달하였다. 그리고 장애물이 목표 위치 가까이 있을 경우에는 두 번째 링크가 장애물에서 가능한 한

멀어지려는 것을 볼 수 있다. 그러나 실제 실험에 적용한 결과 최적자세를 찾는 과정에서 많은 시간이 소모되어 실시간적으로 제어가 되지 않았다. 그래서 최적화 과정을 생략하고, 대신 3관절과 X축이 이루는 각도 ϕ를 초기궤적에 수직(본 실험에서 ϕ=50로 하였다.)하게 하여 장애물 우회실험을 실시하였다.

[그림 4.58]은 장애물의 중심과 반경이 (80, 50, 6)이고, ϕ=50인 경우의 실험 결과이다. 모의 실험과 마찬가지로 장애물을 성공적으로 우회함을 알 수 있다. [그림 4.59]는 장애물이 없는 경우와 있는 경우에 각 관절에서의 궤적을 나타낸 것이다.

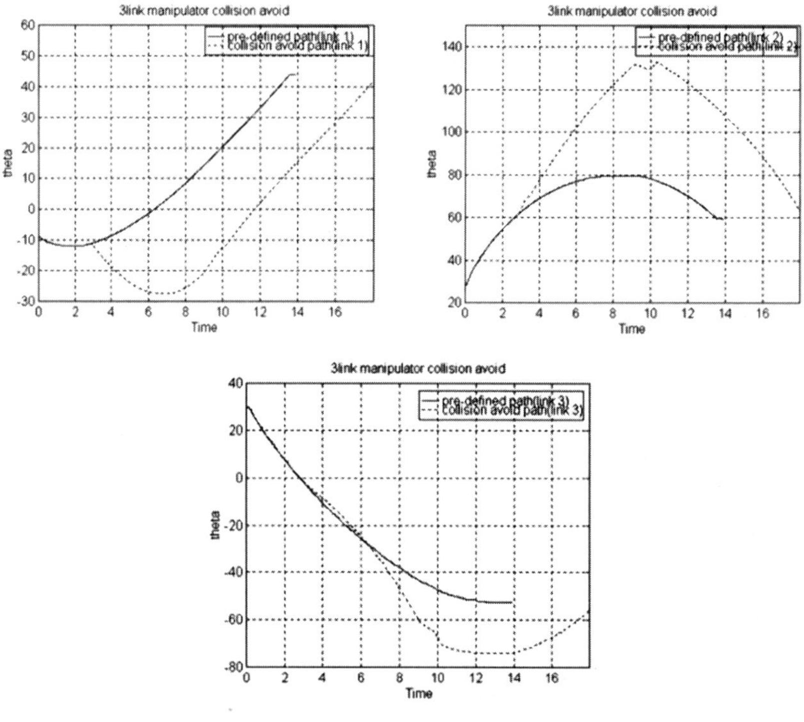

[그림 4.59] 3관절 로봇의 초기궤적과 장애물 우회궤적

5장 인공신경망(Artificial Neural Network)

1. 인공신경망의 개념

인공신경망은 생체신경망의 신호전달체제를 모방한 수학적인 모델이라고 볼 수 있다. 따라서 인공신경망을 본격적으로 공부하기 전에 생체신경망의 신호전달원리를 간단히 알아보는 것이 필요하다. 일반적으로 생체신경망은 복잡한 망(network)으로 구성되어 있다. 망을 구성하는 기본물질은 뉴런(neuron)과 뉴런을 연결해주는 시냅스(synapse)로 이루어져 있다. 그리고 여러 개의 뉴런들이 모여서 한 개의 층(layer)을 구성하게 된다. 참고로 인간의 뇌 속에는 약 10^{11}개의 뉴런이 존재하며, 한 개의 뉴런은 10^{3}개의 주변 뉴런과 연결관계를 맺고 있다고 한다. 생체신경망시스템은 요즈음의 고성능 컴퓨터에 비해 다음과 같은 강점을 가지고 있다 : 1) 고성능의 병렬분산처리(parallel distributed processing) 능력을 갖고 있다. 2) 새로운 정보를 학습할 수 있으며, 새로운 정보를 바탕으로 유사한 문제를 해결할 수 있는 적응능력을 갖고 있다. 3) 하나의 구조로서 여러 가지 기능을 수행할 수 있다.

인공신경망은 형태적으로 보면 생체신경망의 요소를 그대로 가지고 있다. 인공신경망의 구성요소는 다음과 같이 구분할 수 있다.

- 노드(Node) : 인공적인 뉴런을 말하며, 선형 혹은 비선형적인 매핑(mapping)을 수행
- 가중치(Network Weight) : 노드 사이에 놓이는 연결부분
- 층(Layer) : 여러 개의 노드로 이루어진 층

지금부터는 인공신경망이라는 표현을 쓰지 않고 그냥 신경망으로 줄여서 표기하기로 한다. 실제로 많은 서적에서 그냥 신경망으로 표현한다. 먼저 신경망의 핵심인 노드의 수학적인 모델을 살펴보기로 하자.

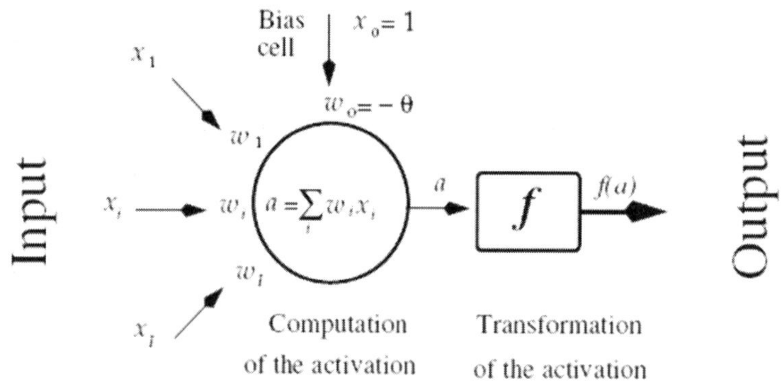

[그림 5.1] 노드(뉴런)의 수학적 모델

[그림 5.1]은 노드의 수학적 모델을 나타내고 있다. 그림에서 노드는 합산부(summing junction)와 활성함수를 합친 영역이라고 볼 수 있다. [그림 5.1]에서 각각의 입력신호들이 대응하는 가중치에 의해 곱해진 후 노드로 들어가는 것을 알 수 있다. 이값들은 노드 내의 합산부에서 더해지게 된다. 그다음 합산된 값이 활성함수(activation function)로 전달이 되며, 활성함수 내에서 비선형 식에 의해서 새로운 값으로 처리되게 된다. 그리고 노드의 출력값은 다른 층에 있는 노드의 입력값으로 사용되어진다. [그림 5.2]는 이러한 노드들이 모여서 층(layer)를 구성하게 되며 이러한 층들이 모여서 신경망을 구축하는 것을 보여주고 있다. [그림 5.2]에 보여진 신경망은 입력층과 2개의 은닉층(hidden layer)과 1개의 출력층으로 구성되어 있음을 알 수 있다. 일반적으로 신경망의 은닉층과 출력층에는 노드가 존재하며, 입력층에는 노드가 없다. 입력층은 단지 입력되는 신호를 전달해 주는 층이므로 노드가 없다. 다시 말해 합산부와 활성함수가 없다.

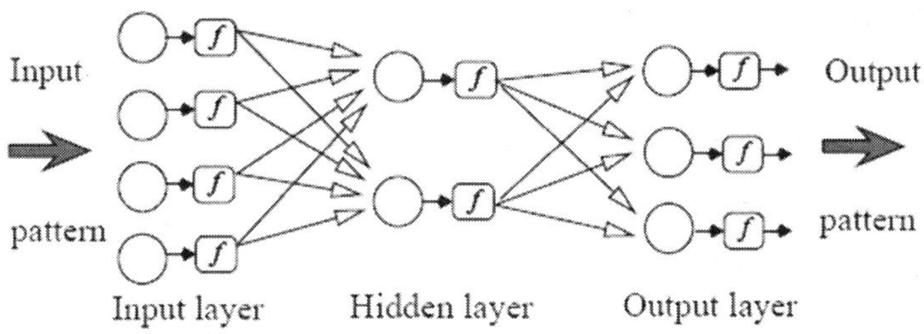

[그림 5.2] 일반적인 다층구조의 신경망

신경망의 특성을 알아보면 다음과 같다.

① 비선형 입출력 매핑능력을 갖는다.

복잡한 비선형시스템을 학습할 수 있으며, 그 시스템에 대한 입출력의 관계를 정확하게 형성해 준다.

② 적응적인 학습능력이 있다.

처음에는 입출력의 관계를 정확하게 매핑하지 못해도 점진적인 학습을 통해 복잡한 입출력관계를 적응적으로 형성해 준다.

③ 일반화능력(generalization ability)을 갖고 있다.

일단 학습이 된 후에는 학습되지 않은 입력정보에도 정확한 출력값을 제공해 준다.

이상과같이 신경망은 생체적인 신경망과 구조 및 특성면에서도 매우 유사하다고 볼 수 있다. 신경망에서 배우게 될 핵심적인 내용은 신경망을 어떻게 학습을 시켜느냐 하는 부분이다. 그리고 시스템의 규명(system identification)이나 비선형시스템의 제어에 어떻게 적용을 시키는가 하는 부분이 될 것이다.

2. 다층구조의 신경망(Multi-Layer feedforward Neural Networks)

앞의 서론부분에서 살펴본 바와 같이 다층구조의 신경망은 다음과 같이 3개의 층으로 구분할 수 있다.

- 입력층(input layer)
- 출력층(output layer)

- 은닉층(hidden layer)

입력층과 출력층은 각각 1개이나, 은닉층은 1개 이상을 사용하게 된다. 학습하고자 하는 시스템이 간단한 경우 은닉층은 1개로 충분하지만 시스템이 매우 복잡한 경우에는 2개 혹은 3개의 은닉층을 사용하게 된다. 은닉층 내부에 있는 노드도 시스템의 복잡도에 따라 노드의 개수를 증가시킬 필요가 있다. [그림 5.3]은 전형적인 다층구조의신경망으로써 2개의 은닉층을 갖고 있다. 입력층에는 N개의 입력이 연결되어 있고, 출력층에는 M개의 출력이 나오게 되어 있다.

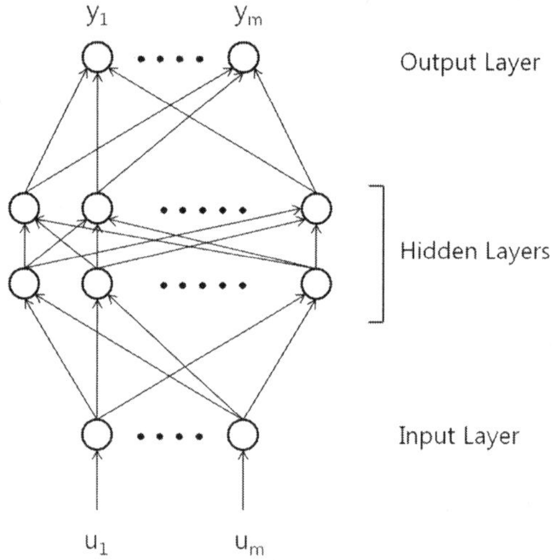

[그림 5.3] 전형적인 다층구조 신경망

앞에서도 잠깐 언급한 바와 같이 노드(혹은 뉴런)는 은닉층과 출력층에만 존재한다고 하였다. 노드는 합산부와 활성함수를 갖고 있는 영역으로 생각할 수 있다. [그림 5.4]는 노드의 내부구조와 노드의 입출력 신호를 표시한 그림이다.

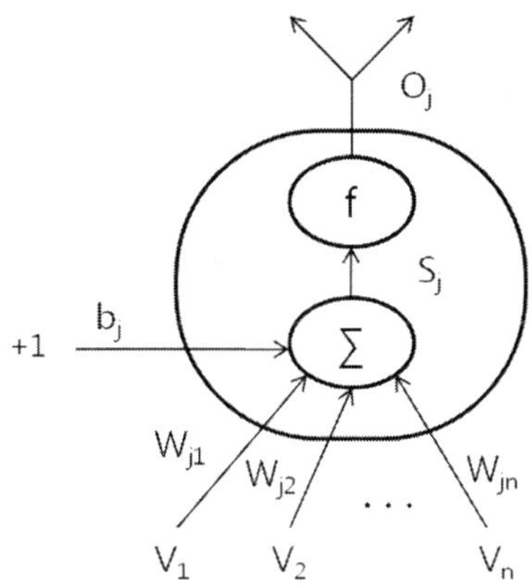

[그림 5.4] 노드의 수학적 모델

[그림 5.4]에서 $V=[v_1, v_2, \cdots, v_m]$는 입력신호 벡터이고, $W_j=[w_{j1}, w_{j2}, \cdots, w_{jn}]^T$는 입력신호에 곱해지는 가중치벡터를 나타낸다. 참고로, 가중치벡터 내의 w_{j2}는 입력층의 2번째 입력과 바로 위 층의 j번째 노드를 연결해 주는 부분의 가중치 값 (입력을 곱하는 값)의 표현임을 이해하기 바란다. b_j는 j번째 노드에 붙어있는 일종의 상수값인데 보통 바이어스라고 부른다. 이 바이어스의 목적은 s_j값에 변화를 주어서 출력값에 변화를 주기위한 수단으로 사용하는데 보통 1의 값을 많이 사용한다. 합산부(Σ로 표시된 부분)의 출력값은 다음식으로 표시된다.

$$S_j = \sum_{i=1}^{n} W_{ji} V_i + b_j = W_j^T V + b_j \tag{5.1}$$

합산부의 출력값은 활성함수의 비선형연산을 통해 노드를 출력하게 된다. 물론 이 출력값은 다음 층의 입력정보가 된다는 것을 기억하자. 활성함수로 사용되는 식은 여러가지가 있는데 가장 많이 사용되는 식은 다음과 같은 시그모이드 함수이다.

$$f(S_j) = \frac{1}{1+e^{-s_j}} \tag{5.2}$$

[그림 5.5]는 시그모이드 함수의 입출력 특성을 나타내고 있다. s_j의 값이 양의 값으로 증가하면 출력값은 1로 포화하게 되며, 음의 값으로 증가하면 출력값은 0으로 접근

하게 된다. s_j의 값이 -1과 1사이에서 출력값의 변화가 가장 크다는 것을 알 수 있다. 나중에 신경망을 학습할 때 입력정보를 가능한 -1과 1사이의 값으로 재조정하는 이유도 이 함수와 연관이 있다고 보면 되겠다.

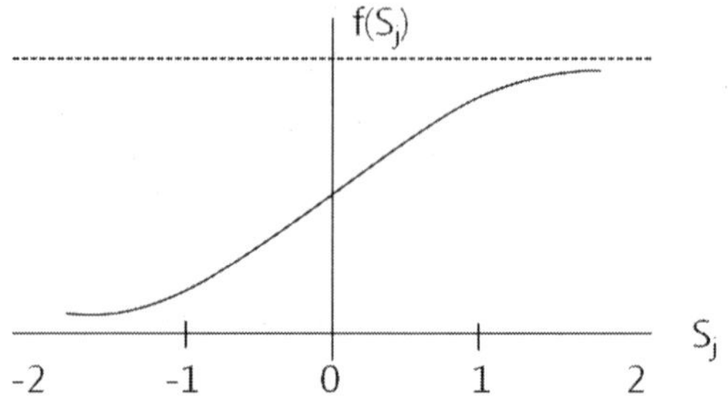

[그림 5.5] 시그모이드 활성함수의 입출력 특성

3. 신경망의 학습(training)

신경망을 학습한다는 개념을 먼저 이해할 필요가 있다. 신경망에서 학습한다는 의미는 어떤 시스템의 입출력관계를 정확하게 계산해 주는 매핑이 만들어 지도록 신경망 내부의 가중치를 끊임없이 조정해 나가는 과정이라는 것을 알아야 한다. 아래 [그림 5.6]은 주어진 실제 시스템의 입출력 관계를 정확하게 규명하기 위하여 신경망을 학습시키는 방법을 나타내고 있다. 입력벡터 u_i를 실제시스템과 학습하고자 하는 신경망에 동시에 입력을 가한 다음 각각의 출력값을 비교하면 오차값 $E(w)$가 생성되며, 이 오차값을 줄이는 방향으로 신경망의 가중치를 조정하는 것이다. 오차값이 일정수준으로 감소하게 되면 학습이 완료되었다고 할 수 있다. 가장 중요한 것은 이 때의 가중치를 잘 간직해야 하며 더 이상 수정해서는 안된다. [그림 5.6]과 같은 학습방법은 감독학습(supervised training)이라고 한다. 마치 유능한 감독이 있어서 실제시스템에 어떤 입력이 들어가면 어떤 출력이 나온다는 것을 정확하게 아는 것이 가능할 때 이러한 감독학습이 가능하게 된다. 그러나, 많은 경우 이러한 감독학습이 곤란하다. 많은 동적시스템의 경우 입력과 출력과의 관계를 규명하기가 쉽지 않기 때문이다. 이러한 부분의 학습은 비감독학습(unsupervised training)으로 신경망을 학습시켜야 하는데 나중에 알아보기로 하자.

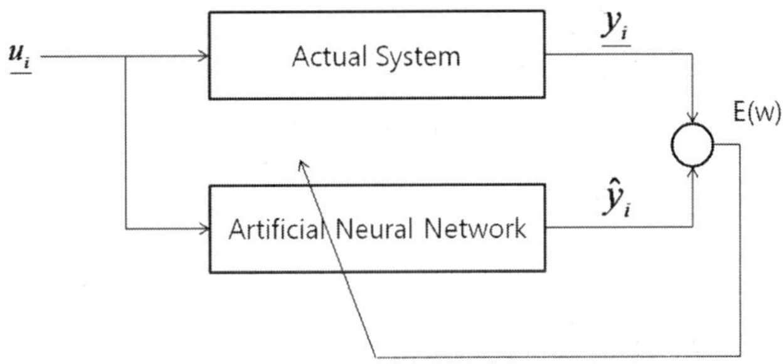

[그림 5.6] 신경망을 학습시키는 방법

이제 신경망의 학습이 어떻게 이루어지는지를 이해해 보도록 하자. [그림 5.7]과 같이 1개의 은닉층을 갖는 다층구조의 신경망을 고려해 보자.

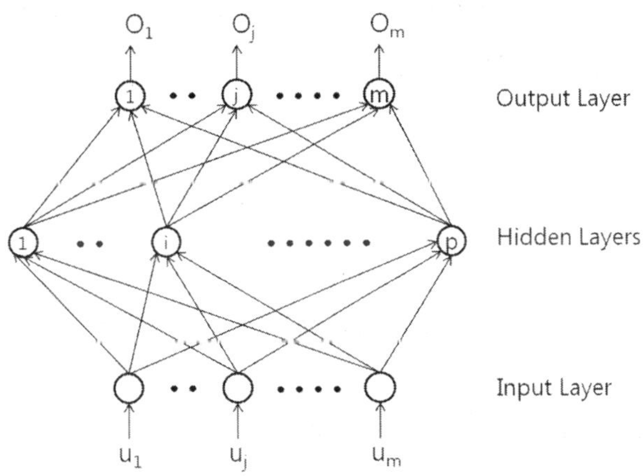

[그림 5.7] 다층구조의 신경망

아래 [그림 5.8]은 [그림 5.7]의 신경망에서 출력층의 j번째 노드와 은닉층의 i번째 노드 사이의 연결을 나타낸 그림이다.

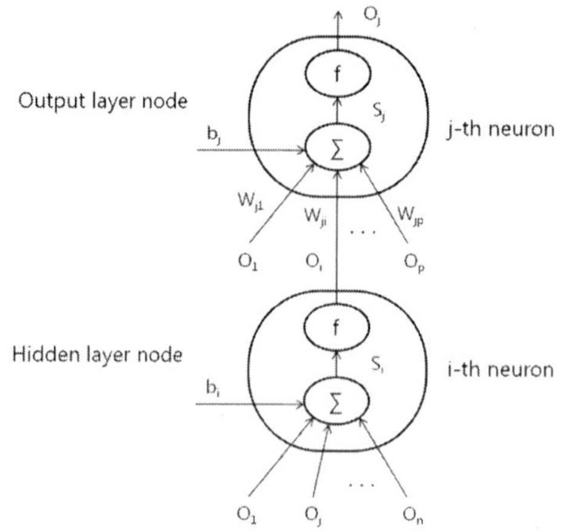

$$O_j = \frac{1}{1+e^{-sj}},\ s_j = \sum_{i=1}^{i=p} W_{ji} O_i + b_j$$

[그림 5.8] 출력층과 은닉층의 노드와 가중치관계

출력층의 j번째 노드의 실제값(원하는 목표값)을 y_i라고 하면 출력층의 j번째 노드의 오차값은 다음 식과 같이 정의된다.

$$E = \frac{1}{2}\sum_{i=1}^{m}(O_i - y_i)^2 \tag{5.3}$$

오차값과 가중치와의 상관관계를 다음과 같이 구분해서 알아보기로 한다.

[출력층의 노드에 연결된 가중치와 오차값의 관계]

아래 식은 출력층의 노드에 연결된 가중치가 변할 때 오차값이 어떻게 변하는지를 정의하는 편미분식이다. 편미분의 chain rule을 이용하면 아래 식과 같다.

$$\frac{\partial E}{\partial W_{ji}} = \frac{\partial E}{\partial S_j}\frac{\partial S_j}{\partial W_{ji}} \tag{5.4}$$

[그림 5.8]에서 출력층 j번째 노드의 출력값은 다음과 같이 계산된다. 편미분에 대한 기초지식만 있으면 다음 식은 쉽게 이해가 될 것이다.

$$O_j = \frac{1}{1+e^{-s}}, \quad \frac{\partial O_j}{\partial S_j} = \frac{-(-e^{-s_j})}{(1+e^{-s_j})^2} \tag{5.5}$$

$$\frac{\partial O_j}{\partial S_j} = \frac{1+e^{-S_j}-1}{(1+e^{-S_j})^2} = \frac{1}{(1+e^{-S_j})}(1+\frac{-1}{1+e^{-S_j}})$$

그리고, 식(5.3)을 O_j에 대하여 편미분을 하면 다음의 관계를 얻는다.

$$\frac{\partial E}{\partial O_j} = (O_j - y_j) \tag{5.6}$$

따라서, 식(5.4)의 오른쪽 부분의 첫 번째 항은 다음과 같이 나타낼 수 있다.

$$\frac{\partial E}{\partial S_j} = \frac{\partial E}{\partial O_j}\frac{\partial O_j}{\partial S_j} = (O_j - y_j)O_j(1-O_j) \tag{5.7}$$

$\delta_j = -\frac{\partial E}{\partial S_j}$ 라고 정의하면

$$\delta_j = -\frac{\partial E}{\partial S_j} = O_j(1-O_j)(y_j - O_j) \tag{5.8}$$

그리고 $\frac{\partial S_j}{\partial W_{ji}} = O_i$이므로 다음의 식이 성립한다.

$$\frac{\partial S_j}{\partial W_{ji}} = \frac{\partial E}{\partial S_j}\frac{\partial S_j}{\partial W_j} = -\delta_j O_i \tag{5.9}$$

[은닉층의 노드에 연결된 가중치와 오차값의 관계]

은닉층의 i번째 노드의 입력값인 O_j값의 변화에 대한 오차값의 변화는 다음과 같다.

$$\frac{\partial E}{\partial O_j} = \sum_{k=1}^{m} [\frac{\partial E}{\partial S_k} \frac{\partial S_k}{\partial O_j}]$$

$$= \sum_{k=1}^{m} [\frac{\partial E}{\partial S_k} \frac{\partial}{\partial O_j} \sum_{q=1}^{p} W_{kq} O_q + b_k]$$

$$= \sum_{k=1}^{m} [\frac{\partial E}{\partial S_k} w_{kj}] \tag{5.10}$$

$$\therefore \ \delta_j = - \frac{\partial E}{\partial S_j} = - \frac{\partial E}{\partial O_j} \frac{\partial O_j}{\partial S_j}$$

$$= - \sum_{k=1}^{m} [\frac{\partial E}{\partial S_k} W_{kj}] O_j (1 - O_j)$$

$$= - \sum_{k=1}^{m} [- \delta_k W_{kj}] O_j (1 - O_j)$$

$$= \sum_{k=1}^{m} [\delta_k W_{kj}] O_j (1 - O_j) \tag{5.11}$$

따라서, 은닉층 아래에 연결되어 있는 가중치의 변화에 대한 오차값의 변화는

$$\frac{\partial E}{\partial W_{ji}} = \frac{\partial E}{\partial S_j} \frac{\partial S_j}{\partial W_{ji}} = - \delta_j O_i \tag{5.12}$$

위에서 구한 결과식 들은 출력층 아래의 가중치에 대한 오차값의 변화, 그리고 은닉층 아래의 가중치에 대한 오차값의 변화를 나타낸 식이다. 문제는 한 번 학습이 이루어질 때 마다 오차값이 줄어드는 방향으로 학습이 이루어져야 할 것이다. 따라서, 최급강하법(steepest descent method)를 사용해서 매 학습마다 오차값이 줄어들게 할 수 있다. 이렇게 해서 신경망을 학습하는 방법을 역전파학습(back propagation training) 방법이라고 한다. 최급강하를 이용한 역전파학습은 다음식으로 나타낼 수 있다.

$$W_{era+1} = W_{era} - \eta \frac{\partial E(W)}{\partial W} \bigg|_{W = W_{era}} \tag{5.13}$$

위 식에서 가중치에 대한 오차값의 변화는다음과 같고

$$\frac{\partial E}{\partial W_{ji}} = \frac{\partial E}{\partial S_j}\frac{\partial S_j}{\partial W_{ji}} = -\delta_j O_i \tag{5.14}$$

아래와 같이 표현할 수 있다.

$$\frac{-\partial E}{\partial W_{ji}} = \delta_j O_i \tag{5.15}$$

위 식(5.15)에서 우변의 δ_j값은 신경망의 노드의 위치에 따라 다른 값을 가진다는 것을 앞에서 설명하였다. 즉, 노드가 출력층에 존재하는 경우는 δ_j는 다음과 같다.

$$\delta_j = O_j(1 - O_j)(y_j - O_j) \tag{5.16}$$

반면에, 노드가 은닉층에 위치하는 경우 δ_j는 다음 식으로 표현된다.

$$\delta_j = O_j(1 \quad O_j)\sum_{k=1}^{m}\delta_k W_{kj} \tag{5.17}$$

식(5.13)과 식(5.14)에 의해서 매 학습마다 오차값을 줄이기 위한 가중치의 변화량은 다음의 식으로 나타낼 수 있다.

$$\triangle W_{ji(era+1)} = \eta\delta_j O_i + \alpha\triangle W_{ji(era)} \tag{5.18}$$

식(5.18)에서 η는 학습률을 나타내는 상수이다. 일반적으로 학습율 값이 적으면 신경망의 학습이 정밀하게 이루어지나 학습하는데 시간이 많이 걸린다는 단점이 있다. 반면에 학습율 값이 너무 크면 그 반대의 현상이 나타나게 된다. 보통의 경우 학습율은 0.5~1.0 사이의 값을 많이 사용하는 편이다. 식(5.18)의 오른쪽 항에 있는 α는 모멘텀 상수라고 한다. 이 항은 수학적으로 전개된 항이 아니라 임의로 붙인 항이다. 그 이유는 최급강하법을 사용해서 오차값을 줄이는 경우 발생되는 문제점은 오차값이 지역 최소점(local minimum)에 빠져서 더 이상 오차값이 줄어들지 않게 되는데, 모멘텀 항을 추가하게 되면 이러한 문제를 부분적으로 해결할 수가 있다. 아래 식(5.19)는 학습이 한차례 진행된 후에 새로 생성되는 가중치의 값을 나타내고 있다.

$$W_{ji(era=1)} = W_{ji(era)} + \Delta W_{ji(era+1)} \tag{5.19}$$

아래 그림은 일반적인 적응제어기가 주어진 궤적을 추종하는 원리와 신경망이 주어진 궤적을 학습하면서 점점 정확하게 궤적을 추종하는 원리를 비교한 그림이다. 적응제어기는 시스템의 파라메터를 점점 추정해 내면서 궤적 추종오차를 줄이는 반면에, 신경망은 학습이 진행되면서 시스템의 패턴을 추정해 내면서 시스템을 정확하게 복사해 낸다는 점이다.

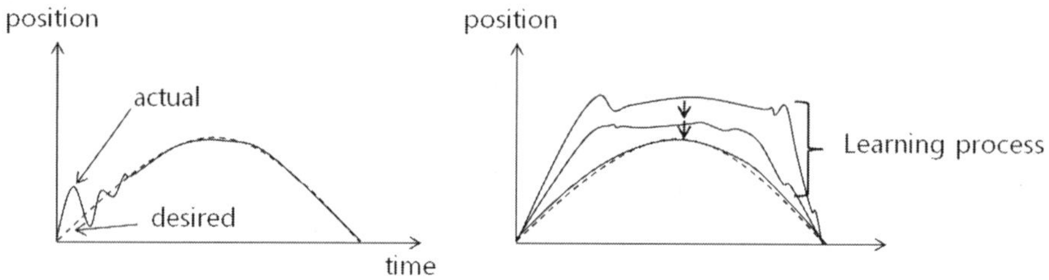

(a) 적응제어 과정 (b) 신경망학습의과정

[그림 5.9] 적응제어와 신경망학습과정의비교

4. 신경망 학습을 위한 노하우

1) 학습속도를 증가하려면학습율 η를 가변(적응적으로 변화)시켜야 한다.

식(5.18)에서 학습율 η는 고정된 상수값이다. 이런 경우 어느 시점에서는 학습이 잘 되며, 어떤 순간에는 지루하게 학습이 느린 경우가 발생한다. 이런 문제를 해결하고 학습속도를 증가하기 위해서는 상황에 맞게 학습율을 변화시켜야 한다. 다음은 적절한 예를 보여준다.

- 학습이 잘 되는 경우(즉, 오차값이 빠르게 감소하는 경우), 현재의 η를 $\eta=\eta*1.1$ 로 대치한다.
- 학습이 잘 안 되는 경우(즉, 오차값이 천천히 감소하거나 혹은 오차값이 오히려 증가하는 경우), 현재의 η를 $\eta=\eta*0.5$로 대치한다.
- 가중치 값 W_{ji}는 오차값이 감소하는 경우에만 갱신을 한다.

2) 입력 데이터를 스케일링(scaling)한다.

식(5.2)와 [그림 5.5]에서 보는 바와 같이 노드에 들어가는 입력값이 필요이상으로 크면 출력값이 쉽게 포화되어 버린다. 다시 말하면, 입력값이 -1과 1 범위를 벗어나는 값의 경우는 다른 입력값이 들어가더라도 출력값이 같게되어 버린다는 점이다. 이런 문제가 있으면 당연히 학습이 원활하게 이루어 질 수가 없을 것이다. 따라서, 입력데이터는 일반적으로 -1과 1사이의 값으로 스케일링을 하게 되면 학습효율이 높아지게 된다. 마찬가지로 학습을 시킬 내상의 목표(이상적인 출력값)도 스케일링을 하는 것이 효과적이다.

3) 가중치 값의 초기화

신경망을 학습하기 위해서는 가중치의 초기값을 설정해 주어야 하는데, 초기값을 어떻게 설정하느냐에 따라 학습성능에 많은 차이가 난다. 많은 사람들이 초기값을 편의 상 0 혹은 어떤 상수로 같은 값을 주는 경우가 있는데 이것은 바람직하지 않다. 초기값은 활성함수를 포화시키지 않도록 작고 불규칙적인 값으로 주는 것이 효과적이다. 다음의 예를 참고하기 바란다.

W = 0.5 *random number (0~1사이의 난수)

4) 신경망이 학습이 잘 되지 않는 또 다른 이유

① 오차값이 지역최소점에서 빠져 나오지 않은 경우

지역최소점이 매우 깊은 경우에는 모멘텀을 적용하더라도 지역최소점을 벗어나지 못하는 경우가 있다. 이런 경우처음부터 새로 학습을 진행하는 것이 바람직하다.

② 입력과 원하는 출력에 대한 샘플 수 (종종 패턴 수라고도 함)가 시스템을 표현하기에 너무 적은 경우에 학습결과가 충분하지 않을 수 있다. 이런 경우 학습을 위한 충분한 입출력 정보를 더 보강해야 한다.

③ 신경망의 은닉층의 노드 수가 너무 적은 경우 학습이 좋지 못하다. 또한 시스템이 아주 복잡한 경우에는 은닉층의 개수를 증가하는 것이 더 효율적일 수 있다.

6 장 신경망의 프로그래밍

1. Matlab을 이용한 신경망의 학습

앞 절에서 전개된 신경망의 이론식들과 알고리즘이 실제로 어떻게 구현되는 지를 이해하기 위하여 아래 예제와 같이 덧셈을 학습하는 신경망을 살펴보도록 하자.

예 제 6.1 신경망을 이용하여 다음의 데이터를 학습시키는 Matlab 프로그램을 작성해 보기로 하자.

아래와 같이 학습용 데이터를 만들고 npat1.txt 파일로 저장해 둔다.

```
0.1 0.1 0.2
0.1 0.2 0.3
0.1 0.3 0.4
0.2 0.1 0.3
0.2 0.2 0.4
0.2 0.3 0.5
0.3 0.1 0.4
```

0.3 0.2 0.5

0.3 0.3 0.6

위 자료는 2개의 입력과 한 개의 출력을 가지는 9개의 덧셈 데이터이다. 이 데이터를 저장하고 있는 파일을 npat1.dat 라고 하자. 다음은 Matlab 프로그램 전문이다. 이 예에서는 은닉층과 출력층의 뉴런에 sigmoid 활성함수를 사용하였다. 학습률은 0.1을 사용하였고 모멘텀율은 0.7을 사용하였다.

[메인 프로그램 : train_run_nn.m 파일]

```
function train_run_nn(input1, input2)
ita = 0.1, alpha = 0.7, eref = 0.1 ;
%% npat1.dat 파일 Load
load  npat1.txt
%% npat1.dat 파일에 있는 9개의 학습 패턴의 수
p_num = 9 ;
in = npat1 ;
iteration = 0 ;
L = 3 ; %% 신경층의 수 (입력층 : L=1, 출력층 : L=3)
n(1) = 2 ; %% 입력층의 입력 수
n(2) = 16 ; %% 은닉층의 뉴런의 개수
n(3) = 1 ; %% 출력층의 뉴런의 개수
o(1, n(1)+1) = 1 ; %% 은닉층의 모든 뉴런에 들어가는 바이어스 입력값
o(2, n(2)+1) = 1 ; %% 출력층의 뉴런에 들어가는 바이어스 입력값
train_nn ; %% 신경망 학습 서브루틴
%% 학습이 끝난 후 가중치를 저장하는 부분
save weights.mat w
%% 학습이 종료된 후 신경망을 테스트하는 부분
o(1, 1) = input1 ;
o(1, 2) = input2 ;
```

```
run_nn ; %% 신경망을 작동시킴
output%% 신경망의 출력값
```

[신경망을학습하는부분 : train_nn.m 파일]

```
%% 신경망을 학습시키는 루틴: train_nn.m 파일
%% 가중치의 초기값을 설정함. 각 가중치의 값이 불규칙적으로 다르면 좋음
for l = L : -1 : 2
for j = 1 : n(l)
for i = 1 : n(l-1)+1
w(j, I, l) = (-1)^j/n(l) ; %%  가중치를 3차원 배열로 구성하였음
dw(j, I, l) = 0 ;
end
end
end
iteration = 0 ;
while iteration <20000
esum = 0. ;
for p = 1:p_num
%%npat1.dat의 데이터를 신경망의 입력으로 사용
o(1, 1) = in(p, 1) ;
o(1, 2) = in(p, 2) ;
y(p) = in(p, 3) ;
for l = 2 : L %%l = 2는 은닉층, l = L = 3은 출력층을 의미함
%% Sum over the nodes in the previous layer
for j = 1 : n(l)
s(l, j) = 0 ;
for i = 1 : n(l-1)+1
s(l, j) = s(l, j)+w(j, I, l)*o(l-1, i) ;
end
```

```
%% A sigmoid activation function is used
o(l, j) = 1/(1+exp(-s(l, j))) ;
end
end
ye(p) = o(L,1) ; %% 신경망의 출력값
e(p) = sqrt((y(p)-ye(p))*(y(p)-ye(p))) ; %% 학습오차값
%% 역전파 학습알고리즘 부분
for l = L:-1:2
%% Step through the nodes on layer l
for j = 1:n(l)
dd(l, j) = 0 ;
%% If we are operating on the output layer
if(l = = L)
dd(L, j) = o(L, j)*(1-o(L, j))*(y(p)-o(L, j)) ;
else
for k = 1 : n(l + 1)
dd(l, j) = dd(l, j)+dd(l+1, k)*w(k, j, l+1) ;
end
dd(l, j) = o(l, j)*(1-o(l, j))*dd(l, j) ;
end
%% Update the weights
%% Step through weights connected to node j, layer l
for i = 1 : n(l-1)+1
dw(j, I, l) = ita*dd(l, j)*o((l-1), I) + alpha*dw(j, i, l) ;
w(j, I, l) = w(j, I, l) + dw(j, I, l) ;
end
end
end
end
for p = 1 : p_num
```

```
esum = esum + e(p) ;
end
esum;
iteration = iteration + 1 ;
iteration_esum = [iteration  esum]
end
%% Print out the final weights
for l = L : -1 : 2
for j = 1 : n(l)
for I = 1 : n(l-1)+1
w(j, I, l) ;
end
end
end
```

[학습된 신경망을 테스트 하는 부분 : r un_nn.m 파일]

```
for l = 2 : L
%%  Sum over the nodes in the previous layer
for j = 1 : n(l)
s(l, j) = 0 ;
for I = 1 : n(l-1) + 1
s(l, j) = s(l, j) + w(j, I, l)*o(l-1, i) ;
end

%% A sigmoid activation function is used
o(l, j) = 1/(1+exp(-s(l, j))) ;
end
end
output = o(L, 1) ;
```

전체 프로그램을 시뮬레이션을 하기 위해 다음과 같이 Matlab 명령창에서 메인프로그램을 작동시킨다. 즉, 0.2와 0.1의 덧셈 계산을 해 보자.

```
>> train_run_nn(0.2, 0.1)
```

시뮬레이션 결과를 정리하면 다음과 같다.

```
iteration_esum =

  1.0e+004 *

  2.00000000000000  0.00000313192972
```

학습을 20000번 수행한 결과 9개 학습데이터의학습오차의 합은 0.00000313192972 임을 알 수 있다. 실제 0.2와 0.1의 합 계산결과는 다음과 같이 정확하게 계산되었다.

```
output =

   0.29687874837237
```

이 번에는 학습을 하기 위해 사용된 데이터가 아닌 임의의 입력값, 예를 들어 0.25+0.15 계산을 다음과 같이 수행해 보자.

```
>> train_run_nn(0.25, 0.15)
```

시뮬레이션 결과를 정리하면 다음과 같다.

```
iteration_esum =

  1.0e+004 *

   2.00000000000000   0.00000313192972
```

학습을 20000번 수행한 결과 9개 학습데이터의학습오차의 합은 0.00000313192972 임을 알 수 있다. 그리고, 실제 0.25와 0.15의합 계산결과는 다음과 같이 정확하게 계산 되었다.

```
output =

  0.39746643360819
```

아래 그림은 학습이 1000번 반복되는 동안 학습오차가 감소하는 정도를 나타낸 그래프이다.

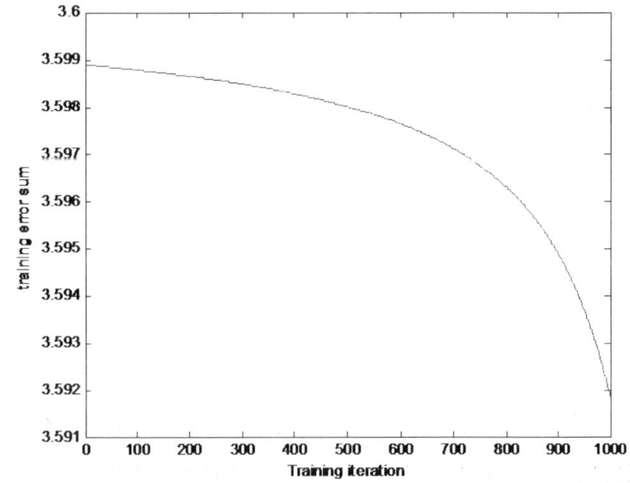

[그림 6.1] 신경망의 학습에 따른 오차값의 감소

예 제 6.2 이번에는 신경망에서 이미 학습을 완료하여 신경망의 가중치 정보를 가지고 있는 경우, 가중치자료를 읽어서 신경망을 작동시키는 프로그램이다.

```
function run_trained_nn(input1, input2)
L = 3 ; %%  신경층의 수 (입력층 : L=1, 출력층 : L=3)
n(1) = 2 ; %%  입력층의 입력수
n(2) = 16 ; %% 은닉층의 뉴런의 개수
```

```
n(3) = 1 ; %% 출력층의 뉴런의 개수
o(1, n(1)+1) = 1 ; %% 은닉층의 모든 뉴런에 들어가는 바이어스 입력값
o(2, n(2)+1) = 1 ; %% 출력층의 뉴런에 들어가는 바이어스 입력값
%% input values to neural net
o(1, 1) = input1 ;
o(1, 2) = input2 ;
%% weights.mat 파일 Load
loadweights.mat
run_nn;
output
```

Matlab 명령창에서 0.1+0.2 덧셈을 시뮬레이션한 결과는 다음과 같다.

```
>>run_trained_nn(0.1, 0.2)

output =

   0.2970
```

예 제 6.3 이 예는 예제1의 프로그램과 같은 구조이다. 단지 은닉층의 모든 뉴런에 sigmoid 활성함수를 사용하였고, 출력층의 뉴런에는 선형 활성함수를 사용한 것이 차이점이다. 일반적으로 예제3의경우가 예제1의 경우보다 학습속도가 빠르다.

[메인 프로그램: train_run_nn2.m 파일]

```
%% This is a add program of two numbers between 0 and 1.
%% Linear activation functions are used at output layer,
%% while sigmoid activation functions are used at hidden layer.
%% First, train the neural network, then test the result.
```

```
function train_run_nn2(input1, input2)
ita = 0.1, alpha = 0.7, eref = 0.1 ;
%% npat1.dat 파일 Load
loadnpat1.dat
%% npat1.dat 파일에 있는 9개의 학습 패턴의 수
p_num = 9 ;
in = npat1 ;
iteration = 0 ;
L = 3 ; %% 신경층의 수 (입력층 : L=1, 출력층 : L=3)
n(1) = 2 ; %% 입력층의 입력 수
n(2) = 16 ; %% 은닉층의 뉴런의 개수
n(3) = 1 ; %% 출력층의 뉴런의 개수
o(1, n(1)+1) = 1 ; %% 은닉층의 모든 뉴런에 들어가는 바이어스 입력값
o(2, n(2)+1) = 1 ; %% 출력층의 뉴런에 들어가는 바이어스 입력값
train_nn2 ; %% 신경망 학습 서브루틴
%% 학습이 끝난 후 가중치를 저장하는 부분
save weights2.matw
%% Now, Neural Network Was Successfully Trained !!!
%% 학습이 종료된 후 신경망을 테스트하는 부분
o(1, 1) = input1 ;
o(1, 2) = input2 ;
run_nn2 ; %% 신경망을 작동 시킴
output%% 신경망의 출력값
plot(iteration_esum)
```

[신경망학습부분 : train_nn2.m 파일]

```
%%신경망을 학습시키는 루틴: train_nn2.m 파일
%%가중치의 초기값을 설정함. 각 가중치의 값이 불규칙적으로 다르면 좋음
```

```
for l = L : -1 : 2
for j = 1 : n(l)
for I = 1 : n(l-1)+1
w(j, I, l) = (-1)^j/n(l) ;
dw(j, I, l) = 0 ;
end
end
end
iteration = 0 ;
while iteration <1000
esum = 0. ; %%%%%%
for p = 1 : p_num
%% npat1.dat의 데이터를 신경망의 입력으로 사용
o(1, 1) = in(p, 1) ;
o(1, 2) = in(p, 2) ;
y(p) = in(p, 3) ;
for l = 2 : L
%% Sum over the nodes in the previous layer
for j = 1 : n(l)
s(l,j) = 0 ;
for I = 1 : n(l-1) + 1
s(l, j) = s(l, j) + w(j, I, l)*o(l-1, I) ;
end
%% A sigmoid and linear activation functions are used
if(l = = L)
o(l, j) = s(l, j) ;
else
o(l, j) = 1/(1+exp(-s(l, j))) ;
end
```

```
end
end
ye(p) = o(L, 1) ; %% 신경망의 출력값
e(p) = sqrt((y(p)-ye(p))*(y(p)-ye(p))) ; %% 학습오차값
%% 역전파 학습알고리즘 부분
for l = L : -1 : 2
%% Step through the nodes on layer l
for j = 1 : n(l)
dd(l, j) = 0 ;
%% If we are operating on the output layer
if(l = = L)
dd(L, j)=y(p) - o(L,j) ; %%%%%% forlinear activation function
else
for k = 1 : n(l + 1)
dd(l, j) = dd(l, j) + dd(l + 1, k)*w(k, j, l + 1) ;
end
dd(l, j) = o(l, j)*(1-o(l, j))*dd(l, j) ;
end
%% Update the weights
%% Step through weights connected to node j, layer l
for i = 1 : n(l - 1) + 1
dw(j, I, l) = ita*dd(l, j)*o((l-1),i) + alpha*dw(j, I, l) ;
w(j, I, l) = w(j, I, l) + dw(j, I, l) ;
end
end
end
end
for p = 1 : p_num
esum = esum + e(p) ;
end
```

```
esum ;
iteration = iteration + 1 ;
iteration_esum(iteration) = esum ;
end
```

[학습된신경망을실행하는부분 : run_nn2.m 파일]

```
%% 신경망을 작동시키는 함수 : run_nn2.m 파일
```

```
for l = 2 : L
%% Sum over the nodes in the previous layer
for j = 1 : n(l)
s(l, j) = 0 ;
for i = 1 : n(l-1) + 1
s(l, j) = s(l, j) + w(j, I, l)*o(l-1, i) ;
end
%% A sigmoid activation function is used at hidden layer
%% A linear activation function is used at output layer
if(l = = L)
o(l, j) = s(l, j) ;
else
o(l, j) = 1/(1+exp(-s(l, j))) ;
end
end
end
output = o(L, 1) ;
```

전체 프로그램을 시뮬레이션을 하기 위해 다음과 같이 Matlab 명령창에서 메인프로그램을 작동시킨다. 즉, 0.2와 0.1의 덧셈 계산을 해 보자

```
>> train_run_nn(0.1, 0.2)
```

output=

  0.2965

아래 그림은 학습이 반복되는 동안 학습오차가 감소하는 정도를 나타낸 그래프이다. 예제1의 그래프보다 학습오차가 빨리 줄어듬을 알 수 있다.

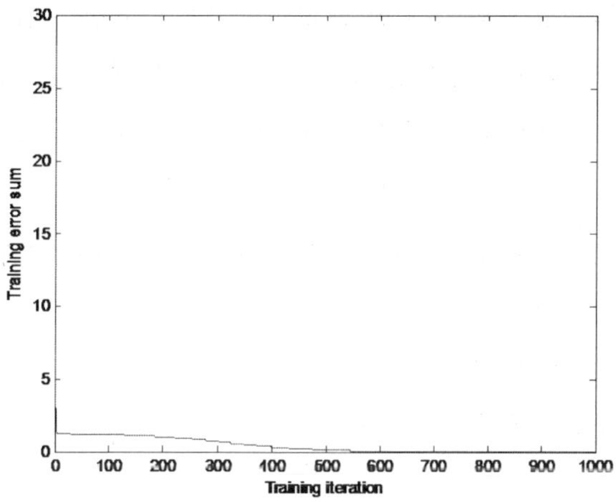

[그림 6.2] 신경망의 학습에 따른 오차값의 감소

2. MATLAB의 신경망 함수를 이용한 신경망의 학습

신경망을 학습하기 위해서는 다음과 같이 4단계를 거친다.

① 학습할 데이터를 준비한다.

② 신경망의 구조를 생성한다.

③ 신경망을 학습시킨다.

④ 임의의 입력값을 이용하여 신경망을 동작시킨다.

1) 신경망의 구조생성

Feedforward 신경망을 구성하기 위해 다음과 같이 newff 함수를 이용한다.

net = newff(PR, [S1 S2...SNl], {TF1 TF2...TFNl}, BTF, BLF, PF)

위 함수에서 PR은 입력데이터의 범위 즉 최소값 및 최대값을 나타낸다. Si 는 신경망 각 층(layer)의 뉴런 수를 나타낸다. TFi는 각 층의 뉴런에서 사용된 전달함수(활성함수)의 방식을 나타내며 TANSIG, LOGSIG, 그리고 PURELIN 함수를 주로 사용한다. BTF는 신경망의 역전파 학습방법을 말하며 TRAINLM, TRAINBFG, TRAINRP, TRAINGD 등의 함수가 있는데, 별도 표시가 없으면 trainlm 함수를 사용한다. BLF는 가중치(weight)와 바이어스(bias) 학습함수인데 디폴트인 경우 learngdm 함수를 사용한다. PF는 학습오차의 성능함수를 말하는 데 디폴트인 경우 mse(mean-square-error)를 나타낸다.

예 제 6.4 신경망을 이용하여 다음 값을 학습시키도록 해 보자. 입력값은 P이고 출력값은 T이다.

```
P = [0 1 2 3 4 5 6 7 8 9 10];
T = [0 1 2 3 4 3 2 1 2 3 4];
```

사용된 신경망의 구조는 2층의 구조이다. 즉, 은닉층 1개와 출력층 1개로 구성되어 있다. 입력값의 범위는 [0 ~ 10]. 은닉층의 각 뉴런은 TANSIG 활성함수를 사용하였고, 출력층의 뉴런은 PURELIN 활성함수를 사용하였다. 은닉층의 뉴런 개수는 5개, 출력층의 뉴런 개수는 1개이다.

```
net = newff([0 10], [5 1], {'tansig' 'purelin'});
```

위 신경망을 50번 학습한 후에 입력값에 대한 학습된 출력값을 알아보자.

```
net.trainParam.epochs = 50;
net = train(net, P, T);
Y = sim(net, P);
plot(P, T, P, Y, 'o')
```

아래 그림은 목표값(T)과 실제 출력값(Y)를 비교한 그래프이다.

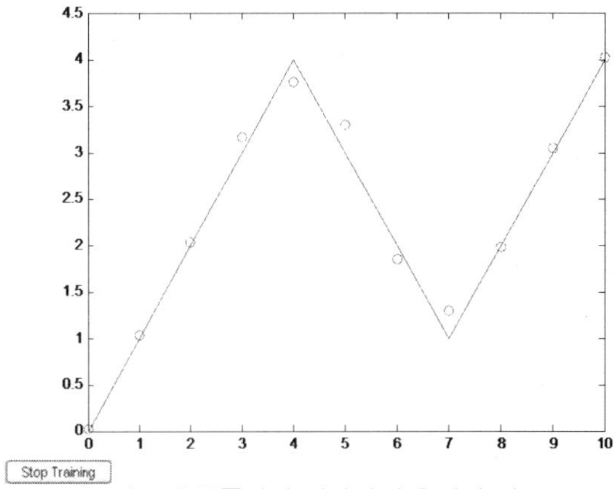

[그림 6.3] 목표값과 신경망의 출력값 비교

예 제 6.5 신경망을 이용하여 노이즈가 포함된 sine 함수를 학습하는 프로그램을 작성해보자. 사용된 함수는 t=sin(2*pi*p)+0.1*randn(size(p)) 이고 아래 그림은 2초간 수행된 함수의 그래프이다.

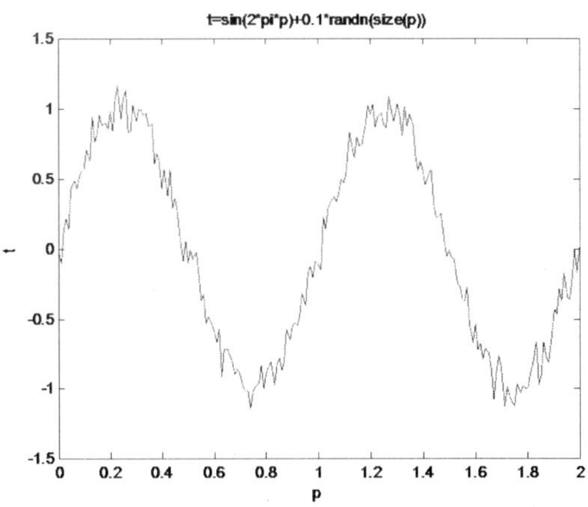

[그림 6.4] 신경망 학습용 파형

위의파형을 신경망을 이용하여 학습을 해 보도록 하자. 아래 Matlab 프로그램은 Neural network으로 위의 파형을 학습시키는 프로그램이다. 신경망은 2층 구조로 구성되어 있으며 은닉층의 뉴런은 tansig 함수를 사용하였고, 출력층의 뉴런함수는 purelin을 사용하였다. 이 방법이 일반적으로 학습성능이 좋다고 알려져 있다. 학습 수는 1300회를 수행하도록 하였다.

```
%Taining data set
p = [0 : 0.01 : 2];
%noisy sine wave
t = sin(2*pi*p)+0.1*randn(size(p));
net = newff([0 2], [20,1], {'tansig', 'purelin'}, 'traingdx');
net.trainParam.show = 1300;
net.trainParam.epochs = 1300;
net = train(net, p, t);
```

아래 명령어는 학습된 신경망에 입력값 p를 주었을 때의 결과이며 결과값은 y로 나타내었고 원래파형과 비교하도록 하였다.

```
y = sim(net, p)
plot(p, t)
hold on
plot(p, y, 'r')
```

아래 그림은 원래파형과 신경망의 출력값을 비교한 그림이다. 신경망의 출력이 원래파형을 잘 추종하고 있음을 알 수 있다.

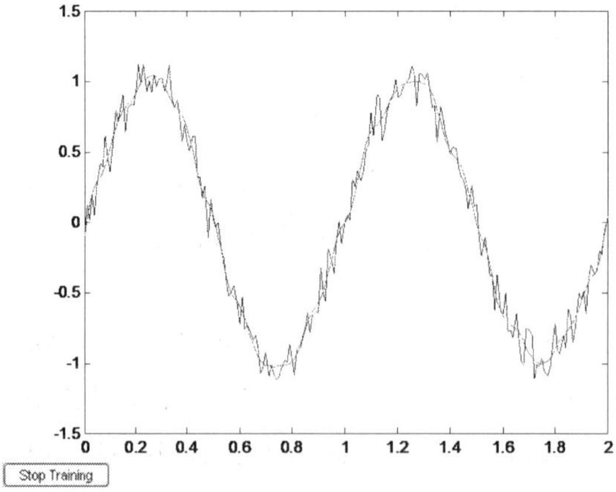

[그림 6.5] 원래파형과 신경망의 출력파형 비교

3. MATLAB TOOLBOX를 이용한 신경망의 학습

MATLAB에서도 신경망함수와 기본적인 프로그래밍방법을 이용해서 C 프로그램과 같은 방식으로 코드를 짤 수 있다. 하지만 TOOLBOX를 사용하면 신경망에 대한 깊은 이해 없이도 신경망의 형성, 학습 및 응용이 가능하다. 지금부터 MATLAB의 신경망 TOOLBOX를 사용해서 신경망을 형성하는 과정을 살펴보자.

단계 1 MATLAB 창에서 입출력 데이터 형성 및 신경망의 구성

다음과 같이 명령어를 입력한다.

>>nntool

그러면, 다음과 같이 GUI(Graphic UserInterface)화면이 나타나게 된다.

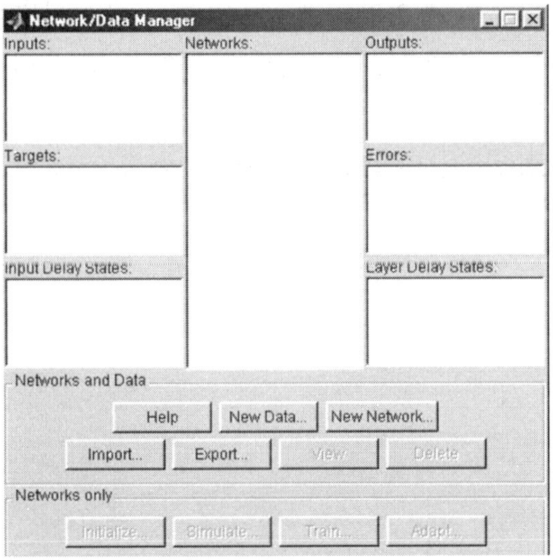

[그림 6.6] GUI 화면

이 화면을 이용하여 학습에 필요한 입출력 데이터를 등록하고, 신경망의 구조를 설정할 수 있다. 그런 다음 학습을 하고 학습이 된 이후에 학습성능을 테스트할 수 있다. 이 예제에서는 XOR(Exclusive OR) 논리를 신경망을 이용해서 학습시키고자 한다. XOR(Exclusive OR) 논리는 다음과 같다. 아래 표에서 X, Y는 입력값이고 XOR은 출력값이다.

X	Y	XOR
0	0	0
0	1	1
1	0	1
1	1	0

MATLAB에서 사용할 입력값과 출력값을 각각 P 와 T로 놓으면 다음과 같이 표현될 수 있다.

P = [0 0 1 1; 0 1 0 1]

T = [0 1 1 0]

입력값을 [그림 6.6]의 화면에 등록해야 하는데 [그림 6.6]에 있는 New Data를 클릭하여 아래그림과 같이 변수와 데이터 값을 입력할 수 있다. 여기서 Data Type은 Inputs으로 선택한 후 Create 버튼을 누르면 화면 창에 등록이 된다. 같은 방법으로 출력값 T에 대한 변수 및 데이터를입력하고 Data Type은 Targets으로 선택하고 Create 버튼을 누른다.

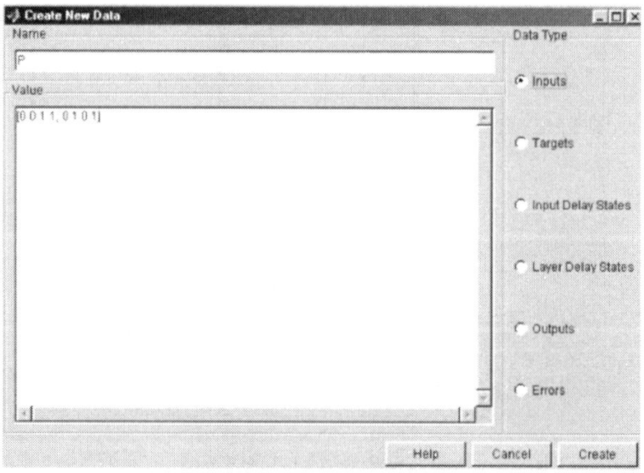

[그림 6.7] 데이터 입력화면

위와 같이 데이터를 입력한 다음 신경망의 구조를 정해 주어야 한다. [그림 6.6]의 화면에서 New Network을 클릭하면 [그림 6.8]과 같이 창이 생성된다.

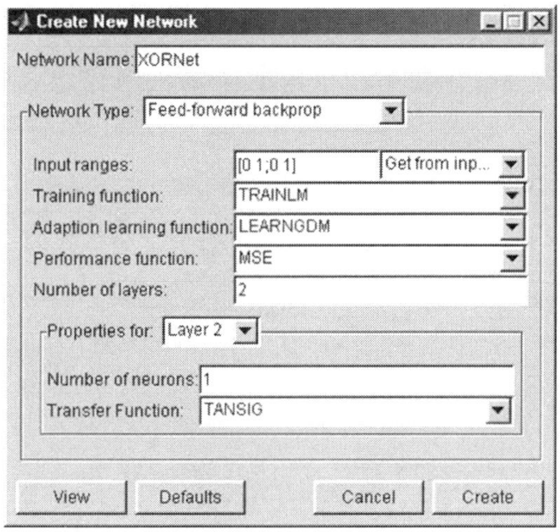

[그림 6.8] 데이터 입력화면

위 화면은 자동적으로 디폴트화면을 보여주는데, 사용목적에 맞게 내용을 수정할 수 있다. 신경망의 현재상태를 살펴보면 다음과 같다.

신경망의 종류(Network Type) = Feed-forward Back-propagation

입력값의 범위(Input Ranges) = [0 1; 0 1]

학습함수(Train Function) = TRAINLM (Levenberg-Marquardt backpropagation 사용)

적응학습함수(Adaption Learning Function) = LEARNGDM

(LEARNGDM Gradient descentw/momentum weight/bias learning function)

성능함수(Performance Function) = MSE (mean square error)

층의 개수(Numbers of Layer) = 2

여기서 층의 개수가 2개라는 것은 은닉층 1층과 출력층 1층으로 되어 있음을 의미한다. 입력층은 층으로 고려하지 않음을 주의해야 한다.

위의 창에서 Layer 2, number of neurons = 1,Transfer Function = TANSIG으로 설정되어 있다. 이 의미는 출력층(Layer 2)의 뉴런은 1개이며, 뉴런 내의 활성함수는 TANSIG 함수라는 것을 의미한다. 같은 방법으로 은닉층(Layer)에 대해서 numberof neurons = 2, Transfer Function = TANSIG을 선정해 보자.

그런 다음 Create버튼을 눌러 신경망 구성을 완성할 수 있다.

단계2 신경망의 학습

신경망인 XORNet을 클릭한 후 Train버튼을 클릭하면 다음과 같은 화면이 나타난다.

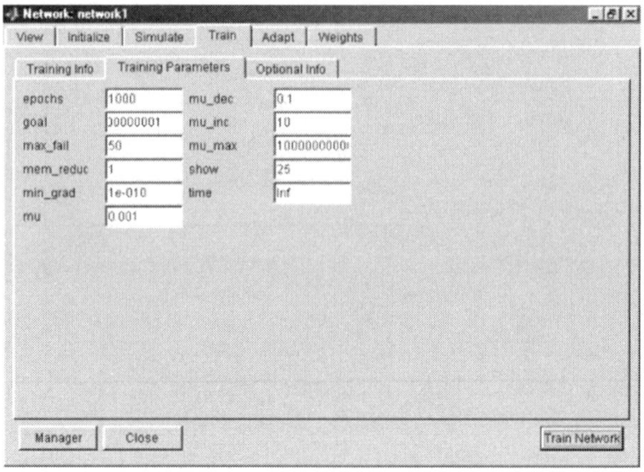

[그림 6.9] 신경망 학습용 화면

그런 다음 Training Info에서 P를 Inputs 변수로, T를 Targets 변수로 입력한다.

화면에서 TrainingParameters는 다음을 나타내고 있다.

학습을 최대 1000번까지 수행하고, 학습오차는 0.000000000000001 이다.

이제 Train Network버튼을 눌러 위에서 설정한 신경망을 학습시켜보자. 매 학습마다 학습오차가 줄어드는 것을 확인할 수 있다.

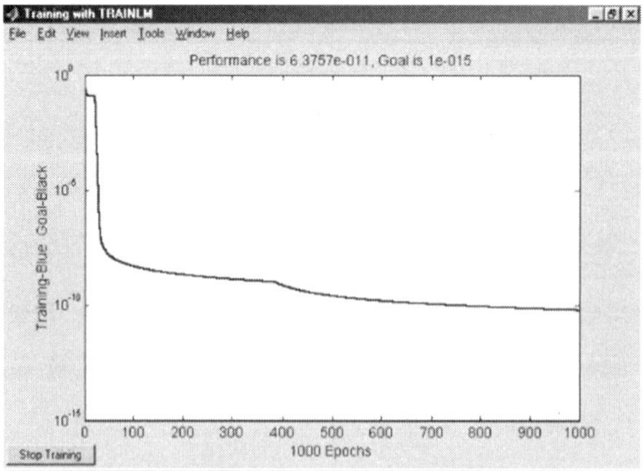

[그림 6.10] 신경망 학습에 따른 학습오차의 감소

Stop Training을 눌러 학습을 종료하면 신경망의 학습이 완료된다. 아래 그림과 같이 학습이 완료된 후 View 버튼을 눌러서 신경망의 구조를 볼 수 있다.

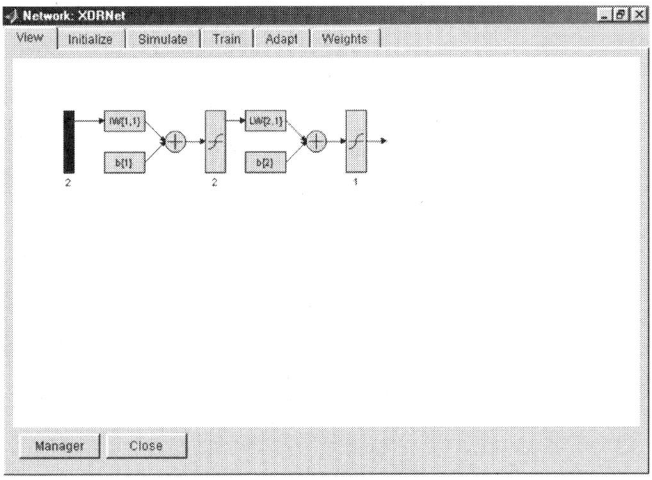

[그림 6.11] 생성된 신경망의 구조

단계3 신경망의 시뮬레이션

이제 신경망이 잘 학습이 되었는지 확인해 보도록 하자. 그렇게 하기 위해서는 테스트 용으로 입력을 만들어야 하는데 테스트 용 입력을 S라고 놓고 입력의 성분을 벡터 [1; 0]로 해서 [그림 5.10]의 화면에 등록을 해야 한다. 그리고 이 값에 대한 신경망의 출력값을 Outputs이라고 한다. 시뮬레이션을 수행한 후 Outputs 값을 확인하면 1이라는 값을 확인할 수 있을 것이다. 즉, 학습이 정상적으로 이루어졌다는 것을 말해 준다.

예 제 6.6 신경망을 이용하여 임의의 위치에 있는 이동로봇이장애물과 충돌하지 않고 목표지점을 찾아가도록 제어시스템을 완성하라.

편의상공간의 영역은 가로 10 세로 10인 정사각형 공간으로 가정한다. 장애물은 (5, 5) 위치에 있고 장애물의 크기는 적절하게 구성한다. 목표위치는 (5, 10) 위치이다.

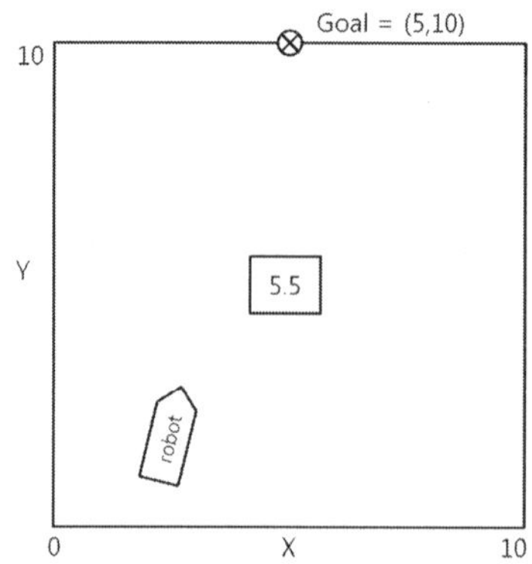

[그림 6.12] 이동로봇과 장애물 위치

이 문제를 신경망을 이용하여 접근하려면 먼저 적절한 입출력 데이터를 정의하여야 할 것이다. 이 예에서는 2개의 입력값은 이동영역 내의 X 및 Y 위치인 (x_k, y_k)로 정하고 출력값은 이동로봇이 주행해야 할 방향 θ로 정하였다. 이동로봇의 주행속도는 일정하다고 가정하였고, 1 샘플링 스텝동안 움직이는 거리를 상수 s로 정하였다. 그러면, 이동로봇이 움직이는 다음 위치에 대한 식은 아래와 같다.

$$\begin{cases} x_{k+1} = x_k + s \bullet \sin\theta \\ y_{k+1} = y_k + s \bullet \cos\theta \end{cases}$$

이제 신경망에 학습을 하기 위하여 입력값과 출력(타겟)값 사이의 매핑관계를 설명하는 학습데이터를 생성해야 한다. 아래와 같이 MATLAB 프로그램을 이용하여 학습데이터를 생성하였다. 일부 데이터는 for 문을 이용하여 자동으로 생성하였고, 일부 데이터는 프로그램 중에 직접 입력하였다.

```
x = 0 : 1 : 10;
y = 0 : 1 : 10;
x_goal = 5;
y_goal = 10;
fori = 1 : 1 : 11
   for j = 1 : 1 : 11
```

```
        theta(i, j) = 180/pi*atan((x_goal-(i-1))/(y_goal-(j-1)));
    end
end
theta(6, 11) = 0;
theta(6, 3) = -45;
theta(6, 4) = -60;
theta(6, 5) = -80;
theta(7, 1) = 0;
theta(7, 2) = 5;
theta(7, 3) = 10;
theta(7, 4) = 15;
theta(7, 5) = 20;
theta(7, 6) = 15;
theta(5, 1) = 0;
theta(5, 2) = -5;
theta(5, 3) = -10;
theta(5, 4) = -15;
theta(5, 5) = -20;
theta(5, 6) = -15;
```

아래 코드는 이동영역 중간에 위치한 장애물을 그리는 내용이고,

```
n = 0 : 0.01 : 2*pi;
 for I = 1 : length(n)
    obs_x(i) = 5+0.5*sin(n(i));
    obs_y(i) = 5+0.5*cos(n(i));
 end
 plot(obs_x, obs_y, 'r')
hold on
```

아래 코드는 임의의 위치와 그 위치에서의 주행방향을 나타낸 그림이다.

```
fori = 1 : 11
   for j = 1 : 11
      x_vector(i, j) = sin(theta(i, j)*pi/180);
      y_vector(i, j) = cos(theta(i, j)*pi/180);
  end
end
y_vector(6, 6) = 0;
quiver(x, y, x_vector', y_vector', 0.8, 'b');
hold off
grid
axis([0 10 0 10]);
%%%%%%%%%%%%%%%%%%%%%%%%%%%%%%%%%%%%
xy = [];
forj = 0:10
   for i = 0:10
 x(i+1) = i;
 y(i+1) = 11-i;
   xy = [xy;j i];
   end
end
```

아래 코드는 입출력 데이터를 정규화(Normalization) 하는 과정이다. 보통 데이터의 크기가 1보다 큰 경우 데이터를 1이하로 스케일 다운(scale-down) 을 하는데 그 이유는 뉴런 내부의 활성함수가 1 이하의 값에 대해 학습효율을 높여주기 때문이다. 스케일 다운(scale-down) 된 값은 나중에 원래 값으로 환산하면 되기 때문에 문제가 없다.

```
xy = xy'/10
theta = theta';
```

theta_target = theta(1:121)/90

아래 그림은 신경망을 학습하기 위한 학습데이터를 그림으로 보여주고 있다.

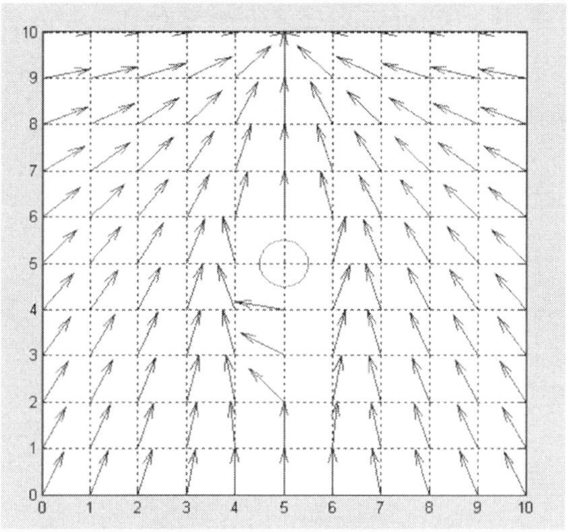

[그림 6.13] 신경망 학습용 데이터

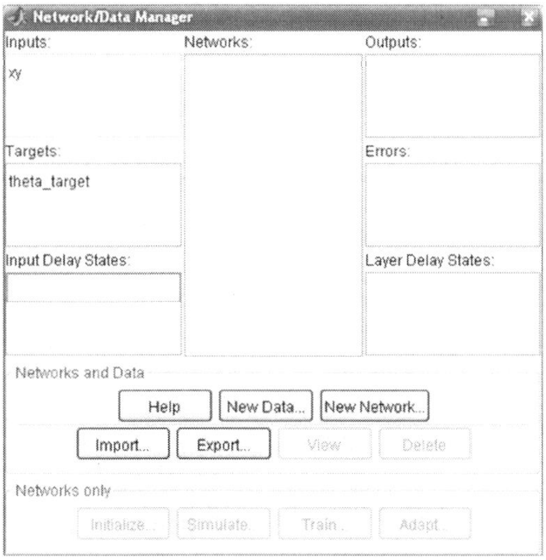

[그림 6.14] 신경망 구성화면

신경망의 학습은 MATLAB에서 제공하는 Toolbox 인 nntool을 이용하였다. 입력데이터 xy와 타겟데이터 theta_target를 nntool 의 화면으로 import하여 신경망을 구축하였다. 신경망의구성은 은닉층에 50개의 뉴런을 설정하였고 뉴런의 활성함수는 tansig를 선정하였다. 출력층은 purelin의 활성함수를 갖는 1개의 뉴런을 설정하였다. 이 신경망의 이름은 network1이다.

학습을 완료한 후에 신경망 network1을 Matlab 명령창으로 export를 한 다음 다음과 같은 명령을 수행해 보자.

```
v = 0.01;
for i = 1 : 11
   for j = 1 : 11
     x0 = i-1 ; y0 = j-1;
     x_in = x0/10 ; y_in=y0/10;
      dx = 0;
      dy = 0;
     error = 1;
      x = [];
      y = [];
      whileerror = = 1
        x_in = x_in + dx;
       y_in = y_in + dy;
       theta = sim(network1, [x_in;y_in])*90*pi/180;
       dx = v*sin(theta);
       dy = v*cos(theta);
        x = x_in*10
       y = y_in*10;
       if ((abs(x-5)<0.2)&&(abs(y-10)<0.2))
          error = 0;
       end
       plot(x, y)
```

```
        hold on
      end
    end
  end
  n = 0 : 0.01 : 2*pi;
  fori = 1 : length(n)
    obs_x(i) = 5+0.5*sin(n(i));
    obs_y(i) = 5+0.5*cos(n(i));
  end
  plot(obs_x, obs_y, 'r')
  grid
  axis([0 10 010]);
```

아래그림은 임의 시작위치에서 이동로봇이 출발하였을 때 각 로봇이 생성되는 궤적을 그린 그림이다.

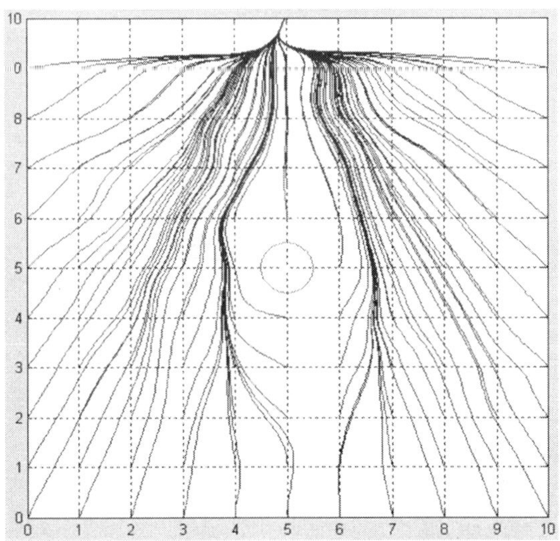

[그림 6.15] 각 출발위치에 따른 로봇의 이동경로

7장 신경망 제어기

신경망은 동적시스템의 모델링이나 제어에 유용하게 이용되고 있다. 앞에서 많이 언급한 바와 같이 실제시스템과 신경망을 병렬로 연결하여 출력값의 오차를 줄이도록 신경망의 가중치를 조정함으로써 실제시스템의 동적모델을 알아 낼 수 있다. 또한 이렇게 구한 동적모델은 제어기의 한 부분으로 포함되기도 한다. 따라서, 신경망을 이용하여 제어기를 구성하는 경우, 대부분은 아래와 같이 2개의 단계를 가지게 된다.

단계1 : 신경망을 이용한 동적시스템의 모델링
단계2 : 구해진 동적모델링을 이용한 제어기 설계

1. 신경망 학습의 종류

본격적으로 신경망제어기를 공부하기 전에 학습의 종류와 각각의 차이점을 이해하는 것이 중요하다.

감독학습(supervisory training)과 비감독학습(unsupervisory training)

보통의 학습방법인 감독학습인 경우에는 신경망의 입력과 출력의 관계가 주어진다. 즉 신경망을 학습시키는 사람이 입력값과 대응하는 출력값을 알아서 준비를 해야 한다. 예를 들어 간단한 덧셈을 학습시키는 경우에 2개의입력이 2와 3인 경우 대응하는 출력이 5라는 정보를 제공해야 한다. 이러한 형태의 학습을 감독학습이라고 한다. 그러나, 대부분의 동적시스템에서는 실험을 하기 전에는 입력과 출력과의 관계를 알기 어렵다. 즉, 어떤 모터시스템에 어떤 토크입력을 주었을 때 축의 회전속도출력을 이론적인 식에 의해 정확하게 제시하기 어렵다. 물론 이런 경우 실험을 통해서 입력과 출력간의 관계를 알아낼 수 있지만 이런 경우 방대한 실험을 수행해야 할 것이다. 이와 같이 입력과 출력간의 관계를 알 수 없을 때 신경망을 학습하는 방법이 비감독학습인 것이다.

Off-line 학습과 On-line 학습

동적시스템을 학습할 때 Off-line 학습은 플랜트의 특성을 실험을 통해서 입력과 출력데이터를 구하고, 그 다음 이 데이터를 이용하여 신경망을 감독학습을 시키는 경우를 말한다. 반면에 On-line 학습은 실제플랜트와 신경망을 병렬로 연결하고 플랜트를 구동함과 동시에 신경망을 학습하는 경우를 말한다. Off-line 학습의 경우 실험을 통해서 입출력 데이터를 얻은 후에는 컴퓨터에서 쉽게 신경망을 학습할 수 있는 반면에 On-line 학습은 프랜트장비와 컴퓨터 등의 하드웨어를 현장에 설치해야 하므로 여러가지 불편함이 따르게 된다. 하지만 실험과동시에 학습이 동시에 완성된다는 것이 장점이라고 할 수 있다.

2. 신경망 역제어기

아래 그림과 같은 형태의 제어기를 신경망 역제어기라고 한다. 그 이유는 플랜트의 입력과 출력 관계가 신경망제어기에서는 정 반대로 구성되어 있기 때문이다. 따라서, 신경망이 정상적으로 학습이 된 경우 신경망 제어기에 원하는 입력을 주면 제어기의 출력값이 플랜트에 입력값으로 들어가서 플랜트는 원하는 입력과 같은 값을 출력하게 되므로 완벽한 개루프제어기가 구성되는 셈이다. 이러한 제어시스템은 매우 간단한 형태의 제어시스템이긴 하지만, 플랜트가 외란을 가지는 경우 정확성을 기대하기 힘들고, 또한 전체시스템을 실 시간적으로 작동시켜 신경망을 학습하는 데에는 문제가 따른다. 잘 알고 있듯이 신경망제어기는 학습초기에는 엉터리 값을 생산하기 때문에 플랜트의 출력값이 매우 불안하게 된다. 이러한 문제점을 극복하기 위한 대표적인 예를 다음 절에서 소개하고자 한다.

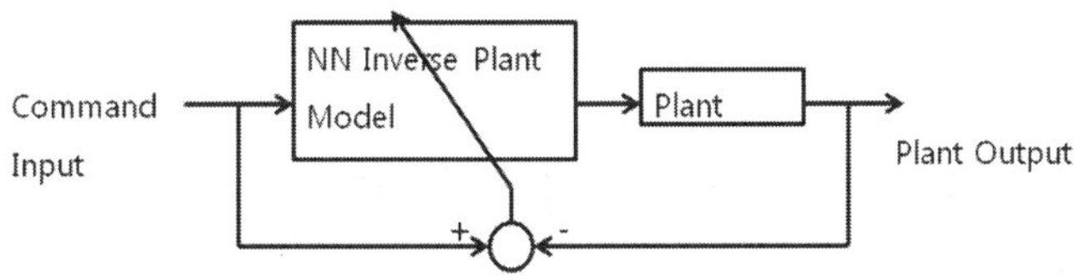

[그림 7.1] 신경망 역제어기

3. Kawato의 신경망병렬제어기

아래 그림은 신경망제어기와 안정제어기가 병렬구조를 이루고 있으며 2개의 제어기 합력값이 플랜트의 제어입력으로 사용되고 있다. 이러한 형태의 신경망제어기를 Kawato의 신경망 병렬제어기 라고 한다. 앞에서 언급하였듯이 신경망을 학습하는 초기에 신경망이 불안정하게 되는데, 이 경우에는 신경망의 출력이 불안정하더라도 안정제어기의 출력값이 불안정성을 어느 정도 극복하기 때문에 On-line 학습을 할 수 있다는 것이 큰 장점이다.

Kawato의 신경망 병렬제어기의 또 다른 장점은 신경망을 비감독학습으로 학습을 할 수 있다는 점이다. 신경망제어기(Kff)와 병렬로 설치되어 있는 안정제어기(Kfb)를 고전적인 제어기인 PD제어기나 PID 제어기로 구성한다. 그러면, 신경망을 학습하기 위한 입출력 데이터 없이 어떻게 비감독학습을 할 수 있을까? 그 대답은 의외로 간단하다. 간단한 논리로 전체제어시스템이 좋은 성능을 줄 때는 당연히 피드백되는 오차값이 매우 적을 것이다. 이 오차값이 매우 적게 되면 PD제어기나 PID 제어기의 출력값 역시 매우 적게 될 것이다. 따라서, 안정제어기의 출력값이 0에 가까운 값이 될 때 까지 신경망을 학습하면서 가중치를 업데이터 하는 것이 Kawato 방식의 비감독학습 방법이다.

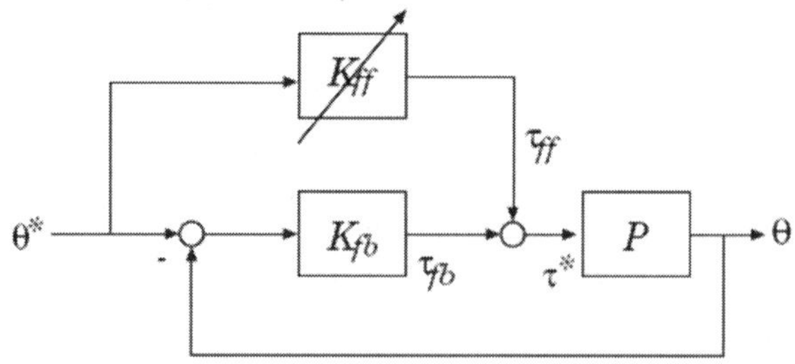

[그림 7.2] Kawato 방식의 비감독 신경망 학습

4. 신경망을 이용한 기준모델 적응제어기

신경망을 이용한 기준모델 적응제어기(model reference adaptive control)는 아래 그림에서 보는 바와 같이 2개의 신경망으로 구성되어 있다. 즉, 플랜트를 모델링하기 위한 신경망과 기준모델을 추종하기 위한 제어용 신경망으로 구성되어 있다. 먼저, 플랜트를 모델링하기 위한 신경망이 학습되어 진다. 그런 다음 기준모델을 이용하여 제어용 신경망을 학습하게 된다.

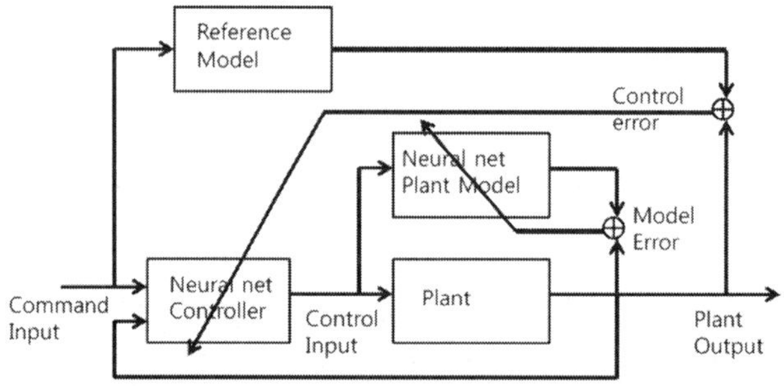

[그림 7.3] 신경망을 이용한 기준모델 적응제어 시스템 구조

위 블록다이어그램을 조금 더 구체적으로 나타내면 아래 회로와 같다.

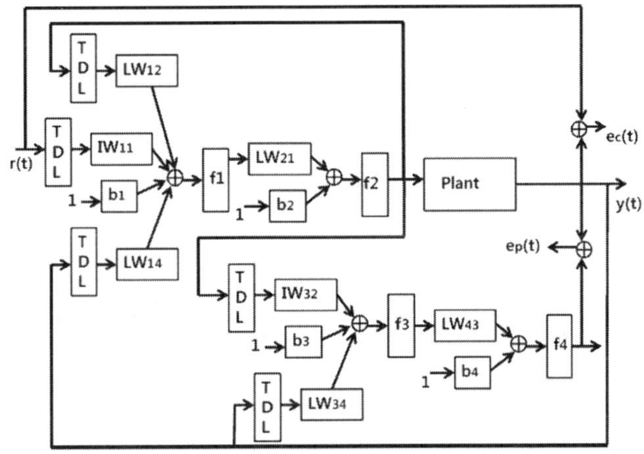

[그림 7.4] 기준모델 적응제어 시스템 내부 상세구조

위 회로에서 플랜트 모델용 신경망과 제어용 신경망은 두 경우 모두 2개의 신경층을 가지고 있다. 제어용 신경망의 입력데이터는 다음과 같다.

- 지연된 기준입력
- 지연된 제어용 신경망의 출력
- 지연된 플랜트 출력

플랜트 모델링 용 신경망의 입력데이터는 다음과 같다

- 지연된 기준입력
- 지연된 플랜트 출력

이해를 돕기 위하여 다음과 같은 로봇팔의 각도를 제어하는 적응제어시스템을 구성해 보자.

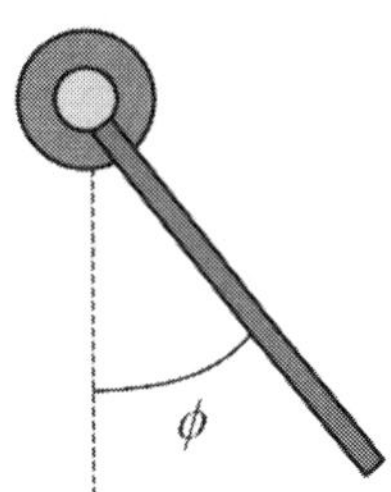

[그림7.5] 1축 로봇팔 시스템

로봇팔의 운동식은 다음과 같다.

$$\frac{d^2\phi}{dt^2} = -10\sin\phi - 2\frac{d\phi}{dt} + u$$

여기서 ϕ는 로봇팔의 각도이고 u는 DC 모터에 가해지는 토크이다.

그리고, 제어용 신경망이 추종할 수 있는 기준 모델은 다음 식과 같다.

$$\frac{d^2y}{dt^2} = -9y_r - 6\frac{dy_r}{dt} + 9r$$

즉, 제어용신경망은위의 궤적을 잘 추종할 수 있도록 학습되어져야 한다. 위 식에서 y_r은 기준모델의 출력이고, r은 입력신호이다.

MATLAB에서 제공하는 Simulink용 블록셋을 이용하여 위 예제를 풀어보자. 단계별로설명하면 다음과 같다.

단계 1 Simulink Library Browser창의 Neuralnetwork 블록셋의 Control 부분에서 Model reference control 블록을 드래그하여 창에 넣는다. X(2Y) 블록도 Control 부분에서 드래그해 올 수 있다. 그 다음 로봇의 운동식을 이용하여 만들어진 Simulink 모델인 robotarm.mdl은 아래와 같다.

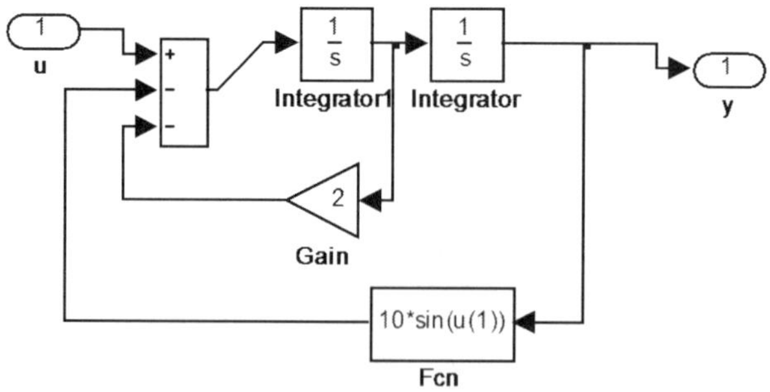

[그림 7.6] 로봇팔의 모델

위 로봇 모델의 subsystem을 만들어서 아래와 같이 제어기 우편에 연결한다. Subsystem

을 만드는 방법은 1장에서 설명하였다.

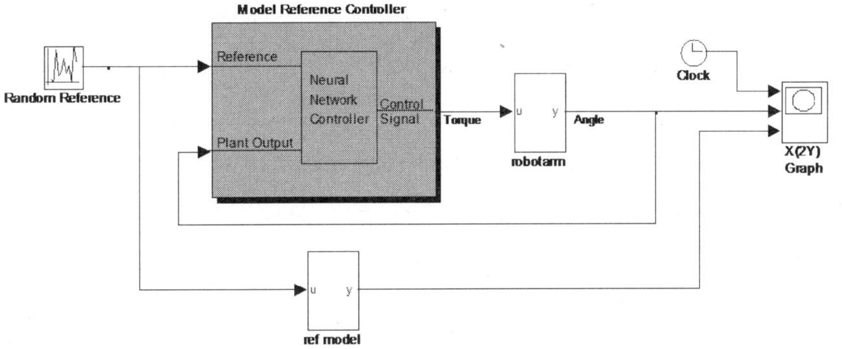

[그림 7.7] 로봇 모델의 subsystem

단계2 Model Reference Control 블록을 더블클릭한다. 그러면, 아래와 같은 파라메터 입력창을 보여준다.

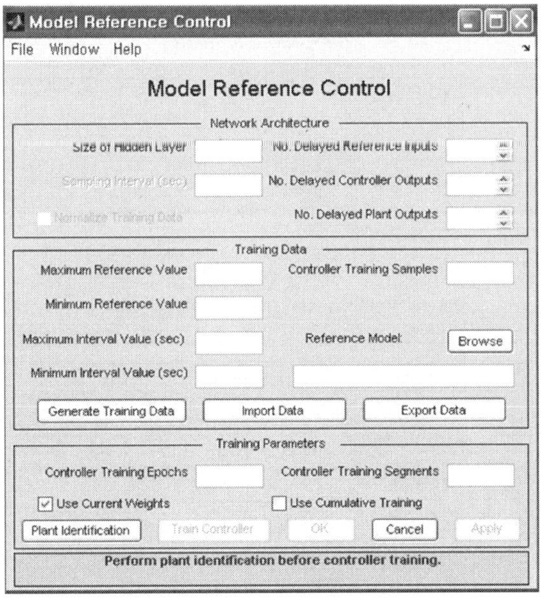

[그림 7.8] Model Reference Controller의 파라메터 입력창

단계3 위 화면에 각 변수의 값을 입력한다. Network Architecture 부분에는 Model Reference Controller의 신경망 구조를 나타내고 있다. 은닉층의 노드 수는 13개, 기준입력 부분의 지연입력은 2개, 제어기 출력부의 피드백 지연입력은 1개, 플랜트 출력값의 피드백 지연입력은 2개로 입력하도록 한다. Training Data 창 부분에는 제어기용신경망의 학습에 필요한 학습 데이터 생성, 데이터의 개수를 설정하게 되었다. 그리고 기준모델(Reference model)도 입력하게 되어 있다. 하지만, Model Reference Controller의 신경망을 학습하기 전에 먼저 로봇 플랜트 자체에 대한 동적특성을 규명하기 위해 신경망을 학습해야 한다. 따라서, 아래 부분에 있는 Plant Identification 버튼을 누른다. 그러면, 아래와 같은 창이 열린다. 아래의 신경망은 플랜트의 특성을 복사(학습)하는 모델이라고 할 수 있다. 은닉층의 뉴런 개수는 10개이며 신경망의 입력으로 들어가는 데이터는 입력값, delay 된 입력값, 피드백된 출력값과 delay 된 출력값이다. 가운데 부분은 학습을 위해 입출력 데이터의 최대값과 최소값의 범위를 보여주고 있고, 학습을 위해 최대 10000개의 학습 샘플을 사용 할 것이라고 되어 있다. 아래 부분에는 학습을 위해 필요한 반복학습회수가 최대 300으로 설정되어 있다.

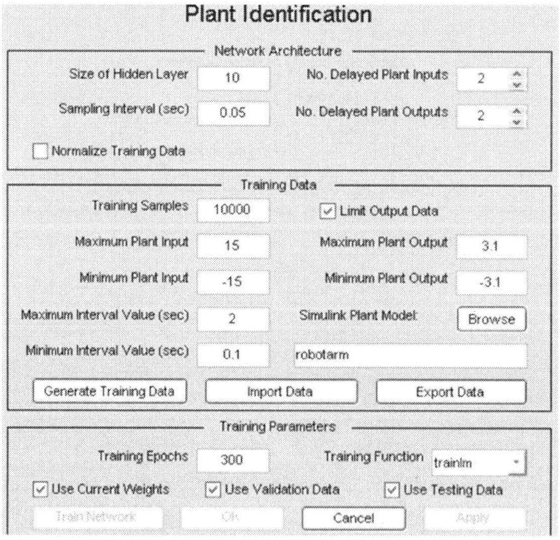

[그림 7.9] Plant Identification 창

단계4 신경망을 학습하기 위해서는 학습용 데이터가 필요하므로 Generate Training Data를 누른다. 아래의 그래프는 임의의 데이터를 플랜트에 입력했을 때 대응하는 출

력값을 나타내고 있다. 학습용 샘플은 최대 10000개 까지 제시를 하겠지만, 학습 샘플이 충분하다고 생각되면 중간에 중지를 할 수 있다.

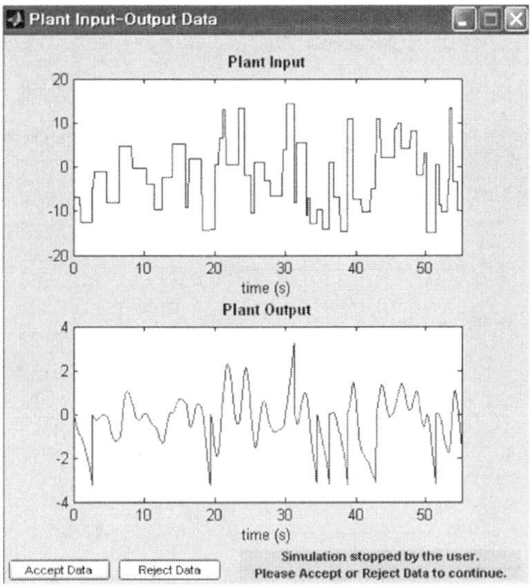

[그림 7.10] 신경망을 학습하기 위한 학습용 데이터의 추출

단계5 Accept Data를 눌러 학습용 입출력 데이터를 확보한다. 그리고 Plant Identification 창으로 돌아가서 Train Network 버튼을 누르면 학습이 진행되며, 학습이 끝난 후에 아래 그림과 같이 학습성능을 보여준다.

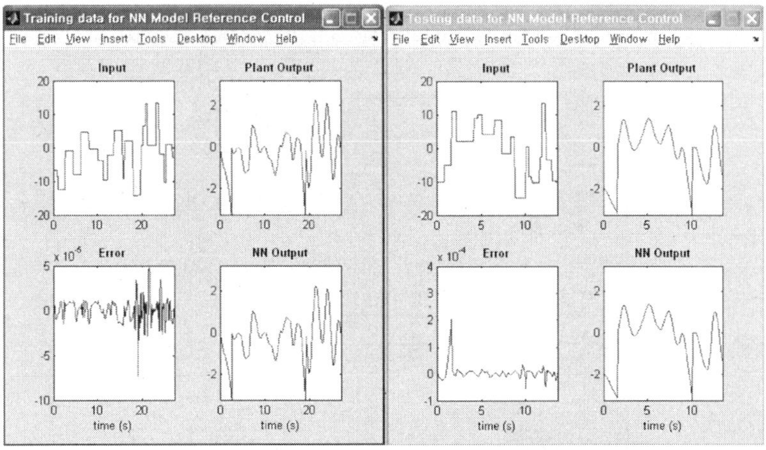

[그림 7.11] 학습이 끝난 후의 학습성능 평가

단계6 OK button 버튼을 눌러서 신경망 플랜트 모델의 가중치 값을 Simulink model에 저장한다.

단계 7 이제는 신경망 Model Reference 제어기를 학습하는 단계이다. 이 경우는 플랜트(로봇팔)가 기준모델의 특성을 잘 추종하도록 플랜트의 앞에 위치한 신경망을 학습하게 된다. 먼저, 제어기를 학습하기위한 기준모델은 정의해야 하는데, 아래와 같이 구성될 수 있다. 기준모델은 안정된 시스템으로 선정하였다.

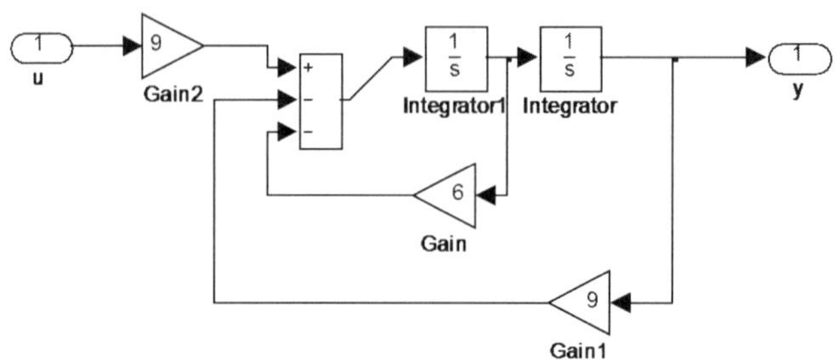

[그림 7.12] Model Reference 제어기를 위한 기준 모델 구성

단계6이 끝난 후에 다시 Model Reference Control 창으로 돌아가서 제어기의 학습용 데이터를 만들기 위해 Generate Training Data 버튼을 누른다.

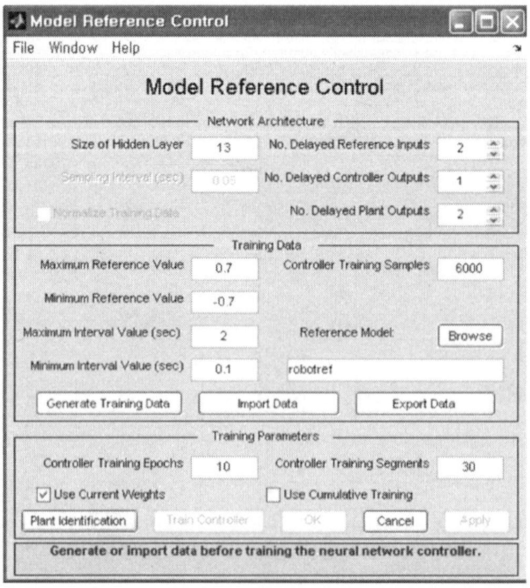

적절한 량의 학습데이터가 생성되면 중지를 하고 아래 그림과 같이 Accept Data 버튼을 누른다.

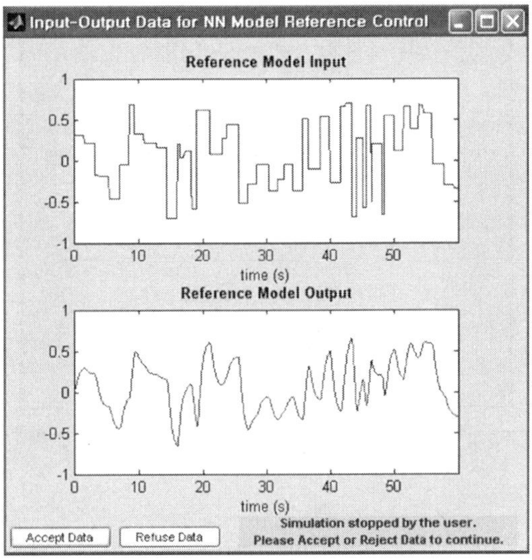

[그림7.13] 기준모델의 입출력 특성

단계 8 Model Reference Control 창의 Train Controller를 누른다. 여기서는 학습용 데이터 샘플을 몇 구간으로 구분하여 학습을 진행하게 된다 이 경우는 전체 학습데이터를 2구간으로 나누었고 각 구간의 반복학습회수를 10으로 설정하였다.

아래의 그림은 학습이 완료된 후에 주어진 기준입력(학습에 사용된)에 대해 기준모델의 출력값과 신경망제어기에 의해 구동된 플랜트의 출력값을 비교한 그림이다.

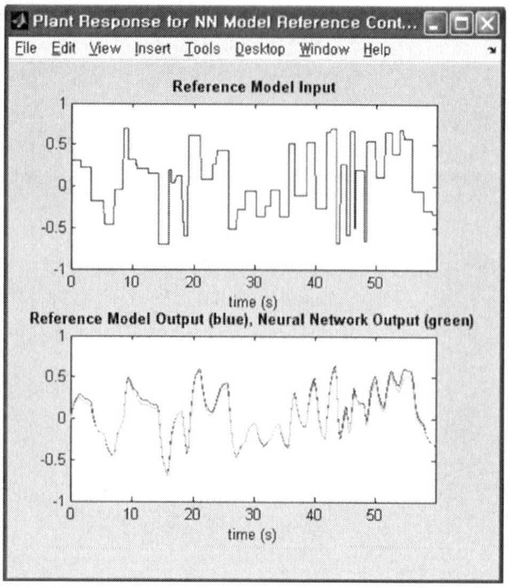

[그림 7.14] 신경망제어기에 의해 구동된 플랜트의 출력값 비교

단계 9 이제 Simulink model의 Simulation 메뉴를 이용하여 학습에 사용되지 않은 임의의 입력값에 대한 출력값을 비교할 수 있다. 플랜트의 출력이 기준모델의 출력을 잘 추종하고 있음을 확인할 수 있다.

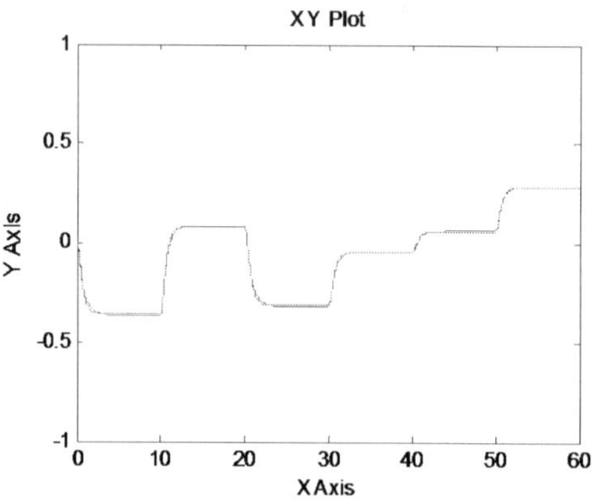

[그림 7.15] 임의의 입력값에 대한 출력값 비교

5. 신경망 모델예측제어(NN Predictive Control)

1) 예측제어

예측제어기는 모델에서 앞으로 발생할 값을 예측하는 제어형태이다. 모델의 예측값과 최적화함수 및 제어법칙을 이용하여 제어 예측값을 만들어 낸다. 이 시간구간에서 주어진 성능함수를 최소화하는 최적화과정에 의해서예측이 결정된다. 이 때 사용되는 성능함수는 아래 식과 같다.

$$J=\sum_{j=N_1}^{N_2}(y_r(t+j)-y_m(t+j))^2+\rho\sum_{j=1}^{N_u}(u'(t+j-1)-u'(t+j-2))^2$$

위 식에서 $N1$과 $N2$는 추종오차와 관련된 시간범위를 표시하는 상수이고, Nu는 제어입력값에 대한 시간영역을 표시하는 값이다. u'는 신경망에 입력되는 잠정적인 제어입력값이나. y_r은 추종목표값이고 y_m은 신경망모델의 출력값이다.

이 제어문제의 목표는 J 값을 최소화하는 제어값을 찾는 것이다.

<u>제어값의 업데이트:</u>

예측제어에서는 J값을 최소화 할 수 있도록 제어값을 계속 업데이트해야 한다. 이 때 일반적으로 사용되는 방법이 gradient decent 방법이다. 즉, 주어진 함수의 음경사(negative gradient) 방향으로 움직이면 최소점(minimum point)을 찾게 된다는 것이다. gradient decent 방법은 다음과 같이 표현된다.

$$\mathrm{u}(\mathrm{k}+1)=\mathrm{u}(\mathrm{k})-\gamma\frac{\partial \mathrm{J}}{\partial \mathrm{u}(\mathrm{k})}$$

위 식에서 γ : 상수, $\frac{\partial \mathrm{J}}{\partial \mathrm{u}(\mathrm{k})}$: 현재의 제어입력에 대한 J의 변화량을 나타낸다. 미래의 제어입력값은 다음과 같이 미래 제어입력벡터로 표현된다.

$$U(k)=[u(k+1)u(k+2)\cdots u(k+Nu)]$$

위 식에서 목적함수 J값의 U에 대한 1차 편미분식은 다음과 같다.

$$\frac{\partial J}{\partial U(k)} = [\frac{\partial J}{\partial U(k+1)} \frac{\partial J}{\partial U(k+2)} \cdots \frac{\partial J}{\partial U(k+N)}]$$

2) 신경망의 구성

일반적으로 비선형 동적모델식은 다음식과 같이 입력과 출력의 과거 데이터에 의해 결정이 된다.

$$y(k+1) = f[y(k), y(k-1), \cdots, y(k-n), u(k), u(k-1), \cdots, u(k-m)]$$

따라서, 동적식을 신경망으로 학습을 하려면 아래그림과 같이 TDNN(Time delay neural network) 신경망을 사용하는 것이 한 방법이 될 수 있다.

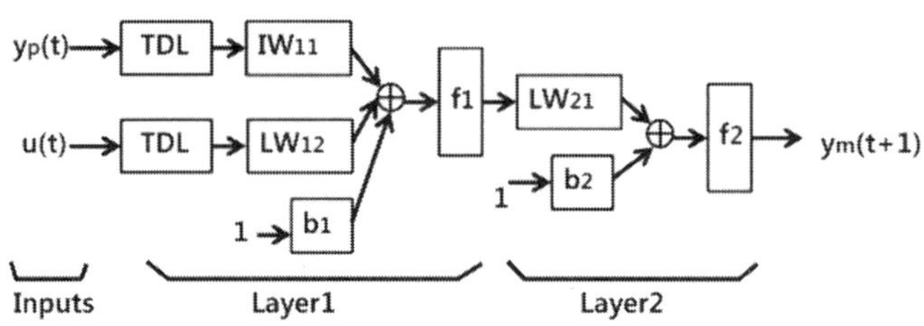

[그림 7.16] TDNN(Timedelay neural network) 신경망

신경망 모델을 좀 더 자세히 들여다 보면 신경망의 입력부에 플랜트의 입력값과 프랜트의 출력값이 들어가며 각각의 시간지연값도 들어감을 알 수 있다. 신경망의 출력부를 눈여겨 볼 필요가 있다. 즉 신경망의 출력은 다음샘플링단계의 플랜트 출력값을 학습하도록 구성되어 있다. 즉, 예측제어기능을 갖도록 구성되어 있다. 신경망의 학습에 필요한 학습데이터는 플랜트를 동작하여 얻은 결과치에서 추출하여야하며, 신경망은 off-line에서 학습된다.

TDNN 신경망 모델에서 출력값은

$$\hat{y}(k+1) = bs + \Sigma_{i=1}^{N} w_2(1,i) \cdot S(X_i)$$

위 식에서

$$X_i = b(i,1) + \sum_{j=1}^{n} w_1(i,j) \cdot y(k-j+1) + \sum_{j=1}^{m} w_1(i,n+j) \cdot u(k-j+1)$$

3) 신경망 시스템의 미분식

일반적으로 제어법칙을 적용하려면 프로세서 입력에 대한 출력 미분값을 계산해야 한다.

$$\frac{\partial \hat{y}(k+1)}{\partial u(k)} = \frac{\partial}{\partial u(k)}[bs + \sum_{i=1}^{N} w_2(1,i) \cdot S(X_i)]$$

위 식을 변형하면,

$$\frac{\partial \hat{y}(k+1)}{\partial u(k)} = \sum_{i=1}^{N} w_2(1,i) \cdot S'(X_i)] \frac{\partial X_1}{\partial u(k)}$$

위 식에서

$$S' = \frac{dS}{dX_i}$$

$$\frac{\partial X_i}{\partial u(k)} = \frac{\partial}{\partial u(k)} b(i,1) + \frac{\partial}{(\partial u(k)} \left\{ \sum_{j=1}^{n} w_1(i,j) \cdot y(k-j+1) \right\}$$

$$+\frac{\partial}{\partial u(k)}\left\{\sum_{j=1}^{n} w_1(i, n+j).u(k-j+1)\right\}$$

위 식에서 y(k-1), y(k-2), ⋯, y(k-n) 값과 u(k-1), u(k-2), ⋯, u(k-m)은 과거의 값이므로 이 값들은 u(k)에 영향을 받지 않는다. 따라서, j=1 인 경우 외에는 합계값이 0이다. 그러므로,

$$\frac{\partial X_i}{\partial u(k)}=w_1(i, n+1)$$

$$\frac{\partial \hat{y}(k+1)}{\partial u(k)}=\sum_{i=1}^{N} w_2(1, i).S'(X_i)].w_1(i, n+1)$$

결국 위 식이 TDNN 신경망의 입출력 특징을 나타내는 식이다.

4) 신경망 예측제어

(1) 1-step 예측 제어

예측제어란 문자 그대로 시스템의 예측된 값을 이용하여 제어입력을 계산하는 방법이다. 그러므로 적절한 신경망 모델을 선정하고 학습이 잘 된 경우라면, 신경망 모델은 실제 동적시스템의 동적특성을 잘 표현할 수 있다. 따라서, 기준입력과 예측값과의 오차와 예측값을 이용하여 예측제어 알고리즘을 구성할 수 있다.

아래 그림은 신경망 예측제어시스템을 설명하는 블록선도이다. 아래 그림에서 k : 샘플링 시간, r(k) : 기준입력신호, u(k) : 플랜트에 들어가는 제어입력값, y(k) : 플랜트 출력값, e(k) : r(k)와 y(k)의 차이값 즉 오차값을 말하며, $\hat{y}(k+1)$은 예측된 플랜트 출력값이다.

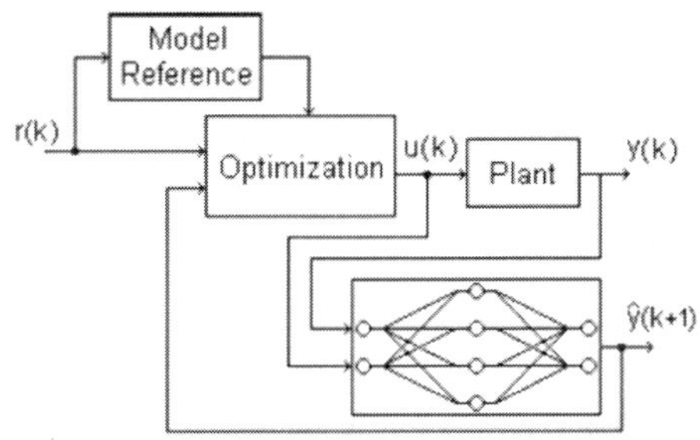

[그림 7.17] 신경망 모델 예측제어 시스템

그림에서 알 수 있듯이 제어입력값은 실제 출력값을 사용하는게 아니라 예측값을 사용해서 계산한다는 점이다. 정의에 의해 예측제어기는 목적함수 J를 최소화하는 것인데, 목적함수는 다음과 같이 오차값으로 구성될 수 있다.

$$J = \frac{1}{2}e^2(k+1)$$

위 식에서

$$e(k+1) = r(k+1) - \hat{y}(k+1)$$

제어력을 업데이트하기 위하여 다음과 같이 gradient decent 방법을 사용한다.

$$u(k+1) = u(k) - \gamma\frac{\partial J}{\partial u(k)}$$

J 값과 e(k+1)를 이용하여

$$\frac{\partial J}{\partial u(k)} = \frac{1}{2}\left[-2e(k+1)\frac{\partial\hat{y}(k+1)}{\partial u(k)}\right] = -e(k+1)\frac{\partial\hat{y}(k+1)}{\partial u(k)}$$

TDNN 신경망을 사용하므로

$$\frac{\partial J}{\partial u(k)} = -e(k+1)\sum_{i=1}^{N} w_2(1,i).S'(X_i)]w_1(i,n+1)$$

결론적으로 제어값(control law)은

$$u(k+1) = u(k) + \gamma.e(k+1)[\sum_{i=1}^{N} W_2(1,i).S'(X_i)].w_1(i,n+1)]$$

위 식들을 이용한 제어 알고리즘은 다음과 같다.

① 먼저 γ를 선정한다.
② $\hat{y}(k+1)$를 계산한다.
③ e(k)를 계산한다.
④ 새로운 제어입력값 u(k+1)을 계산한다.
⑤ 새로운 제어입력값을 시스템에 입력한다.
⑥ 스텝 ②로 되돌아 간다.

(2) T-step 예측 제어

앞의 1-step 예측제어 개념을 확장해서 구할 수 있다. 앞 절에서의 스칼라 값들이 다음과 같이 예측 벡터들로 표현 될 수 있다.

$$R = [r(k+1), r(k+2), \cdots, r(k+T)]$$

$$Y_e = [\hat{y}(k+1), \hat{y}(k+2), \cdots, \hat{y}(k+T)]$$

$$U = [u(k), u(k+1), \cdots, u(k+T-1)]$$

오차값은

$$E = [e(k+1), e(k+2), \cdots, e(k+T)]$$

정의에 의해 예측제어기는 목적함수 J를 최소화하는 것인데, 목적함수는 다음과 같이 오차값으로 구성될 수 있다.

$$J = \frac{1}{2}[E \cdot E^{T}]$$

제어력을 업데이트하기 위하여 다음과 같이 gradient decent 방법을 사용한다.

$$U(k+1) = U(k) - \gamma \frac{\partial J}{\partial U(k)}$$

여기서

$$\frac{\partial J}{\partial U(k)} = -E \frac{\partial Y_e}{\partial U(k)}$$

Jacobian matrix $\frac{\partial Y_e}{\partial U(k)}$ 은 다음과 같이 구해진다.

$$\frac{\partial Y_e}{\partial U(k)} = \begin{bmatrix} \frac{\partial \hat{y}(k+1)}{\partial u(k)} & 0 & \cdots & 0 \\ \frac{\partial \hat{y}(k+2)}{\partial u(k)} & \frac{\partial \hat{y}(k+2)}{\partial u(k+1)} & \cdots & 0 \\ \vdots & \vdots & \ddots & \vdots \\ \frac{\partial \hat{y}(k+T)}{\partial u(k)} & \frac{\partial \hat{y}(k+T)}{\partial u(k+1)} & \cdots & \frac{\partial \hat{y}(k+T)}{\partial u(k+T-1)} \end{bmatrix}$$

위 식들을 이용한 제어 알고리즘은 다음과 같다.

① 먼저 γ와 T를 선정한다.
② Y_e와 U(k)를 계산한다.
③ E를 계산한다.

④ $\dfrac{\partial Y_e}{\partial U(k)}$ 를 계산한다.

⑤ $\dfrac{\partial J}{\partial U(k)}$ 를 계산한다.

⑥ $U(k+1) = U(k) - \gamma \dfrac{\partial J}{\partial U(k)}$ 를 이용해서 새로운 제어벡터를 계산한다.

⑦ 새로운 제어값을 시스템의 입력으로 이용한다.

⑧ 스텝 ②로 되돌아 간다.

(3) MATLAB을 이용한 신경망 예측 제어기 설계

신경망을 이용한 예측제어기는 플랜트의 성능예측을 위해 먼저 신경망을 이용하여 비선형 플랜트 시스템의 모델을 구한다. 그런 다음 신경망모델과 최적화 과정을 갖는 제어기(예측제어기)가 만들어 진다. 예측제어기는 다음 샘플링 구간 (미래시간)에 최적의 플랜트 출력을 유도해 내도록 최적화 된 제어입력값을 만들어 낸다.

예측제어기는 다음과 같은 2단계로 설계되어질 수 있다.

단계 1 신경망을 이용한 플랜트모델 생성

신경망을 이용한 예측제어기 설계에 있어서 첫 단계는 플랜트의 동적모델을 나타내는 신경망을 구성하여 학습하는 것이다. 이 과정은 아래 그림과 같이 이루어 진다. 그림에서 보는 바와 같이 신경망에 입력되는 데이터는 플랜트의 입력값과 플랜트의 출력값으로 구성됨을 알 수 있다. 물론 학습과정은 플랜트의 출력과 신경망의 출력의 오차를 줄이도록 신경망의 가중치를 계속 업데이트하는 것이다.

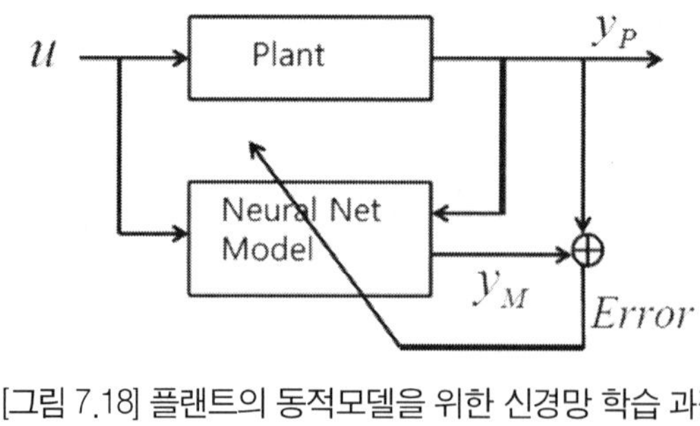

[그림 7.18] 플랜트의 동적모델을 위한 신경망 학습 과정

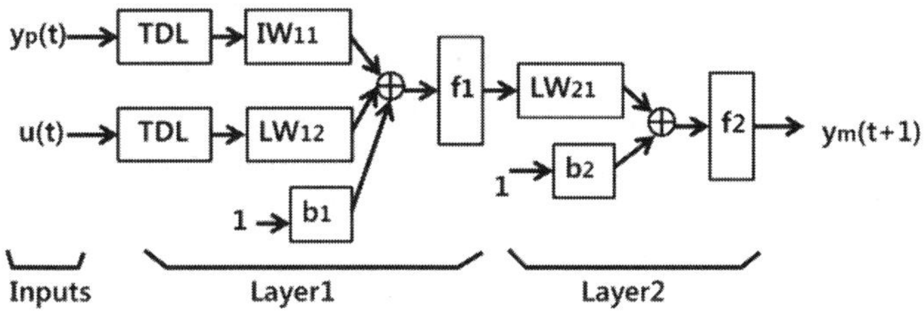

[그림 7.19] 신경망 모델의 내부구조

단계2 신경망을 이용하여 예측성능을 높이기 위한 예측제어기 구성

구축된 신경망모델은 미래의 특정한 시간구간에서의 플랜트 출력응답을 예측하게 된다.

다음의 블록다이어그램은 모델예측제어시스템의 제어과정을 나타내고 있다. 제어기는 신경망으로 학습된 플랜트모델과 최적화를 수행하는 블록으로 구성되어 있음을 알 수 있다. 여기서 최적화블록은 u'의 값 중에서 성능함수를 최소화 해 주는 u를 찾아 이 값을 플랜트로 입력하게 된다.

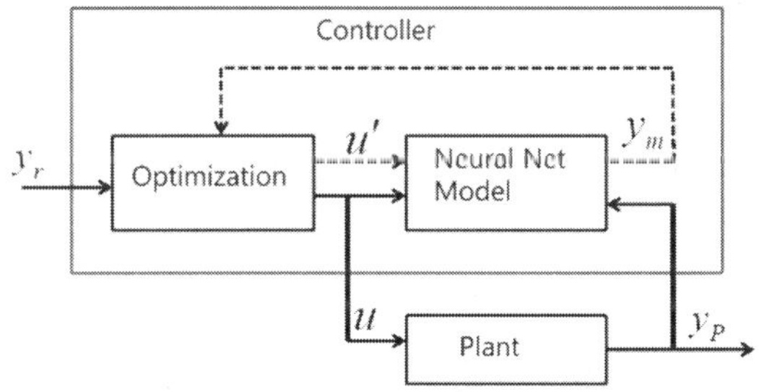

[그림 7.20] 모델예측제어시스템의 제어과정

그러면 이제부터 신경망을 이용한 모델예측제어기를 구성해 보도록 하자.

제어기를 구성하는 단계는 다음과 같다.

단계1 Simulink Library Browser창의 Neural network 블록셋의 Control 부분에서 NN Predictive Controller 블록을 드래그하여 창에 넣는다. X(2Y) 블록도 Control 부분에서 드래그 해 올 수 있다. 그 다음 플랜트에 대한 Simulink 모델인 plant2.mdl 은 아래와 같다. 간단한 2차 시스템이다.

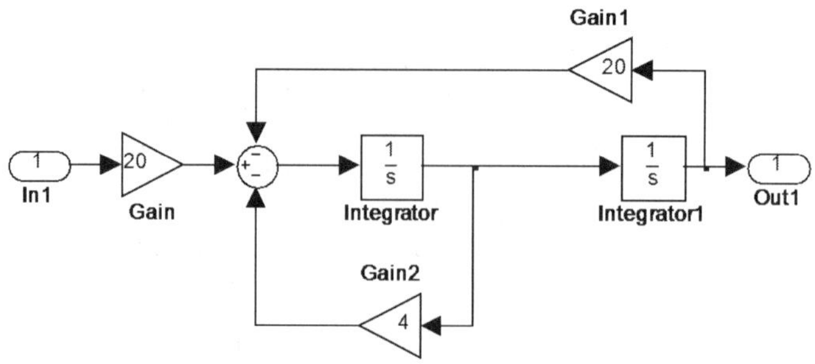

[그림 7.21] 플랜트에 대한 Simulink 모델

위 플랜트 모델의 subsystem을 만들어서 아래와 같이 제어기 우편에 연결한다.

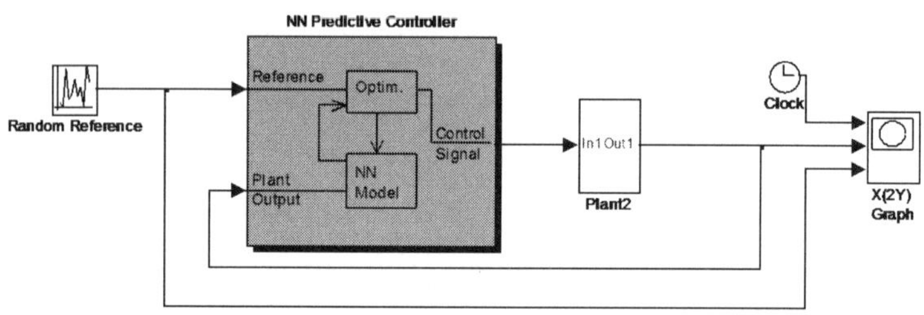

[그림 7.22] NN Predictive Controller와 플랜트 모델의 subsystem

단계2 NN Predictive Controller 블록을 더블클릭한다. 그러면, 아래와 같은 파라메터 입력창을 보여준다.

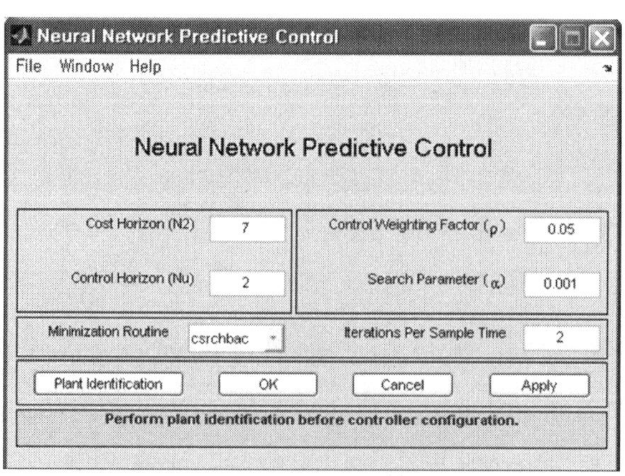

[그림 7.23] NN Predictive Controller 파라메터 입력창

단계3 아래부분에 있는 Plant Identification 버튼을 누른다. 그러면, 아래와 같은 창이 열린다. 아래의 신경망은 플랜트의 특성을 복사하는 모델이라고 할 수 있다. 은닉층의 뉴런 개수는 20 개이며 신경망의 입력으로 들어가는 데이터는 입력값, delay된 입력값, 피드백된 출력값과 delay 된 출력값이다. 가운데 부분은 학습을 위해 입출력 데이터의 최대값과 최소값의 범위를 보여주고 있고, 학습을 위해 최대 8000개의 학습 샘플을 사용할 것이라고 되어 있다. 아래부분에는 학습을 위해 필요한 반복학습회수가 최대 200으로 설정되어 있다.

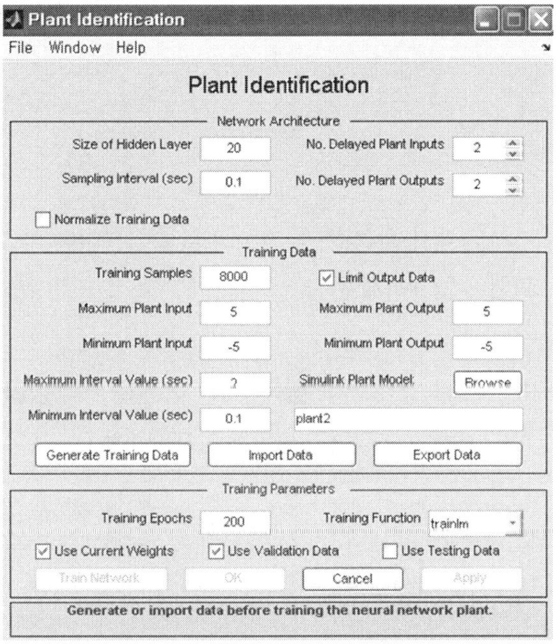

[그림 7.24] Plant Identification 입력창

단계4 신경망을 학습하기 위해서는 학습용 데이터가 필요하므로 Generate Training Data를 누른다. 학습용 샘플은 최대 8000개 까지 제시를 하겠지만, 학습 샘플이 충분하다고 생각되면 중간에 중지를 할 수 있다.

단계5 Accept Data를 눌러 학습용 입출력 데이터를 확보한다. 그리고 Train Network를 눌러 학습을 진행시킨다. 학습이 완료된 후에 아래 그림과 같이 학습성능을 보여준다.

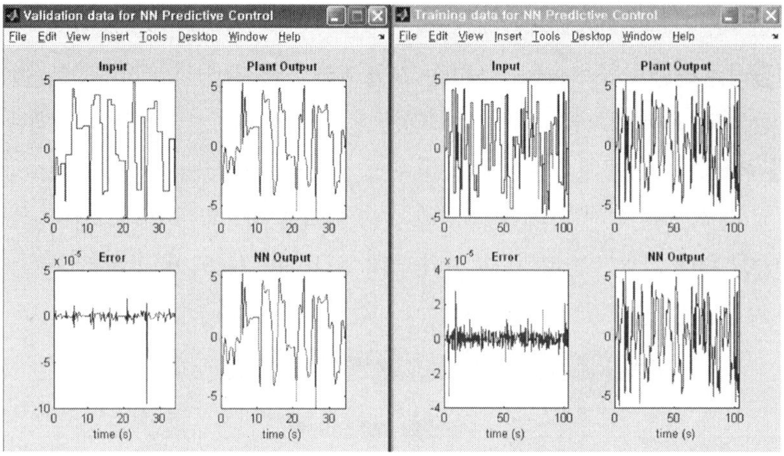

[그림 7.25] 학습이 완료된 후의 학습성능 비교

단계 6 Plant Identification 창에서 OK 버튼을 눌러서 창을 종료하여 학습된 NN 플랜트모델을 NN Predictive 제어기 블록에 탑재하게 된다.

단계 7 Neural Network Predictive Control 창에서 OK 버튼을 눌러 창을 종료한다. 이렇게 해서 제어 파라메터들을 NN Predictive 제어기 블록에 탑재하게 된다.

단계 8 이렇게 해서 NN Predictive 제어시스템의 설계가 완성되었다. 시뮬레이션을 수행하기 위해서 전체시스템의 Simulink 모델로 돌아가서 Simulation 메뉴의 start를 눌러 시뮬레이션을 수행하면 다음과 같은 화면을 보여준다.

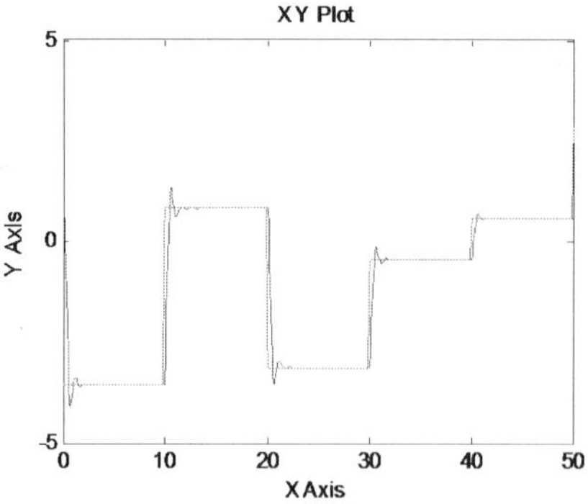

[그림 7.26] NN Predictive 제어기의 성능 시뮬레이션

6. ANFIS(Adaptive Network Based Fuzzy Inference Systems)

1) ANFIS의 구조 및 학습방법

ANFIS 방법은 주어진 데이터로부터 룰과 멤버쉽 함수를 학습하게 된다. 따라서, ANFIS는 적응적인 네트워(network) 이라 할 수 있는데, 이 네트워은 마디(node)와 연결링크(link)로 구성되어 있다. 각 마디들은 마디의 출력값에 영향을 미치는 파라메터들을 내부에 포함하고 있다. 그리고, 이 네트워은 입력과 출력의 관계를 학습하게 된다.

적응적 네트워에는 다양한 방법들이 있는데, 여기서는 Jang 이 제안한 ANFIS 구조를 살펴보기로 하자. ANFIS 구조는 [그림 7.27]과 같다. 그림에서 둥근 마디와 사각형의 마디가 있는데, 둥근 마디는 고정된 값을 가지고 있다. 하지만 사각형의 마디는 학습되어지고 바뀌는 파라메터를 포함하고 있다.

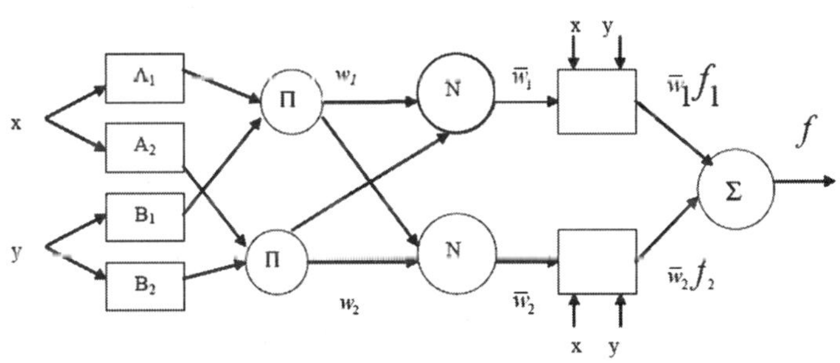

[그림7.27] Sugeno 퍼지를 사용한 ANFIS 구조

Sugeno 퍼지를 사용한 ANFIS 구조는 다음과 같은 룰을 갖는다.

$$If\ x\ is\ A_1\ \text{and}\ y\ is\ B_1 \quad THEN\ f_1 = p_1x + q_1y + r_1$$

$$If\ x\ is\ A_2\ \text{and}\ y\ is\ B_2 \quad THEN\ f_2 = p_2x + q_2y + r_2$$

ANFIS 구조의각층은 다음과 같은 특징을 가진다.

Layer 1 : 전건부(premise) 변수의 소속값(membership value)을 계산한다.

출력값을 $O_{1,i}$라고 놓으면 1은 첫 번째층(layer)을 의미하고, i는 첫번째층의 i번째 마디를 나타낸다. 각 마디의 출력값은 다음과 같다.

$$O_{1,i} = \mu_{A_i}(x) \qquad for\ i=1.2$$

$$O_{1,i} = \mu_{B_{-2i}}(y) \qquad for\ i=1.2$$

여기서, A 혹은 B는 언어적인 퍼지변수(예를 들면 small, large같은)이다. $\mu_A(x)$는 소속값을 나타내며 다음과 같이 종(bell) 모양의 소속함수로부터 구해진다.

$$\mu_A(x) = \frac{1}{1 + \left| \frac{x - c_i}{a_i} \right|^{sb_i}}$$

여기서, a_i, b_i, c_i는 학습(변경)되어지는 파라메터 이다. 각 변수를 조정하면 소속함수의 형태가 아래와 같이 변하는 것을 참고하기 바란다.

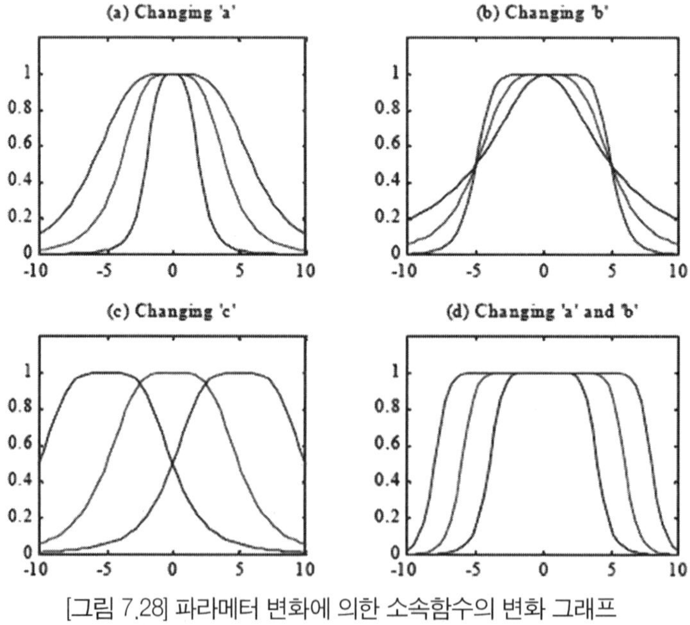

[그림 7.28] 파라메터 변화에 의한 소속함수의 변화 그래프

Layer 2 : Rule의 영향력을 계산한다.

2번째 층의 각 노드에는 변하는 파라메터가 있지 않고, 각 소속값을 곱하여 출력하게 된다.

$$O_{2,i} = w_i = \mu_{A_i}(x)\mu_{B_i}(y), \quad i = 1,2$$

Layer 3 : 영향력의 강도를 정규화(normalize) 한다.(i=1, 2)

$$O_{3,i} = \overline{w_i} = \frac{w_i}{w_1 + w_2}$$

Layer 4 : 후건부(Consequent) 파라메터(p_i, q_i, r_i)를 계산한다.

$$O_{4,i} = \overline{w_i} f_i = \overline{w_i}(p_i x + q_i y + r_i)$$

Layer 5 : 전체 출력값을 계산한다.

$$O_{5,i} = \sum_i \overline{w_i} f_i = \frac{\sum_i w_i f_i}{\sum_i w_i}$$

그림에서 보는 바와 같이 입력 값(벡터)이 네트웍의 층(layer)을 통해서 다음 층으로 전달이 된다. 이제 ANFIS 모델이 어떤 방법으로 전건부와 후건부의 파라메터들을 학습하는지 알아볼 것이다.

학습방법은 많이 있지만 여기서는 Jang, Sun, Mizutani(Neuro-Fuzzy and Soft Computing, Prentice Hall, 1997)가 제안한 hybrid learning algorithm을 이용한다. 이 방법은 LSE(Least Squares Estimation)와 최급하강법(SteepestDescent method)을 결합한 형태이다.

전체 파라메터 셋을 S 라고 하면 S는 (전건부 파라메터 셋, 비선형)과 (후건부 파라메터 셋, 선형) 로 구분된다. 예를 들면, 다음과 같은 셋으로 구성될 수 있다.

$$S_1 = \{\{a_{11}, b_{11}, c_{11}\}, \{a_{12}, b_{12}, c_{12}\}, \cdots, \{a_{1p}, b_{1p}, c_{1p}\}, \cdots, \{a_{np}, b_{np}, c_{np}\}\}$$

$$S_2 = \{\{c_{10}, c_{11}, \cdots, c_{1n}\}, \cdots, \{c_{pn0}, c_{pn1}, \cdots, c_{p_{nn}}\}\}$$

ANFIS 의 학습 알고리즘은 다음과 같이 2개 통로의 학습 사이클을 가진다.

1) 순방향통로(Forward Pass) 학습 :

여기서는 S_1은 고정된 값이고, S_2는 LSE(least squared error)알고리즘을 이용하여 offline 적으로 학습이 이루어 진다.

2) 역방향통로(Backward Pass) 학습 : 여기서는 S2는 고정된 값이고, S1은 최급하강법(steepest decent method)을 이용하여 학습이 이루어 진다.

ANFIS의 순방향통로 학습을 위한 최소자승법(LSE) 배치(Batch) 알고리즘은 다음과 같다.

ⓐ Parameter Set : S={S1 ∪ S2}, 그리고 S1 ∩ S2= ϕ

Output = F(I, S) , 여기서 I는 입력 벡터

H(Output) = H^oF(I, S), 여기서 H^oF 연산은 S2 안에서선형적이다.

ⓑ 주어진 S1 값에 대해, K 학습 데이터를 이용하여 위의 식을 B=AX 식으로 변환한다. 여기서 X 는 S2의 요소들을 포함하고 있다.

ⓒ 이 것은 $(A^TA)^{-1}A^TB = X^*$ 관계식을 이용해서 구할 수 있다. 여기서, $(A^TA)^{-1}A^T$는 A의 슈도-인벌스(pseudo-inverse)라고 부른다.

ⓓ 그런 다음 LSE는 X를 X*에 근사화함으로 해서 $\| AX - B \|^3$ 오차값 을 최소화 시킨다.

ⓔ $(A^TA)^{-1}A^TB = X^*$ 를 직접 계산하는 것 보다는 전산수치적인방법으로 해결할 수 있다.

i=0, 1, ⋯, K-1 의 영역에 대해

$$S_{i+1} = S_i - \frac{S_i a_{i+1} a_{i+1}^T S_i}{1 + a_{i+1}^T S_i a_{i+1}}$$

$$X_{i+1} = X_i + S_{i+1} a_{i+1} (b_{i+1}^T - a_{i+1}^T X_i)$$

위 식에서 $X_0=0$, $S_0 = X_0 = 0$, $S_0 = \gamma I$ (여기서, γ는 매우 큰 수를 사용함), a_1^T는 행렬 A의 i^{th}번째 라인을 의미함, b_i^T는 벡터 B의 i^{th}번째 요소를 의미함, 그리고 $X^*=X_k$이다.

ANFIS의 역방향통로 학습을 알고리즘은 다음과 같다.
먼저, k^{th}번째 학습 데이터에 대한 학습 오차값 E_k을 다음과 같이 정의한다.

$$E_k = \sum_{i=1}^{N(L)} (d_i - x_{L,i})^2$$

위식에서
N(L) : L층의 노드의 개수, d_i : 원하는 출력 벡터의 I번째 값, $X_{L,i}$: 실제 출력 벡터의 i 번째 값을 나타낸다.

따라서, 전체 학습 데이터의 오차값 E는 다음과 같이 나타낼 수 있다.

$$E = \sum_{k=1}^{k} E_k$$

각 파라메터 α_i에 대해 update공식은

$$\Delta\alpha_i = -\eta\frac{\partial^+ E}{\partial\alpha_i}$$

위 식에서 $\eta = \frac{\kappa}{\sqrt{\Sigma i \frac{\partial E}{\partial \alpha_i}}}$는 학습률(learning ratio)이고, κ는 스텝 사이즈이다. $\frac{\partial^+ E}{\partial\alpha_i}$는 순 미분(ordered derivative)이다.

이상의 알고리즘전개에서 알 수 있듯이 ANFIS의 구조는 신경망(neural network)과 매우유사하며, 주로 입출력 관계를 매핑(mapping)하는데 사용된다.

2) MATLAB 명령어를 이용한 ANFIS의 학습

AN1FIS를 생성하고 학습하기 위한 기본적인 Flowchart는 다음 그림과 같다.

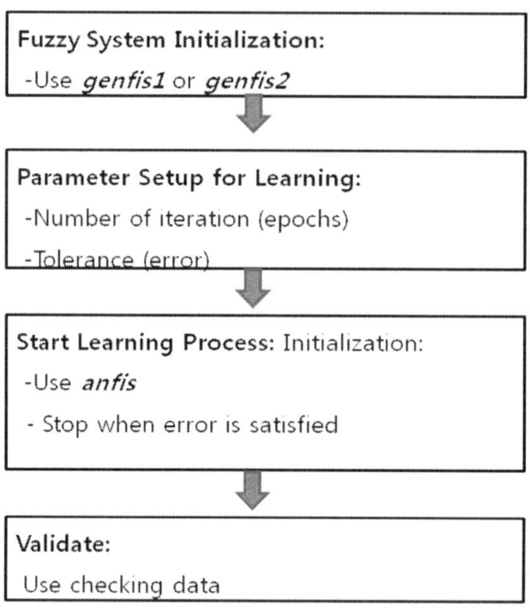

(1) GENFIS1 과 ANFIS 명령어

GENFIS1 명령어는 소속함수의 형태와 개수 등을 설정하게 해준다. 명령어 형태는 다음과 같다.

genfis1(DATA, MF_N, IN_MF_TYPE)

위에서 DATA는 학습용 데이터이며, MF_N는 소속함수의 개수이며, IN_MF_TYPE는 소속함수의 형태를 나타낸다. 이해를 돕기 위해 아래 코드를 예시하였다.

```
% Generate random data
NumData = 1000;
data = [rand(NumData, 1) 10*rand(NumData, 1)-5 rand(NumData, 1)];
% Specify number and type of membership functions
NumMf = [3 7];
MfType = str2mat('pimf', 'trimf');
% Use GENFIS1 to generate initial membership functions
FisMatrix = genfis1(data, NumMf, MfType);
% Plot the membership functions
figure('name', 'genfis1', 'numbertitle', 'off');
NumInput = size(data, 2) - 1;
for i = 1:NumInput;
subplot(NumInput, 1, i);
plotmf(FisMatrix, 'input', i);
xlabel(['input ' num2str(i) ' (' MfType(i, :) ')']);
end
```

위 코드를 수행하면 아래와 같이 입력에 대한 퍼지 소속함수가 형성된다.

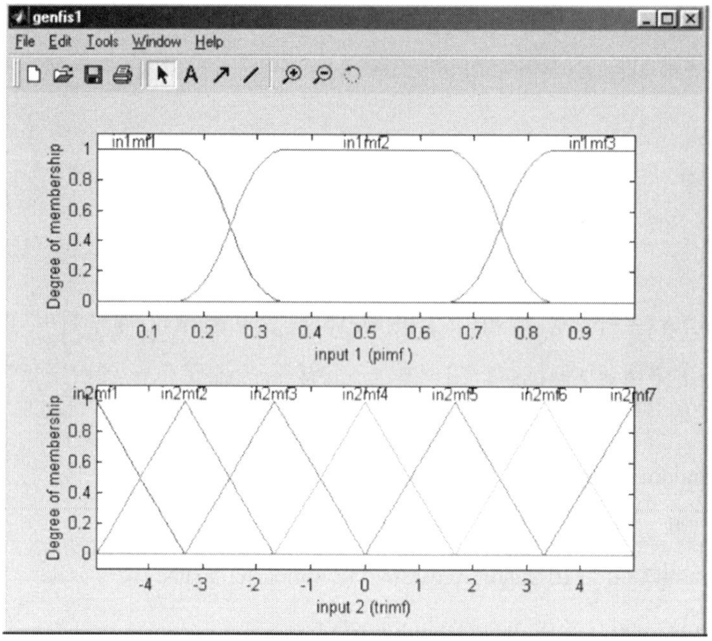

[그림 7.29] 입력에 대한 퍼지 소속함수의 형성

예 제 7.1 ANFIS 시스템을 이용하여 아래의 비선형 함수를 피팅(fitting) 해 보자.

$$y = 0.6\sin(\pi x) + 0.3\sin(3\pi x) + 0.1\sin(5\pi x)$$

풀 이

먼저 입출력관계 데이터를 다음과 같이 생성한다.

```
% Number of input data points: numPts = 51, and input data: x
numPts = 51;x = linspace(-1, 1, numPts)';
% Output data: y
y=0.6*sin(pi*x)+0.3*sin(3*pi*x)+0.1*sin(5*pi*x);
```

생성된 데이터를 이용해 학습용과 테스트용 데이터를 다음과 같이 추출한다.

```
% Store data in matrix form: training and checkingdata
data=[x y]; % total data set
```

trndata = data(1:2:numPts,:); % training data set

chkdata = data(2:2:numPts,:); % checking data set

학습용데이터 (o 표시)와 테스트용 데이터(x표시)를 다음과 같이 그려본다.

% Plot training data (o) and checking data (x)

plot (trndata(:, 1),trndata(:, 2), 'o',chkdata(:, 1),chkdata(:, 2), 'x')

grid

title('Training data (x) and checking data (o)')

xlabel('x');ylabel('Measured data for y');

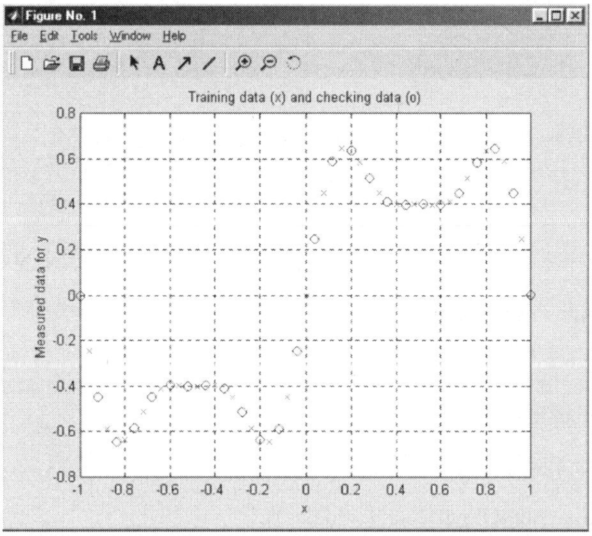

다음은 초기 소속함수를 생성하기 위해 genfis1 명령어를 사용한다.

nummfs = 5; **% number of membership functions**

mftype = 'gbellmf'; **% membership functions type is generalized bell**

fismat = genfis1(trndata, nummfs,mftype);

FISeditor의 anfis 메뉴를 열어서 초기 소속함수의 그림을 볼 수 있다. 또 다른 방법은 다음 명령어를 이용할 수도 있다.

plotmf(fismat, 'input',1);

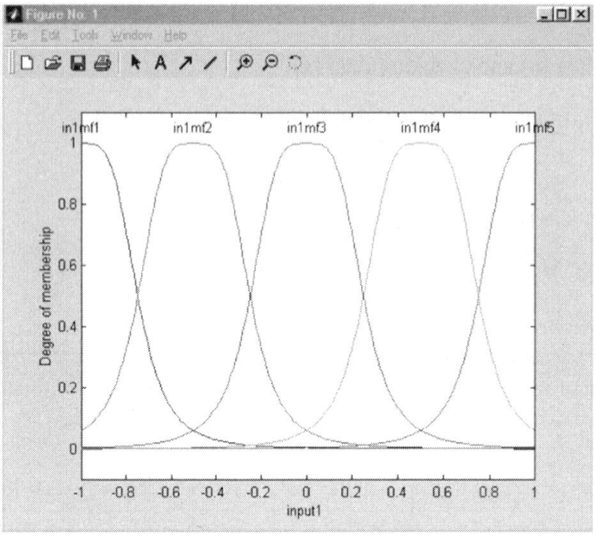

이제 anfis 명령어를 이용하여 최적화 과정 (학습과정)을 수행해 보자.

% Determine number of iterations

numepochs = 40;

% Start the optimization

[fismat1, trnerr, ss, fismat2, chkerr]= ...

anfis(trndata, fismat, numepochs, NaN, chkdata);

그러면 MATLAB 명령창은 아래의 파라메터 값들을 보여준다.

ANFIS info:

Number of nodes : 24

Number of linear parameters : 10

Number of nonlinearparameters : 15

Total number of parameters : 25

Number of training datapairs : 26

Number of checking datapairs : 25

Number of fuzzy rules : 5

그리고는 ANFIS의 학습을 시작하게 된다.

```
Start training ANFIS ...
  1     0.0601596     0.058193
  2     0.0571745     0.0553133
  3     0.0541812     0.0524169
  4     0.0511445     0.0494663
  5     0.0480347     0.0464298
  ..................
Step size decreases to 0.010567 after epoch 39.
 40     0.0110313     0.0117976

Designated epoch number reached --> ANFIS training completed at epoch40.
```

이제 최종적으로 결정된 퍼지 소속함수를 plotmf 명령어를 이용하여 확인해 보자.

```
plotmf(fismat1, 'input',1)
```

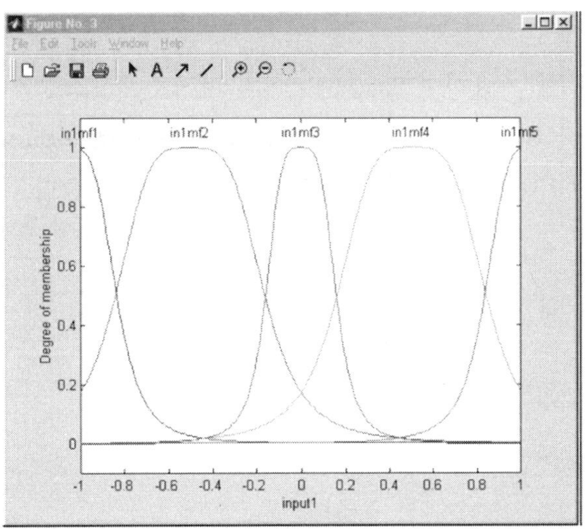

마지막으로 테스용 데이터에 대한 피팅 성능을 확인해 보자.

out=evalfis(chkdata(:, 1), fismat1);% Evaluates the output of the fuzzysystem fismat1 - input checking

hold;plot(chkdata(:, 1),out); % Plots out vs x

plot(chkdata(:, 1), chkdata(:, 2)); % Plots y vs x (training data)

plot(x, y); grid

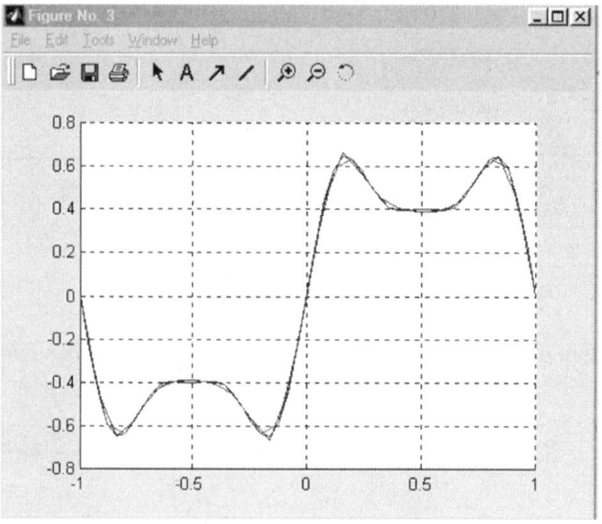

3) ANFIS EditorGUI를 이용한 ANFIS의 학습

ANFIS Editor GUI를 사용하여 Sugeno 방식의 퍼지추론시스템을 생성, 학습 그리고 테스트를 할 수 있다. GUI를 시작하려면 MATLAB 명령창에서 anfisedit를 입력한다. 그러면 ANFIS Editor GUI는 아래 그림과 같이 새로운 창을 보여준다.

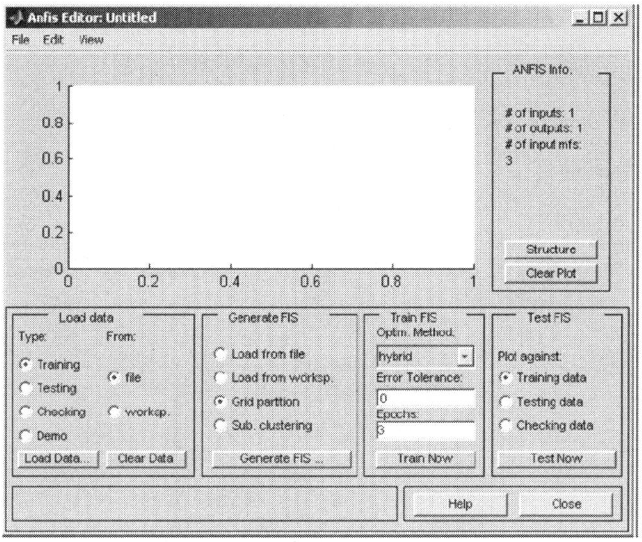

[그림 7.30] ANFIS Editor의 GUI 창

이창은 다음과 같이 4개의 작업으로 구성되어 있다 :

① 데이터의 탑제, Plotting 및 삭제 과정

② 초기 FIS 모델의 생성 혹은 기존모델의 탑재 과정

③ FIS 모델의 학습과정

④ 학습된 FIS 모델을 검증하는 과정

이제 데이터 셋을 학습하고 테스트하는 과정을 알아보자. 테스트를 하는 경우에는 데이터에 약간의 잡음(noise)이 추가될 것이다. 순서는 다음과 같다.

(1) 데이터입력

학습 데이터 셋(fuzex1trnData , fuzex2trnData)과 테스트 데이터 셋(fuzex1chkData, fuzex2chkData)을 ANFIS Editor GUI에 입력한다. fuzdemos 디렉토리로부터 위데이터들을 MATLAB Workspace에 Load 하기 위해서 명령창에서 다음과 같이 Type 한다.

```
load fuzex1trnData.dat
load fuzex2trnData.dat
load fuzex1chkData.dat
load fuzex2chkData.dat
```

② MATLAB창에서 anfisedit를 입력하여 ANFIS Editor GUI를 open한다.

③ 작업창(**workspace**)으로부터 학습 데이터를 로드하기위해,

a) GUI의 Load data 부분에서 다음 옵션을 선택한다.

- **Type : Training**
- **From : worksp**

b) **Load Data**를 클릭하여 다음 대화창을 오픈한다.

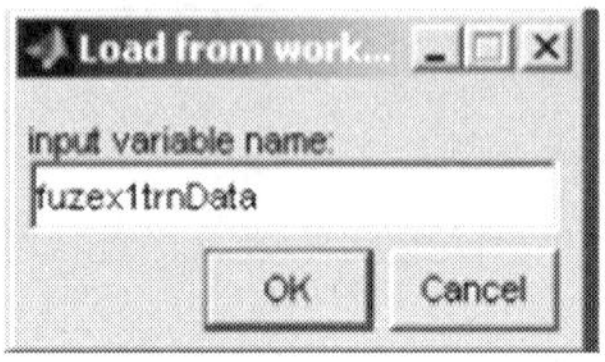

c) 위 대화창에서 fuzex1trnData를 입력한 다음 OK 버튼을 클릭한다.

학습 데이터는 퍼지시스템을 학습시키는데 사용된다. 이 때 데이터를 가장 잘 학습할 수 있도록 퍼지 소속함수의 파라메터들을 조정한다. 그리고 학습된 데이터는 GUI 화면에 창에 조그만 원모양의 형태로 그려진다.

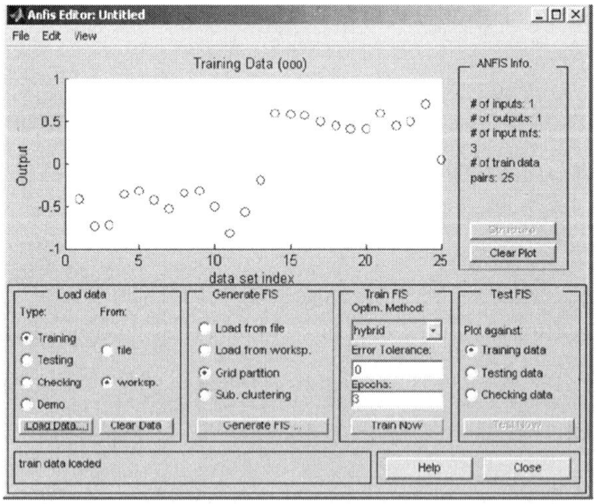

[그림 7.31] GUI 화면 창에 그려진 학습 된 데이터

④ workspace에서 체킹데이터를 로드하기 위해서,

a) **GUI**의 **Load data** 부분에서 **Checking**을 선택한다.

b) 그런 다음 **Load Data**를 선택한다.

c) 입력변수 이름을 fuzex1chkData로 입력하고 **OK** 버튼을 누른다.

그러면, 아래 그림과 같이 체킹 데이터와 학습데이터가 같이 그려지게 된다.

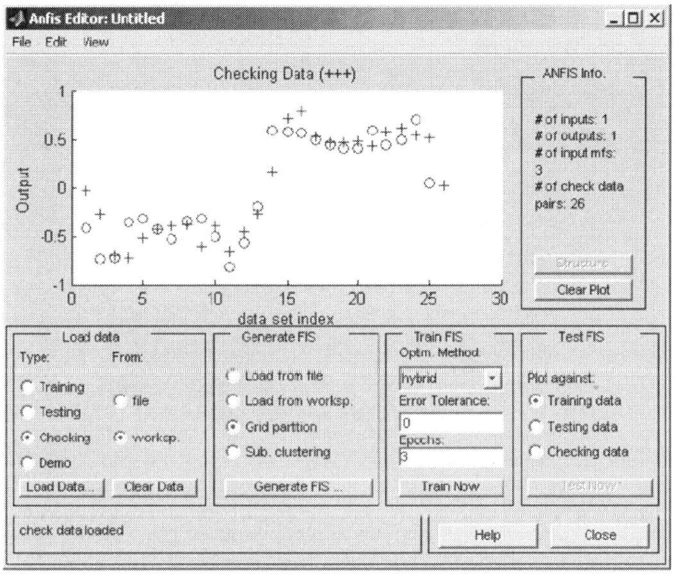

[그림 7.32] 체킹 데이터와 학습데이터

다음단계는 anfis를 학습하기 위하여 퍼지추론시스템을 초기화하는 것이다.

(2) Initializing and Generating Your FIS

사용자가 FIS 파라메터를 독자적으로 초기화 할 수 있고, 혹은 자동으로 FIS 파라메터를 생성하게 할 수도 있다.

① **FIS** 파라메터의 자동생성

a) Grid partition을 선택한다.

b) Generate FIS 버튼을 클릭한다. 그러면, 다음과 같이 메뉴가 나타난다. 소속함수

의 개수를 정할 수 있고, 소속함수의 형태도 지정할 수 있다. 하지만 출력소속함수에 대해서는 상수값이다 선형식을 사용해야 한다. 그 이유는 anfis 모델은 Sugeno 방식의 퍼지시스템을 사용하기 때문이다.

c) 다음과 같이 값을 설정하고 **OK** 버튼을 클릭한다.

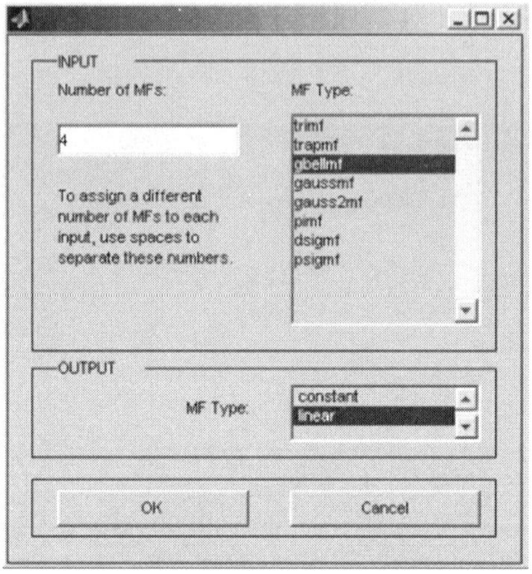

[그림 7.33] FIS 파라메터 자동생성 입력창

② **ANFIS**용 소속함수를 직접작성

사용자가 FIS Editor를 사용하여 ANFIS용 소속함수를 직접작성 할 수 있다.

a) **Edit** 메뉴에서 Membership functions 메뉴 항목을 연다.

b) 필요한 소속함수를 하나씩 만들어 간다. 단, 출력 소속함수는 상수값이나 선형식을 사용한다는 점을 유의하자.

c) Edit 메뉴에서 Rules 메뉴를 선택한 다음, Rule Editor를 사용하여 전체 퍼지룰을 작성한다.

d) FIS Properties 메뉴를 선택한다. 그리고 FIS 모델의 이름을 지정한 다음 저장한다.

e) **Close** 버튼을 클릭하고 ANFIS Editor GUI 창으로 들어가서 FIS모델을 학습시킨다.

f) ANFIS 초기화를 위해 현재의 FIS를 load 하기위해서는 Generate FIS에서 Load from worksp. 혹은 Load from file을 클릭한다.

③ 생성된 FIS 구조(structure) 보기

FIS 구조를 생성한 후에 Structure 버튼을 클릭하여 FIS 구조를 볼 수 있다. 다음과 같이 새로운 창이 pop-up 하게 된다.

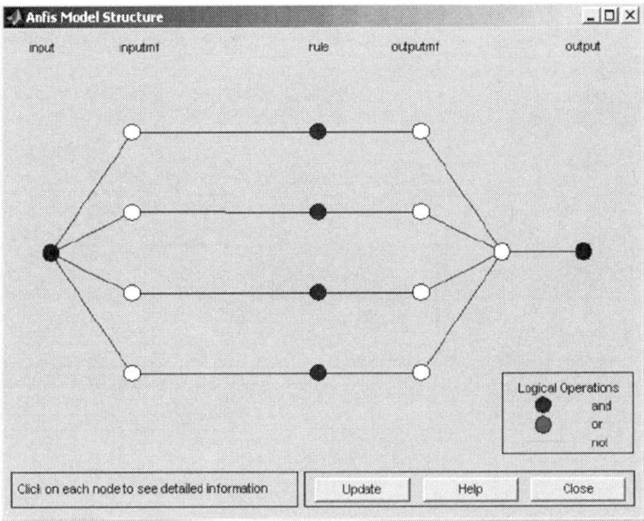

[그림 7.34] Structure 버튼을 클릭하여 FIS 구조를 확인

그래프에서 가지나 마디들은 color에 의해서 논리적으로 구분된다. Edit 메뉴를 이용하면 작성된 소속함수나 퍼지룰을 확인 할 수 있다.

ANFIS의 학습

FIS를 학습하기 위한 anfis 파라메터 최적화(학습) 옵션은 hybrid와 backpropa 두가지가 있다. hybrid 방법은 least squares와 backpropagation 알고리즘을 혼용하는 형태이다.

오차여유(error tolerance)는 학습 중에 정지를 시킬 수 있는 기준을 제시한다. 즉, 학습 중에 오차값이 지정된 오차여유보다 작아지면 학습을 종료하게 된다.

학습을시작하기위해서다음의과정을수행해보자.

① 최적화(학습) 방법을hybrid 로 선정한다.

② 반복학습 횟수(epoch)를 40으로 선정한다.

③ Train Now를 선택한다.

40회 동안 학습을 하는 동안의 학습오차값을 아래와 같이 보여 준다.

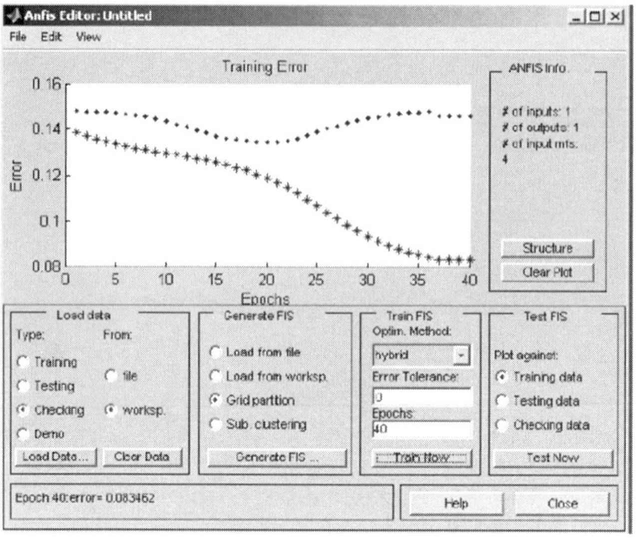

[그림 7.35] 학습오차값

위 그래프에서 ◆◆ 표시는 테스트용 데이터의 오차(checking error)를 나타내고, * * 표시는 학습오차(training error)를 나타내는 그래프이다. 체킹오차가 처음에는 감소하다가 어느 지점부터 다시 증가하기 시작하는 것을 볼 수 있다. 이러한 증가는 FIS 모델이 overfitting이 되었다는 것을 의미한다. 따라서, ANFIS는 overfitting이 되기 직전 (즉, 체킹오차가 최소가 되는 경우)의 파라메터를 모델 파라메터로 선정하게 된다. 이 예는 체킹 데이터가 왜 필요한지를 잘 설명해 주고 있다.

학습된 FIS 모델에 대한 성능테스트

체킹 데이터를 이용해서 학습된 FIS 모델을 테스트하기 위해 Test FIS에서 Checking data를 선택한 후 Test Now를 클릭한다. 다음 그래프와 같이 성능을 파악할 수 있다.

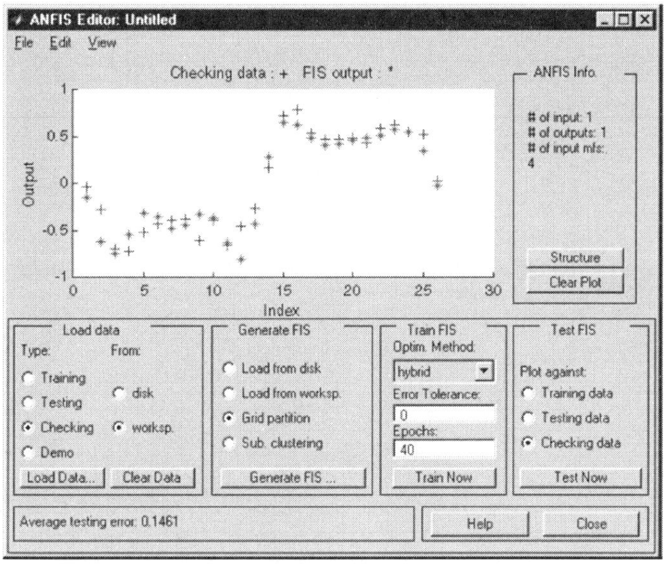

[그림 7.36] 체킹데이터를 이용한 학습된 FIS 모델의 테스트

8장 회귀 신경망(Recurrent Neural Network)

회기신경망은 구조적으로 보면 신경망의 은닉층이나 출력층의 출력값이 신경망의 입력부로 피드백되는 구조를 말한다. 이러한 형태의 신경망은 시간적으로 변하는 패턴을 학습하거나 여러가지 경우의 값을 특징적인 패턴으로 분류하는 경우에 많이 적용이 된다. 대표적인 경우로는 Elman 신경망과 Hopfield 신경망이 있다.

1. Elman 신경망

Elman 신경망은 아래 그림에서 보는 바와 같이 은닉층의 출력값이 신경망의 입력부로 회귀되는 형태를 취하고 있다는 점이 일반 신경망과 다른 점이다. Elman 신경망은 시간적으로 변하는 특징(패턴)을 감지하거나 생성하는데 사용된다.

그림에서 보는 바와 같이 회귀되는 데이터는시간지연을 거쳐서 신경망의 입력부에 들어가게 된다. 이것은 시간적으로 앞 단계에서 처리된 정보가 현재시간의 데이터를 처리하는데 함께 이용이 된다는 것을 의미한다. 바로 이런 점에서 Elman 신경망이 구조적인 패턴뿐만 아니라 시간적으로 변하는 패턴(temporal pattern)을 학습할 수 있는 능력을 갖게 된다.

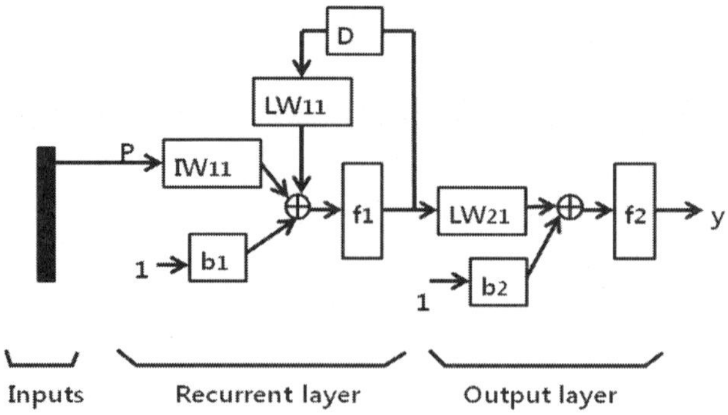

[그림 8.1] two-layer Elman network

1) Elman 신경망의 생성

Elman 신경망은 MATLAB에서 주어지는 newelm 이라는 명령어를 사용하여 쉽게 생성할 수 있다. 앞의 그림에서 보는 바와 같이 Elman 신경망은 일반적으로 은닉층에는 tansig 활성함수를 적용하고 출력층에는 purelin 활성함수를 사용한다.

Elman 신경망을 아래와 같이 구성하게 되면 신경망은 입력값의 범위는 0과 1사이의 값이고, 은닉층의 뉴런 개수는 5개 출력층의 뉴런 개수는 1개이고, 은닉층은 tansig 출력층은 logsig 형태의 활성함수를 사용한 형태를 의미한다.

```
net = newelm([0 1], [5 1], {'tansig', 'logsig'});
```

Elman 신경망의 반응을 보기 위해 0 혹은 1로 구성되어 있는 8개의 순서입력값을 신경망에 입력하도록 한다. 다음과 같이 해서 8개의 임의의 값을 생성할 수 있다.

```
P = round(rand(1, 8))
P =
   0   1   0   1   1   0   0   0
```

하지만 이 값은 하나의 벡터값으로 되어 있으므로 아래와 같이 순서(sequence)로 바꾸도록 한다.

```
Pseq = con2seq(P)
Pseq =
  [0]   [1]   [0]   [1]   [1]   [0]   [0]   [0]
```

이제 구성된 Elman 신경망과 순서입력을 가지고 sim 함수를 이용해서 신경망의 출력값을 아래와 같이 구할 수 있다.

```
Y = sim(net,Pseq)
Y =
Columns 1 through 5
  [1.9875e-04]   [0.1146]   [5.0677e-05]   [0.0017]   [0.9544]
Columns 6 through 8
  [0.0014]   [5.7241e-05]   [3.6413e-05]
```

즉, 위와 같이 8개의 순서값이 출력되었다. 물론 순서값을 다시 벡터값으로 표현하는 것도 가능하다. 아래 명령은 순서값을 벡터값으로 바꾸는 명령어이다.

```
z = seq2con(Y);
```

그리고 다음과 같이 하여 벡터값으로 나타낼 수 있다.

```
z{1, 1}
ans =
Columns 1 through 7
  0.0002   0.1146   0.0001   0.0017   0.9544   0.0014   0.0001
Column 8
  0.0000
```

위 경우는 학습이 완료되지 않은 Elman 신경망에 임의의 입력을 넣었을 때 생성되는 출력값을 나타낸 것이다. 이제 주어진 입력과 출력값을 이용하여 Elman 신경망을 학습해보도록 하자.

2) Elman 신경망의 학습

Elman 신경망은 train이나 adapt 함수를 이용하여 학습이 될 수 있다. 먼저 학습에 필요한 입력 데이터와 타겟(목표) 데이터를 다음과 같이 생성해 보자. P는 입력벡터이고 T는 타겟벡터이다.

```
P = round(rand(1, 8))
P =
  1  0  1  1  1  0  1  1

T = [0 (P(1:end-1)+P(2:end) == 2)]
T =
  0  0  0  1  1  0  0  1
```

타겟벡터는 입력벡터내의 값이 연속적으로 두 번 1이 들어오는 경우에 그 때의 타겟값이 1이 되도록 설정하였다. 그리고 Elman 신경망은 다음과 같이 구성하였다.

```
net = newelm([0 1], [51], {'tansig', 'logsig'});
```

Elman 신경망은 다음과 같이 학습이 진행된다.

```
net = train(net, Pseq, Tseq);
```

학습이 완료된 후에 아래와 같이 sim 함수를 사용하여 학습성능을 테스트할 수 있다.

```
Y = sim(net, Pseq);
z = seq2con(Y);
z{1, 1};
diff1 = T - z{1, 1}
```

위에서 diff1 값은 목표 타겟값과 실제 신경망의 출력값 즉 학습오차를 나타내고 있다. 학습이 정상적으로 완료되었다면 diff1은 매우 작은 값으로 구성될 것이다. 위에서 설명한 내용을 m 파일로 구성하면 다음과 같다.

```
%% File name: ElmanNet1.m
%% Suppose that wewant to find the response of this network to an input sequence of eight
digits
%% that are either 0or 1.
%% Elmannet1.m
P=[ 1  0  1  1  1  0  1  1]
T=[ 0  0  0  1  1  0  0  1]
%% Here T is definedto be 0, except when two 1's occur in P, in which case T is 1.
net=newelm([0 1], [501], {'tansig', 'logsig'});
Pseq=con2seq(P)
Tseq=con2seq(T)
net=train(net, Pseq, Tseq);
Y=sim(net, Pseq)
z=seq2con(Y);
z{1, 1}
diff1 = T - z{1, 1}
```

위의 m 파일을 실행하면 다음과 같이 학습이 진행되고 학습오차 diff1 을계산하게 된다.

```
>> ElmanNet1
P = 1    0    1    1    1    0    1    1
T = 0    0    0    1    1    0    0    1
Pseq = [1]   [0]   [1]   [1]   [1]   [0]   [1]   [1]
Tseq = [0]   [0]   [0]   [1]   [1]   [0]   [0]   [1]

TRAINGDX, Epoch 0/100, MSE0.253884/0, Gradient 0.432151/1e-006
```

TRAINGDX, Epoch 25/100, MSE0.191333/0, Gradient 0.353458/1e-006

TRAINGDX, Epoch 50/100, MSE0.0982732/0, Gradient 0.182143/1e-006

TRAINGDX, Epoch 75/100, MSE0.0338878/0, Gradient 0.0910471/1e-006

TRAINGDX, Epoch 100/100, MSE0.00371528/0, Gradient 0.0150204/1e-006

TRAINGDX, Maximum epoch reached, performance goal was not met.

Y = [0.0892] [0.0321] [0.0484] [0.9706] [0.9351] [0.0615] [0.0507] [0.9166]

ans = 0.0892 0.0321 0.0484 0.9706 0.9351 0.0615 0.0507 0.9166

diff1 = -0.0892 -0.0321 -0.0484 0.0294 0.0649 -0.0615 -0.0507 0.0834

아래그림은 학습이 진행됨에 따른 학습오차를 보여주고 있다.

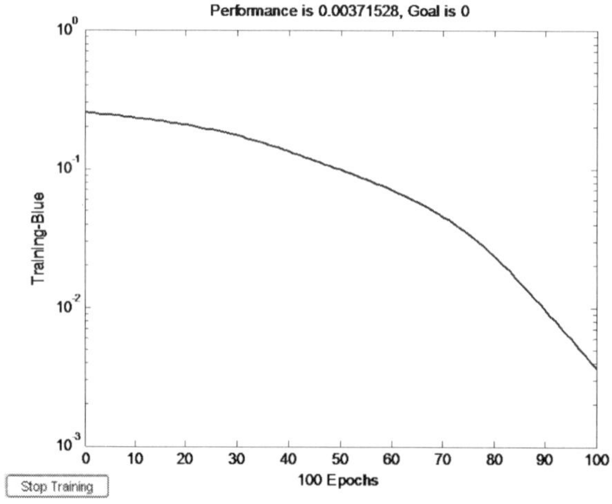

2. Hopfield 신경망

Hopfield 신경망은 특정한 개수의 도달점을 기억하게 할 때 사용되는 신경망이다. 즉, 어떤 영역내의 임의의 입력값이 이 신경망에 입력이 되면 입력값에 가장 근접한 도달점(혹은 평형점)으로 이동하게 된다. Hopfield 신경망의 기본구조는 아래와 같다.

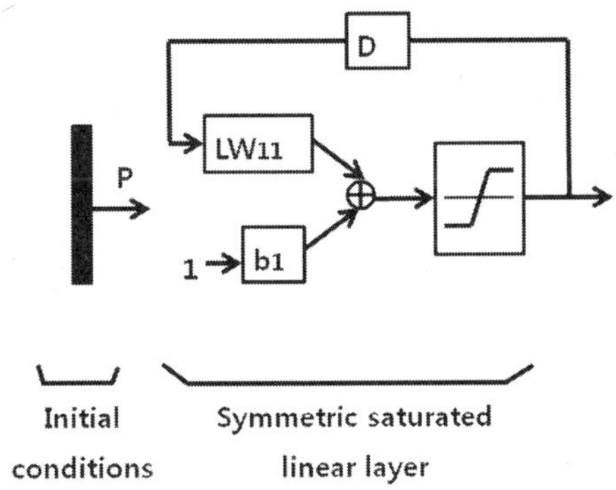

[그림 8.2] Hopfield 신경망

Elman 신경망과 달리 Hopfield 신경망은 신경망의 출력값이 입력부로 회귀된다. 그리고 또 다른 특징은 이 경우 입력벡터 P는 단지 초기조건으로만 신경망에 입력이 된다. 다시 말하면 입력벡터 P는 신경망에 연결이 되어 있지 않다고 할 수 있다. Hopfield 신경망의 뉴런 내의 활성함수는 다음과 같은 satlins 활성함수를 사용한다.

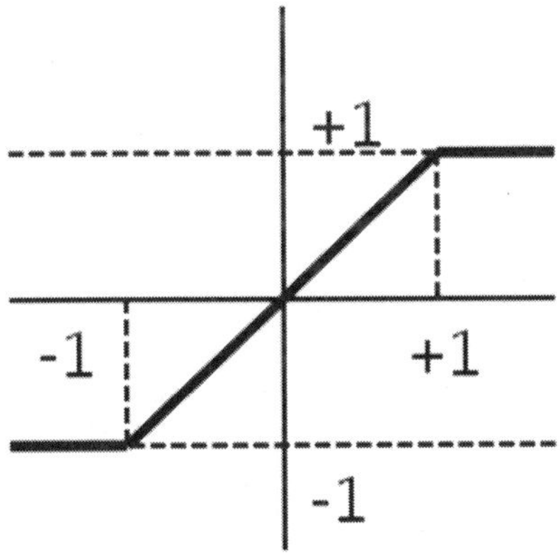

[그림 8.3] Hopfield 신경망의 뉴런 내의 활성함수

Hopfield 신경망의 구조는 newhop 함수를 사용하여 생성할 수 있다. Hopfield 신경망에 도달점(평형점)을 선정한 다음 이 도달점을 신경망에 입력하여보자. 그러면, Hopfield 신경망은 내부의 가중치를 업데이터하기 시작한다. 업데이터가 완료된 후에 최종적인 가중치 값을 조사하면 가중치 값 자체가 도달점의 정보(데이터)를 간직하고 있다는 것

을 알게 될 것이다. 그리고, 임의 초기입력이 주어지면 신경망은 초기값과 인접한 도달점의 정보를 출력하게 된다.

아래의 예를 살펴보면 분명하게 이해가 될 것이다. 3차원 공간인 x, y, z 좌표에서 2개의 도달점을 다음과 같이 선정해 보자.

```
T = [-1 -1 1; 1 -1 1]'
T =
  -1   1
  -1  -1
   1   1
```

그런 다음 도달점을 나타내는 벡터 T를 newhop 함수에 입력한다.

```
net = newhop(T);
```

가중치업데이트가 완료된 후에 Hopfield 신경망이 임의의 입력에 대해 도달점으로 안내를 하는지 살펴보자. 먼저 도달점 자체인 T를 초기 입력값으로 넣어보자.

```
Ai = T;
[Y, Pf, Af] = sim(net, 2, [], Ai);
Y
```

시뮬레이션 결과 출력값은 정확하게 도달점을 나타내게 된다.

```
Y =
  -1   1
  -1  -1
   1   1
```

다음은 도달점이 아닌 임의의 값을 Hopfield 신경망의 초기값으로 설정해 보자.

```
Ai = {[-0.9; -0.8; 0.7]}
```

이 값을 이용하여 다시 시뮬레이션을 수행해 보자.

```
[Y, Pf, Af] = sim(net, {15}, {}, Ai);
Y{1}
```

시뮬레이션 결과 다음과 같은 출력값을 확인할 수 있다.

```
Y =
  -1
  -1
   1
```

즉, 임의의 입력값을 넣게 되면 신경망은 그 입력값에 가장 근사적인 도달점으로 안내하고 있음을 알 수 있다.

예 제 8.1 2개의 뉴런을 갖는 Hopfield 신경망을 고려해 보자. 각각의 뉴런은 바이어스와 가중치를 갖고있다. 신경망에 저장될 도달점 T를 아래와 같이 선정해 보자.

```
T = [1 -1; -1 1]'
T =
   1  -1
  -1   1
```

이 도달점(평형점)은 아래 그림과 같이 2차원의 영역에서 '*' 표시에 놓이게 될 것이다.

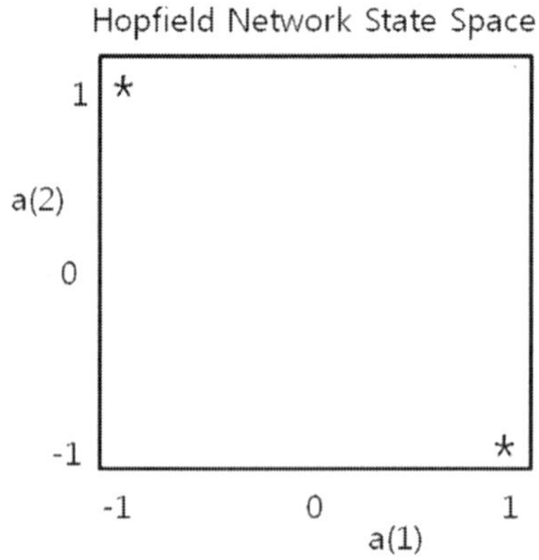

이제 도달점 데이터를 Hopfield 신경망에 넣어 가중치와 바이어스를 구해보자. 명령문은 다음과 같다.

```
net = newhop(T);
```

그런 다음 각 뉴런의 가중치와 바이어스를 구해보면 다음과 같다.

```
W= net.LW{1, 1}
```

위 명령어를 사용하여 다음과 같은 가중치를 확인할 수 있다.

```
W =
  0.6925   -0.4694
 -0.4694    0.6925
```

그리고, 아래 명령어를 이용하여

```
b = net.b{1, 1}
```

다음과 같이 바이어스를 확인할 수 있다.

```
b =
  1.0e-16 *
   0.6900
   0.6900
```

이제 Hopfield 신경망이 도달점을 제대로 기억하고 있는지 테스트를 해 보자. 도달점 벡터 T를 신경망에 넣어 결과를 확인해 보자.

```
Ai = T;
[Y, Pf, Af] = sim(net, 2, [], Ai);
Y =
    1   -1
   -1    1
```

Hopfield 신경망은 정확하게 도달점을 출력해 준다. 이제는 다른 임의의 입력벡터를 선정하여 Hopfield 신경망에 초기값으로 입력해 보자. 아래의 결과 그림을 보면 임의의 초기값이 점차로 자신에게 가까운 도달점으로 이끌려 간다는 것을 알 수 있다.

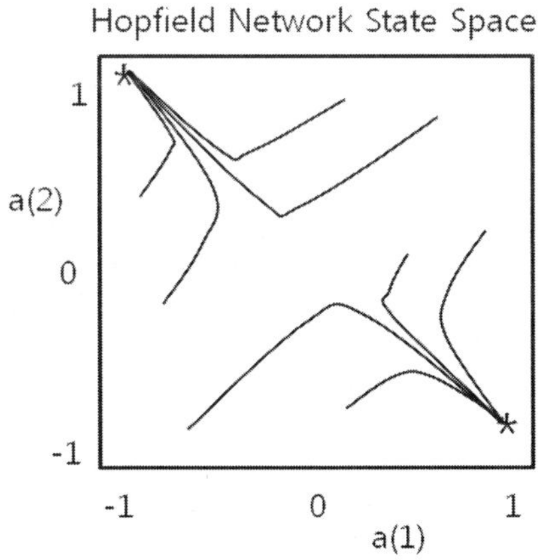

9장 자기구성(Self-Organizing) 신경망

자기구성 신경망은 신경망에 입력되는 많은 값들로부터 규칙성이나 상관관계를 검출할 수 있도록 학습을 하는 신경망이다. 자기구성 신경망에는 경쟁학습(competitive learning) 신경망과 SOFM(Self-organizing feature map)이 있다.

1. 경쟁학습(Competitive Learning) 신경망

경쟁층(Competitive layer)에 있는 뉴런은 한 번에 1개의 뉴런만이 활성화되고 다른 뉴런들은 비활성화 상태를 유지하게 된다. 즉, 입력벡터에 가장 근접한 가중치를 보유하고 있는 뉴런만이 활성화된 값을 출력하게 된다. 경쟁학습 신경망의 구조는 아래 그림과 같다.

경쟁층 뉴런에 입력되는 입력벡터는 경쟁 활성함수로 전달된다. 여기서 승자(winner)는 1의 값을 출력하게 되고 나머지 뉴런은 0의 값을 출력하게 된다. 가장 큰 값을 가지는 뉴런이 승자이다.

신경망에서 바이어스가 0이라고 한다면 입력벡터와 가장 가까운 가중치를 갖는 뉴런이 가장 적은 음수값을 갖게되고(경쟁에서 승자가 되고), 1의 값을 출력하게 된다.

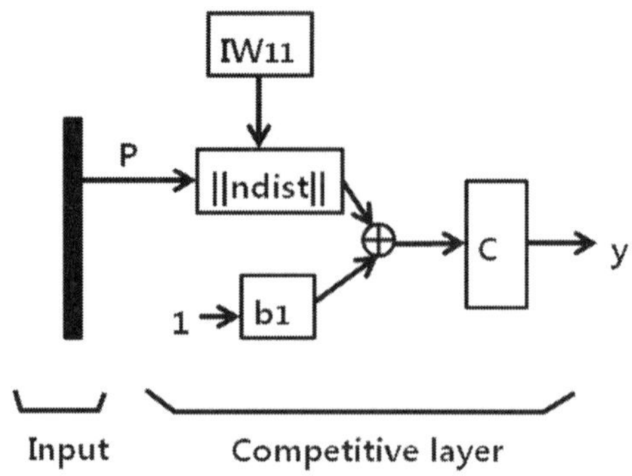

[그림 9.1] 경쟁학습 신경망의 구조

1) 경쟁학습신경망의 생성

MATLAB에서 경쟁학습신경망의 생성하기 위하여 newc 명령어를 사용한다. 간단한 예를 통하여 신경망을 생성해 보자.

다음과 같이 4개의 입력벡터를 고려해 보자.

```
p = [.1 .8 .1. 9; .2 .9 .1 .8]
p =
  0.1000   0.8000   0.1000   0.9000
  0.2000   0.9000   0.1000   0.8000
```

위 4개의 벡터를 2개의 클래스(class)로 분류하고자 한다. 경험적으로 살펴보면 위의 4개 입력은 원점과 (1, 1) 위치로 분류됨을 알 수 있다. 경쟁학습신경망을 이용하여 결과를 확인해 보자.

먼저, 2개의 입력요소를 갖는 2개의 뉴런을 설정하고 입력의 범위는 0과 1사이임을 지정한다. 그러면, 신경망을 생성하는 명령어는 다음과 같다. Newc의 첫번째 항는 2 입력 요소값의 범위를 나타내고, 두번째 항은 뉴런의 개수를 나타낸다.

```
net = newc([0 1; 0 1], 2);
```

여기서, 신경망의 가중치는 입력값의 중간값인 0.5로 초기화 된다. 다음 명령어를 이용하여 확인할 수 있다.

```
wts = net.IW{1, 1}
wts =
   0.5000   0.5000
   0.5000   0.5000
```

바이어스의 초기값은 다음과 같이 확인할 수 있다.

```
biases= net.bias{1, 1}
biases =
   5.4366
   5.4366
```

2) Kohonen 식을 이용한 신경망의 학습

신경망에서 승자(winner) 뉴런의 가중치들은 Kohonen의 학습규칙에 의해 조정된다. 이 가중치는 가중치 행렬 내에서 행으로 표시된다. 예를 들면 i번째 뉴런이 승자가 될 때 가중치 행렬의 i번째 행의 값이 다음과 같은 식에 의해 조정된다.

$$iIW^{1,1}(q) = i\,W^{1,1}(q-1) + \alpha\big(p(q) - iIW^{1,1}(q-1)\big)$$

Kohonen 규칙은 뉴런의 가중치가 입력벡터를 바로 학습하게 한다. 즉, 대표적인 입력값 자체를 가중치가 기억을 하고 있다. 따라서, 경쟁학습 신경망은 패턴분류나 인식 부분에 많이 적용이 되고 있다.

이제 경쟁학습 신경망을 500회까지 학습을 하고자 한다. 학습을 위한 명령어는 train이나 adapt 함수를 사용할 수 있다.

```
net.trainParam.epochs = 500
net = train(net, p);
```

학습 후에 신경망에 입력벡터 P를 입력하여 다음과 같이 시뮬레이션을 수행해 보자.

```
a = sim(net, p)
ac = vec2ind(a)
```

결과값은 다음과 같다.

```
ac =
   1   2   1   2
```

위 예에서 경쟁학습 신경망은 입력벡터를 2개의 그룹으로 분류하도록 학습되어짐을 알 수 있다. 이 경우 원점에 가까운 입력값은 클래스 1로 분류되고, 좌표(1, 1)에 가까운 입력은 클래스2로 분류되는 것을 확인할 수 있다.

학습된 신경망의 내부의 가중치와 바이어스 값을 살펴보면 매우 흥미로운 사실을 알 수 있다.

```
wts =
  0.8208    0.8263
  0.1348    0.1787
biases =
  5.3699
  5.5049
```

위의 가중치 행렬에서 첫번째 행을 보면 그 값이 (1, 1) 값에 근접한 것을 알 수 있다. 반면에 2번째 행은 원점에 매우 가깝다. 이와 같이 학습된 신경망 내부의 가중치는 입력값들을 분류할 수 있도록 조정됨을 알 수 있다.

예 제 9.1 경쟁학습 신경망의 분류능력을 보기위해 80개의 임의의 입력값들을 난수적으로 생성하였다. 경쟁학습 신경망을 이용하여 80개의 점을 8개의 집단으로 분류하고자 한다. 먼저 다음과 같이 80개의 점을 생성하자.

```
X = [0 1; 0 1];   % Cluster centers to be in thesebounds.
clusters = 8;     % This manyclusters.
points = 10;      % Number of points in each cluster.
std_dev = 0.05;   % Standard deviationof each cluster.
P = nngenc(X, clusters, points, std_dev);

% Plot P.
plot(P(1, :), P(2, :), '+r');
title('Input Vectors');
xlabel('p(1)');
ylabel('p(2)');
```

아래그림은 난수적으로 생성한 80개의 점을 보여주고 있다.

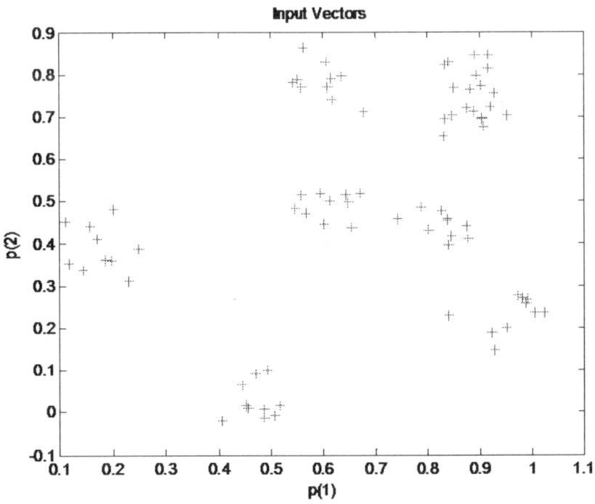

이 점들을 분류하기 위해 다음과 같이 경쟁학습 신경망을 설정해 보자. 신경망의 설정은 newc 함수를 이용하여 구축할 수 있다. 함수의 첫번째 항은 입력값의 범위를 나타

내고, 두번째 항은 뉴런의 개수, 3번째 항은 학습율을 나타낸다.

```
net = newc([0 1;0 1], 8, .1);
w = net.IW{1};
plot(P(1, :), P(2, :), '+r');
hold on;
circles = plot(w(:, 1), w(:, 2), 'ob');
```

아래 그림은 학습이 진행되기 전의 초기상태를 표시한 그림이다. 8개의 가중치정보가 (0.5, 0.5) 위치에 모여 있다. 이 점은 학습이 진행될수록 80개의 점들을 8개의 집단으로 분류하고 가중치는 각 집단의 대표위치로 이동하게 될 것이다.

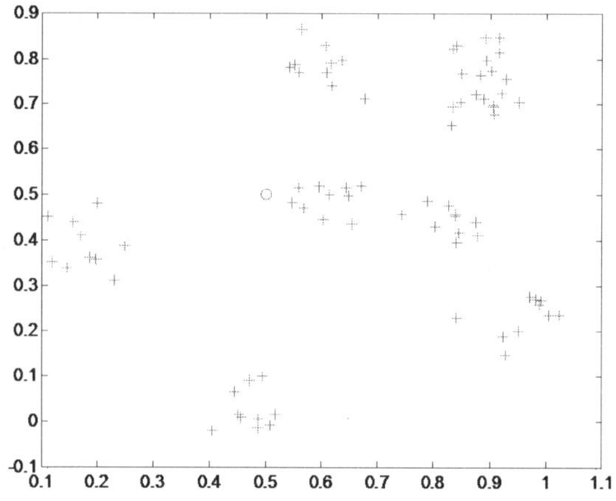

이제 구성된 경쟁학습 신경망을 학습해 보도록 하자.

```
net.trainParam.epochs = 7;
net = train(net, P);
w = net.IW{1};
delete(circles);
plot(w(:, 1), w(:, 2), 'ob');
```

아래 그림은 학습이 완료된 후에 초기의 가중치가 8개의 집단위치로 이동하였음을 알 수 있다.

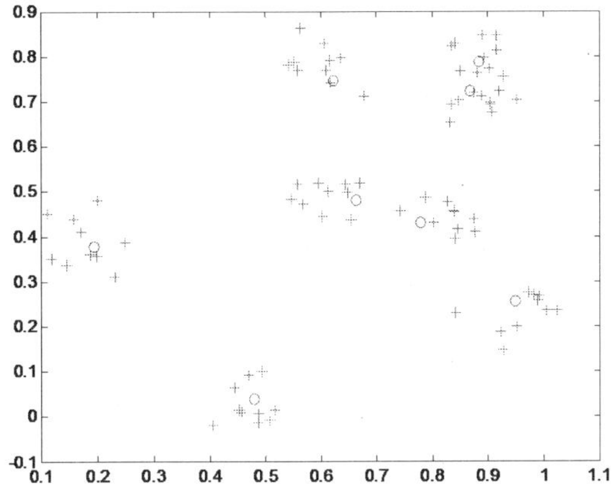

신경망의가중치를 확인하면 다음과 같다.

w =

0.4786 0.0384
0.1927 0.3766
0.6212 0.7451
0.6626 0.4818
0.7780 0.4294
0.8684 0.7226
0.9501 0.2561
0.8850 0.7884

이제 임의의 입력값에 대해 신경망이 그 입력값을 어느 집단으로 간주하는지를 알아보기 위해 다음과 같이 시뮬레이션을 수행해 보자. 아래와 같이 입력값을 (0.6, 0.3)으로 선정하였다.

```
p = [0.6; 0.3];
a = sim(net, p)

a =

   (4, 1)        1
```

위 결과 값 (4, 1)에서 첫째 항은 가중치 행렬의 4번째 줄을 의미하고, 둘째 항은 입력값이 한 개이므로 1로 표시되어있다. 따라서, 입력값(0.6, 0,3)은 4번째 집단에 속하며 4번째 집단의 중심위치는 (0.6626, 0.4818) 이다.

2. SOFM(Self-Organizing Feature Maps) 신경망

SOFM은 Kohonen 신경망으로도 불리는데 특징은 많은 입력벡터 패턴을 좀 더 적은 수의 패턴으로 매핑하는 능력을 갖고 있다. SOFM는 경쟁학습 신경망과 매우 유사하다. 경쟁학습 신경망은 입력벡터를 분류하는 특징이 있는데 반하여 SOFM은 입력벡터를 분류하는 것 외에 입력벡터들을 기하학적인 형상정보(topology)도 제공한다는 점이 차이점이라고 할 수 있다. 아래 그림은 입력벡터에 대한 2차원의 SOFM 신경망을 나타낸 그림이다.

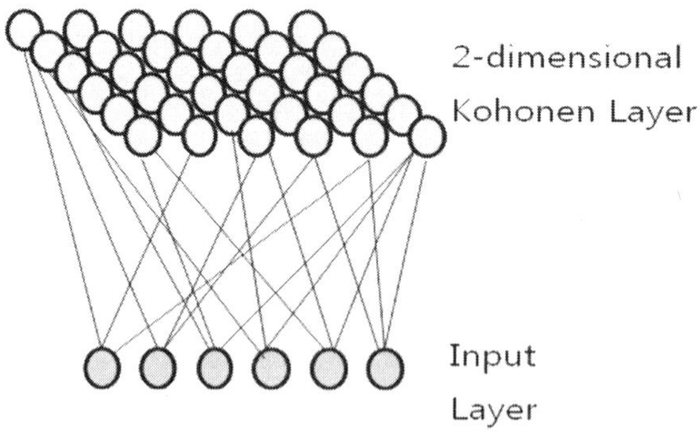

[그림 9.2] 2차원의 SOFM 신경망구조

SOFM도 경쟁학습 신경망에서와 같이 승자 뉴런(winning neuron)이 1의 값을 가져가는 것은 같으나, SOFM은 승자뉴런 자체와 그 인근에 위치한 이웃뉴런도 같이 1의 값을 갖게 된다는 점이 차이점이다. 이웃뉴런의 가중치(weight)는 다음 식과 같이 변경된다.

$$iw(q) = iw(q-1) + \alpha(p(q) - iw(q-1))$$

또는

$$iw(q) = (1-\alpha)iw(q-1) + \alpha P(q)$$

여기서 이웃이라고 정의되는 영역 Ni*(d) 는 승자뉴런 i*를 중심으로 반경이 d인 영역 내에 있는 모든 뉴런을 포함한다.

$$N_i(d) = \{j, d_{ij} \leq d\}$$

이웃영역의 개념을 설명하면 아래 그림과 같다. 아래 그림은 뉴런 13을 중심으로 d=1인 이웃과 d=2인 이웃영역을 표현한 것이다.

N13(1)

N13(2)

즉, 왼쪽 그림은 N131, 오른쪽 그림은 N132로 표현하면 이웃영역은 아래와 같이 구성된다.

N131 = 8 12 13 14 18

N132 = 3 7 8 9 11 12 13 14 15 17 18 19 23

1) SOFM 신경망의 구성

SOFM 신경망의 기하학적 형상(topology)을 구성할 수 있는 함수로는 gridtop, hextop, 혹은 randtop 등이 있다.

gridtop 함수는 신경망의 형상을 사각형의 그리드를 이용하여 구성해 준다. 예를 들어 80개의 뉴런을 가로 8 세로 10의 형상을 다음과 같이 만들어 보자.

```
pos = gridtop(8, 10);
plotsom(pos)
```

위 명령어로 다음과 같은 형상이 만들어 진다.

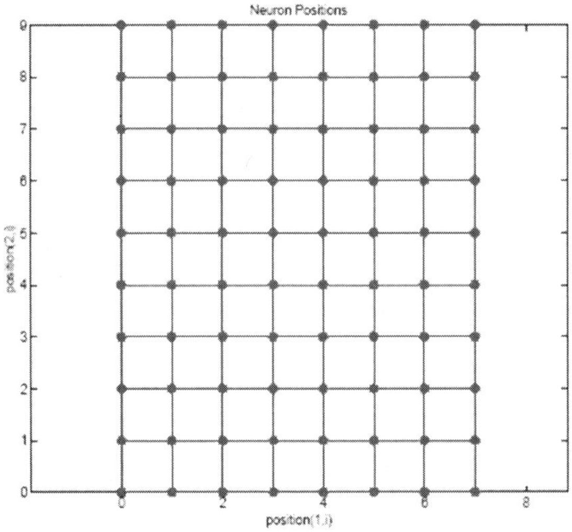

위 그림에서 보는 바와 같이 뉴런이 사각형의 그리드 위에 위치하는 것을 알 수 있다. 마찬가지로 hextop 함수를 이용하여 똑 같이 80개의 뉴런 형상을 만들면 다음과 같다.

```
pos = hextop(8, 10);
plotsom(pos)
```

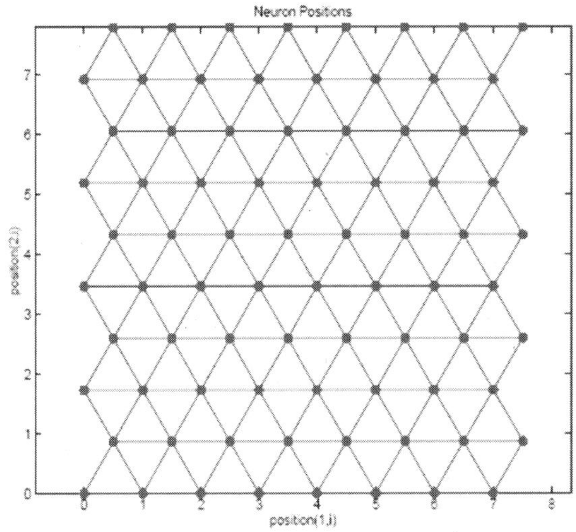

같은 방법으로 randtop 함수를 이용하여 뉴런 평면을 만들면 다음과 같다.

```
pos = randtop(8, 10);
plotsom(pos)
```

2) 거리함수(Distance Function)

주어진 한 개의 뉴런에 대한 이웃영역을 정의하기 위해 필요한 거리(distance)를 계산하는 함수로는 dist, linkdist, 그리고 boxdist 등이 있다.

먼저 dist 함수를 사용한 경우를 살펴보자. 이 경우는 주어진 뉴런에서 이웃뉴런까지의 실제거리(Euclidean distance)를 계산한다. 예를 들어 아래와 같이 3개의 뉴런을 고려하면,

```
pos2 = [ 0 1 2; 0 1 2]
pos2 =
   0   1   2
   0   1   2
```

각 뉴런간의 거리는 다음과 같이 구해진다.

```
D2 = dist(pos2)
D2 =
         0    1.4142    2.8284
    1.4142         0    1.4142
    2.8284    1.4142         0
```

다음은 boxdist 함수를 사용하는 경우이다. 아래의 그림은 gridtop으로 생성한 2차원 뉴런평면이다. 여기서 검은색의 뉴런을 홈 뉴런으로 간주하면 그림과 같이 이웃1, 이웃2, 이웃3 등으로 구분하는 것이 매우 유용할 것이다.

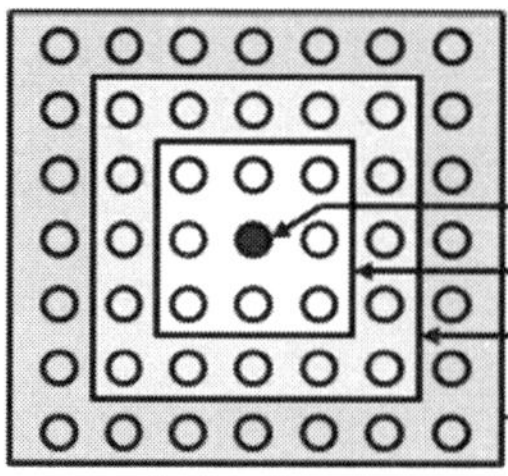

예를 들어 다음과 같이 6개의 뉴런(가로 2개, 세로 3개)을 생성하자.

```
pos = gridtop(2, 3)
pos =
   0   1   0   1   0   1
   0   0   1   1   2   2
```

이 때 각 뉴런간의 박스 거리(box distance)는 다음과 같이 계산된다.

```
d = boxdist(pos)
d =
   0   1   1   1   2   2
   1   0   1   1   2   2
   1   1   0   1   1   1
```

```
 1  1  1  0  1  1
 2  2  1  1  0  1
 2  2  1  1  1  0
```

이번에는 linkdist 함수를 사용하여 각 뉴런간의 링크거리(linkdistance)를 구해보자.

```
dlink = linkdist(pos)

dlink =
 0  1  1  2  2  3
 1  0  2  1  3  2
 1  2  0  1  1  2
 2  1  1  0  2  1
 2  3  1  2  0  1
 3  2  2  1  1  0
```

3) SOFM 신경망의 구조

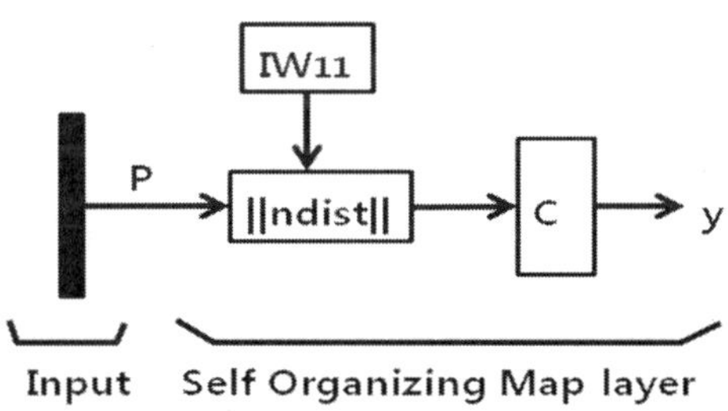

SOFM 신경망은 newsom 함수를 이용하여 구성할 수 있다.

예 제 9.2 0°에서 90°의 사이에 일정한 각도분포로 100개의 점을 다음과 같이 생성해 보자.

```
angles = 0:0.5*pi/99:0.5*pi;
```

그래프로 그려보면 다음 그림과 같다.

P = [sin(angles); cos(angles)];

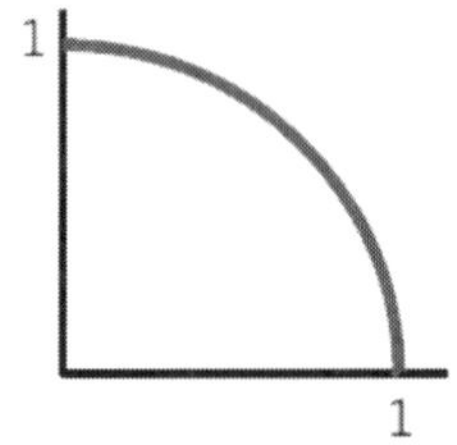

이제 이 점들을 대표하기 위해 10개의 뉴런만을 사용하여 10개의 대표특징을 구하도록 SOFM 신경망을 학습해 보자. 초기에 10개 뉴런 모두 중심위치인 한 점 (0.5, 0.5)에 몰려 있다.

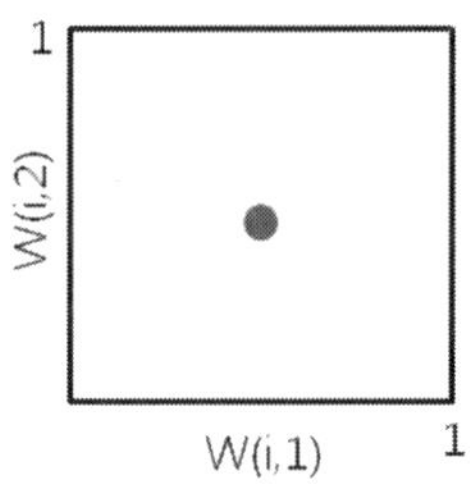

학습이 진행됨에 따라 가중치 벡터는 입력벡터의 공간을 통해 움직이기 시작한다. 아래 그래프는 학습이 완료된 후에 10개의 뉴런에 연결되어 있는 가중치 값이 보여주는 점을 표시한 것이다. 이와 같이 SOFM 신경망은 복잡한 특징점들을 간단하면서도 대표성이 있는 특징점을 구해 줄 수 있다.

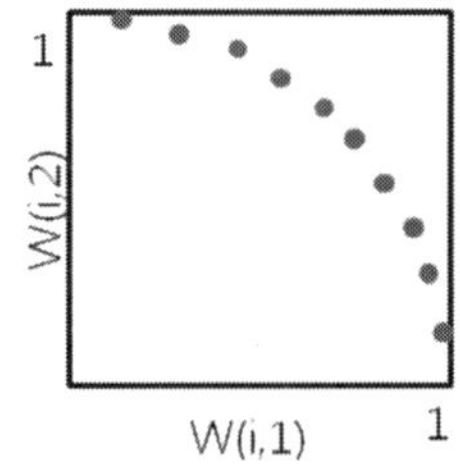

10장 신경망 제어의 응용사례

1. 신경망-PID 제어기를 이용한 압전구동기 제어시스템

1) 신경망-PID 병렬제어기

신경망제어기와 PID제어기를 병렬 형태로 연결한 이른바 신경망-PID 제어기를 이용하여 압전구동시스템의 위치제어를 수행하였다. [그림 10.1]은 병렬제어기의 구조이다.

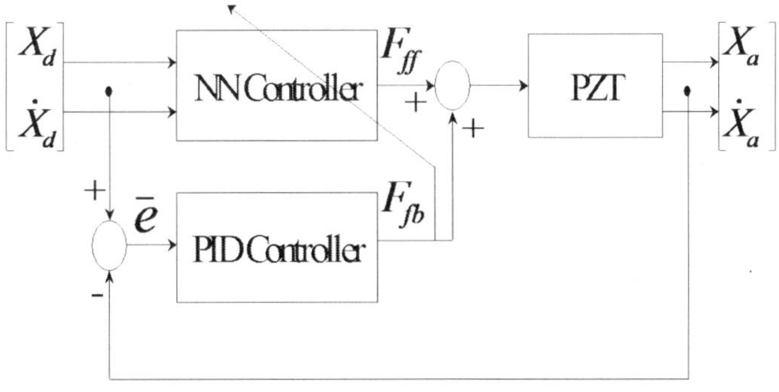

[그림 10.1] 신경망-PID 병렬제어기

[그림 10.1]에서 병렬제어기의 입력은 압전구동기의 변위와 속도로 주어지고 변위오

차 및 속도오차에 의해 PID 제어기가 작동하여 피드백 힘 F_{fb}를 출력하게 된다. 신경망 제어기는 변위와 속도의 입력만으로 무감독 학습방법으로 학습하게 되는데, 학습에 필요한 목적함수는 PID 제어기의 출력힘인 F_{fb}값의 2차 함수로 구성되며 이 값이 극히 작은 값이 될 때까지 신경망 제어기는 실시간적으로 자가학습(self-learning)을 하게 된다.

본 제어기에 사용된 신경망 제어기의 구조는 1개의 입력층과 1개 은닉층 그리고 1개의 출력층으로 구성된 다층 피드포어드 신경망(multilayer feedforward neural network)을 사용하였다.

신경망 내의 은닉층과 출력층의 각 노드(node)는 [그림 10.2]와 같이 이전의 노드(node)로부터 가중치가 곱해진 입력신호들은 바이어스(bias)값과 더해져서 활성함수(activation function)로 이동된다. 활성함수는 단조증가(monoton icallyincreas ing)하며 미분 가능한 함수를 사용하게 되는데 일반적으로 많이 사용하는 활성함수는 생물의 뉴런(neuron)처럼 작용하는 시그모이드 함수(sigmoid function)인데 다음과 같은식으로 표시된다.

$$f(S_k) = \frac{1}{1+e^{-S_k}} \tag{10.1}$$

PID제어기의 출력값을 신경망제어기의 학습신호로 사용하고, 오차를 줄이는새로운 가중치 값을 구하기 위해서 신경망 제어기를 설계해야 한다.

신경망제어압전소자의학습오차에해당하는목적함수를아래와같이정의한다.

$$E(t) = \frac{1}{2} \| O_k(t) - y_k(t) \|^2 \tag{10.2}$$

여기서 $y_k(t)$는 t번째 스텝에서의 출력층 k번째 노드의 원하는 출력값이고, $o_k(t)$는 t번째 스텝에서의 k번째 실제 출력값을 의미한다. 그러나 압전구동기를 수학적으로 정확하게 표현하기 어렵기 때문에 원하는 출력값 $y_k(t)$를 구할 수 없다. 출력층의 원하는 출력값은 감독 학습 방법에서 목적패턴을 의미하는데, 이 경우와 같이 목적 패턴을 구할 수 없을 때는 무감독 학습(unsupervised learning)방법으로 학습해야 한다.

식(10.2)에서 $y_k(t)$를 구할 수 없기 때문에 식(10.2)의 목적함수를 다음과 같은식으로 표현하였다.

$$E(t) = \frac{1}{2} \| F_{fb}(t) \|^2 \tag{10.3}$$

위 식에서 $F_{fb}(t)$는 다음과 같다.

$$F_{fb}(t) = K_p(X_d - X_a) + K_d(X_d' - X_a') + K_i \int (X_d - X_a)dt \tag{10.4}$$

식(10.4)에서 X_d와 X_d'는 압전소자의 원하는 위치와 속도를 나타내고, X_a와 X_a'는 실제 압전구동기의 위치와 속도를 나타낸다.

식(10.2)와 식(10.3)은 같은 속성을 갖는다. 즉 식(10.2)에서 학습 오차가 0으로 접근한다는 것은 시스템의 위치오차가 0으로 줄어든다는 것을 의미한다. 따라서, 압전구동기의 위치오차 및 속도오차가 줄어들게 되면 $F_{fb}(t)$도 0의 값으로 접근하게 되므로 식(10.3)으로 식(10.2)를 대체할 수 있다. 학습과정 동안에 목적함수 E(t)를 최소화 하기 위하여 경사하강법(gradient descentmethod)을 이용한 역전하 학습 알고리즘을 사용하여 신경망의 가중치 w를 다음과 같은 방법으로 계속적으로 조정하게 된다. [그림 10.2]는 은닉층과 출력층의 뉴런을 나타내고 있다.

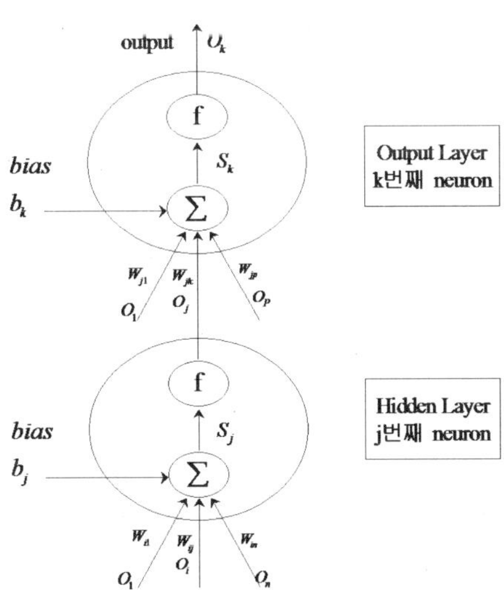

[그림 10.2] 은닉층과 출력층의 뉴런

식(10.3)의 목적함수를 이용하여 가중치에 대한 목적함수의 변화량을 구하면 다음과 같다.

출력층 노드에 대하여

$$\frac{\partial E}{\partial w_{kj}} = \frac{\partial E}{\partial s_k}\frac{\partial s_k}{\partial w_{kj}} \tag{10.5}$$

과 같고, 식(10.5)에서

$$\frac{\partial \mathrm{E}}{\partial \mathrm{s_k}} = \frac{\partial \mathrm{E}}{\partial \mathrm{o_k}}\frac{\partial \mathrm{o_k}}{\partial \mathrm{s_k}} = (\mathrm{o_k} - \mathrm{y_k})\mathrm{o_k}(1 - \mathrm{o_k}) \tag{10.6}$$

과 같다. 따라서

$$\delta_{\mathrm{k}} = -\frac{\partial \mathrm{E}}{\partial \mathrm{s_k}} = \mathrm{o_k}(1 - \mathrm{o_k})(\mathrm{y_k} - \mathrm{o_k}) \tag{10.7}$$

와 같다. 식(10.7)에서 $\mathrm{y_k} - \mathrm{o_k}$는 신경망의 학습오차이므로 피드백 힘인 $\mathrm{F_{fb}}$에 비례한다고 볼 수 있다. 학습이 잘 진행되면 진행될수록 시스템의 위치오차는 0으로 줄어들고, $\mathrm{F_{fb}}$도 0으로 접근하기 때문이다.

따라서, 식(10.7)는 다음과 같이 바꾸어 표현할 수 있으며,

$$\delta_{\mathrm{k}} = \mathrm{o_k}(1 - \mathrm{o_k})\mathrm{F_{fb}} \tag{10.8}$$

다음 샘플링 단계에서 가중치의 변화량과 새로운 가중치의 값은 다음과 같은 식으로 표시된다.

$$\Delta \mathrm{w_{kj}}(\mathrm{t}+1) = \eta\delta_{\mathrm{k}}\mathrm{o_j} + \alpha\Delta \mathrm{w_{kj}}(\mathrm{t}) \tag{10.9}$$

$$\mathrm{w_{kj}}(\mathrm{t}+1) = \mathrm{w_{kj}}(\mathrm{t}) + \Delta \mathrm{W_{kj}}(\mathrm{t}+1) \tag{10.10}$$

위 식에서 η는 학습율이고 α는 모멘텀율이다. 마찬가지로, 은닉층의 노드에서 가중

치에 대한 학습오차의 변화량은 다음과 같이 구해진다.

$$\delta_j = \Sigma_{k=1}^{m}[\delta_k w_{kj}]o_j(1-o_j) \quad (10.11)$$

그리고, 다음 샘플링 단계에서 가중치의 변화량과 새로운 가중치의 값은 다음과 같다.

$$\Delta w_{ji}(t+1) = \eta\delta_j o_i + \alpha\Delta w_{ji}(t) \quad (10.12)$$

$$w_{ji}(t+1) = w_{ji}(t) + \Delta w_{ji}(t+1) \quad (10.13)$$

2) 실험장치의구성

실험 장치에 사용된 압전구동기는 PI사의 P-245.20 모델을 사용하였고, 압전구동기의 변위량을 측정하기 위한 위치센서는 LVDT로서 SENSOTEK사의 S5 모델을 사용하였다. 압전구동기와 LVDT의 자세한 사양은 [표 10.1]에 나타나 있다.

[표 10.1] 압전구동기와 LVDT의 사양

	모델명	비고
압전 구동기	PI (Physik Instrumente) P-245.20	최대변위량 : μ20 m
압전구동기엠프	PI E-471.00	0 - 1000 V
센 서	SENSOTEK S5	
센서보드	SA-AC Card. AE325	Extation : 3volts RMS at 5KHz

[그림 10.3]은 본 연구에서 구성한 실험장치의 구성도이다. PC에서는 추종하고자 하는 궤적의 위치정보를 D/A 변환기를 거쳐 압전증폭기를 통하여 압전구동기를 구동시키며 압전구동기의 변위량은 압전구동기의 선단부의 판을 통하여 차동변압기(LVDT)로 전달된다. 차동변압기는 변위량을 전기적인 신호로 변환하고 센서보드에서 증폭되어 A/D보드를 통하여 실제 움직인 변위량을 PC로 전달하게 된다.

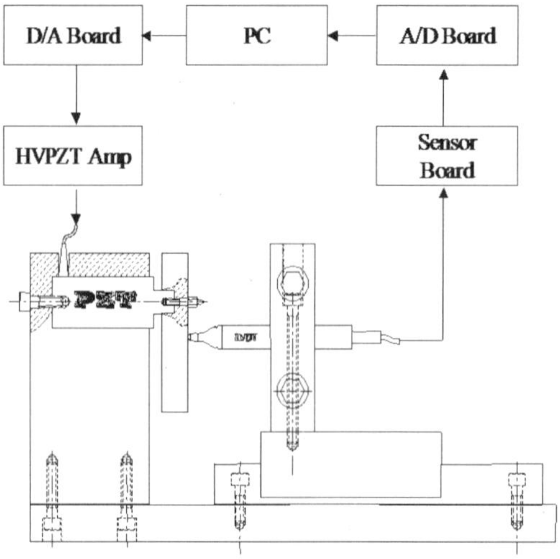

[그림 10.3] PZT 구동기의 위치제어 실험장치

3) 실험및고찰

압전구동기의 히스테리시스 특성을 파악하기 위하여 피드백 제어기를 사용하지 않고 실험장치의 압전구동기에 전압을 0V에서 1000V까지 순차적으로 증가하고, 다시 1000V에서 0V까지 감소시키도록 하였다. [그림 10.4]는 실험에서 사용한 압전구동기의 히스테리시스 특성을 보여주고 있다.

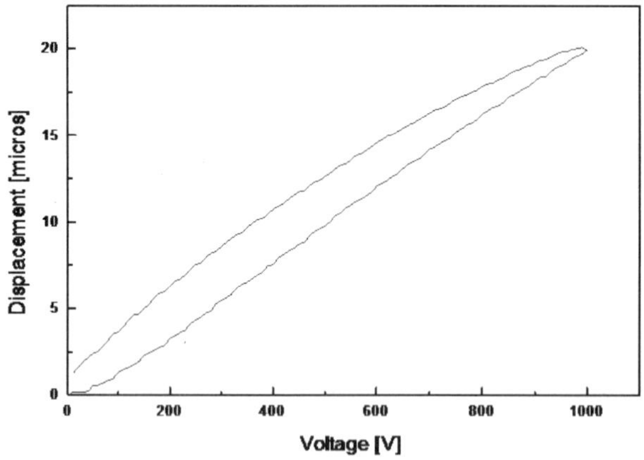

[그림 10.4] 압전 구동시스템의 히스테리시스 특성

따라서, 히스테리시스에 의한 비선형오차를 보상하기 위하여 [그림 10.1]과 같은 신경망-PID 병렬제어기를 사용하였다. 신경망 제어기 부분은 PID제어기의 출력값에 의하여 히스테리시스를 포함한 압전구동기의 동적특성을 학습하게 된다. 학습을 위하여 주기가 3초이고 진폭이 3μm 정현파를 추종 목표궤적으로 하여 신경망 제어기를 학습시켰다. 사용된 신경망의 제어기의 구조는 입력층, 은닉층 및 출력층의 노드수가 각각 2개, 8개, 1개로 구성되어 있으며 샘플링주기는 0.005로서 정현파의 1 사이클을 600분할하여 각 샘플링에서 식(10.3)의 값을 최소화하기 위하여 신경망의 가중치를 각 샘플링주기마다 변경하도록 하였다. 학습오차를 가능한 줄이기 위하여 정현파궤적을 약 200 번 정도 반복하였으며 학습오차율을 약 6% 정도로 줄였다.

학습이 완료된 후 신경망-PID 병렬제어기의 계단함수 및 정현파 함수에 대한 추종성능을 조사하기 위한 실험을 수행하였으며 일반 PID제어기의 경우와 그 결과를 비교하였다. 두 제어기의 성능을 비교하는데 있어서 사용된 PID의 게인값은 Kp=0.3, Kd=0.0005, 그리고 Ki=0.6 이다.

[그림 10.5]는 신경회로망-PID 병렬제어기와 일반 PID제어기의 계단함수 추종성능과 추종오차를 나타낸 것이다. PID제어기만을 사용했을 경우 응답속도는 신경망-PID 병렬제어기 보다 약간 빠른 특성을 보여주지만 초기 구간에서 채터링현상이 발생하였고, 전반적으로 볼 때 추종성능은 비슷하게 나타났다. 그 다음은 정현파함수의 추종성능을 비교하기 위한 실험을 수행하였다.

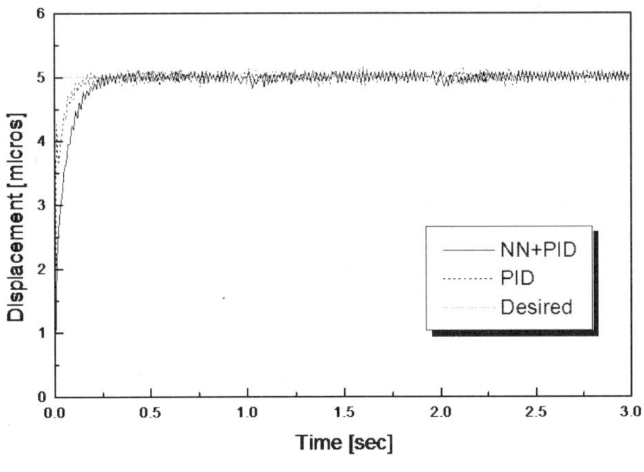

(a) 변위

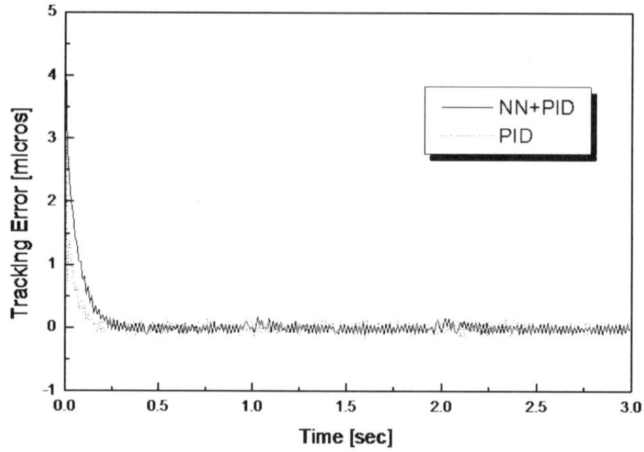

(b) 추종오차

[그림 10.5] 신경 회로망-PID 병렬제어기와 일반 PID제어기의 성능비교

[그림 10.6]의 (a)는 신경 회로망-PID 병렬제어기와 일반 PID제어기의 정현파 함수추종성능을 나타낸 것이다. 그림에서 보는 바와 같이 사인함수 추종성능에서는 병렬제어기의 추종성능이 일반 PID 제어기보다 훨씬 우수함을 보여주고 있다.

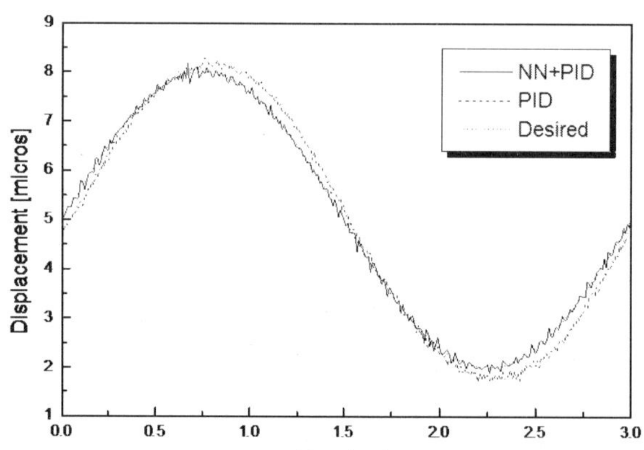

(a) 변위

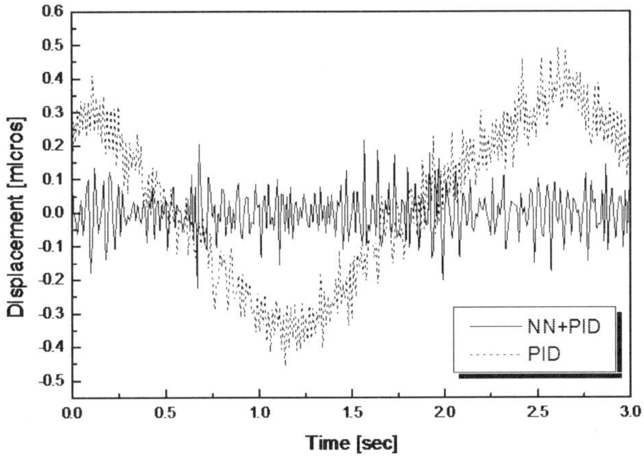

(b) 추종오차

[그림 10.6] 신경 회로망-PID 병렬제어기와 일반 PID제어기의 정현파 함수 추종성능

[그림 10.7]에서는 신경망-PID 병렬제어기에서 신경망 제어기와 PID 제어기에서 나오는 출력성분 값을 비교하였다. 그림에서 보는바와 같이, 압전구동기의 위치제어는 병렬제어 기내에서 신경망제어기의 출력힘에 의하여 이루어지는 것을 알 수 있다. 그러나, 외란 및 잡음 등에 의하여 압전구동기의 동적특성이 변하게 되는 경우에 신경망 제어기의 학습상태가 실제 시스템의 상태와 불일치, 즉 학습오차율이 증가하므로 궤적 추종 능력이 떨어지게 되며 피드백 오차가 증가한다. 그러나, 이때 PID 제어기의 출력성분이 상대적으로 증가하게 되어 오차를 감소시켜 주므로, 신경망-PID 병렬제어기는 외란 잡음이 존재하는 경우에도 궤적 추종능력이 떨어지지 않게 되는 특성을 갖는다.

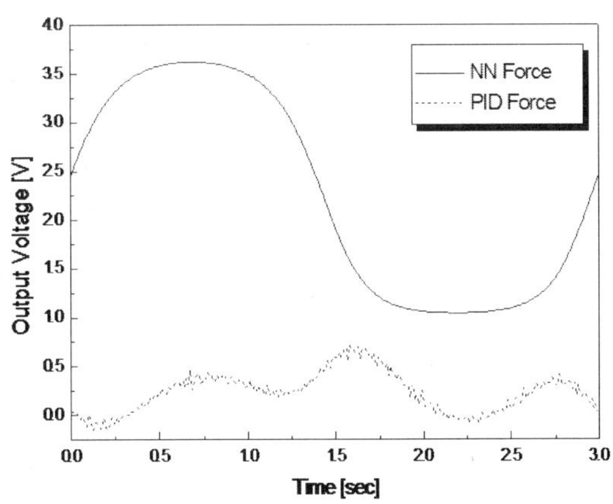

[그림 10.7] 신경망-PID 병렬제어기에서의 출력성분

[그림 10.8]은 주기가 0.5초인 정현파를 추종목표 궤적으로 설정한 경우의 추종성능을 나타낸 것이다. 병렬제기가 비교적 빠른 주기에서도 추종성능이 우수함을 알 수 있다.

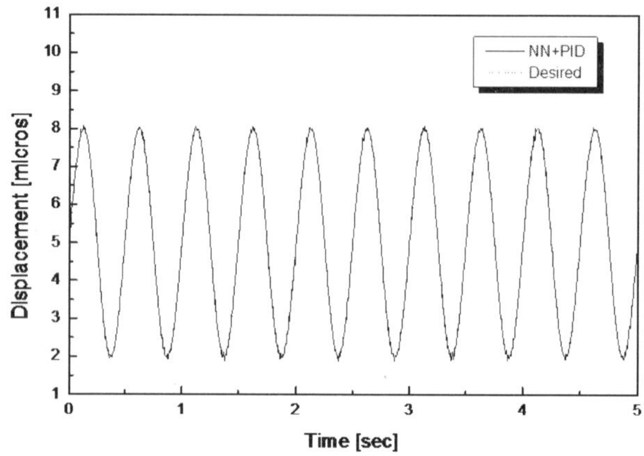

(a) 변위

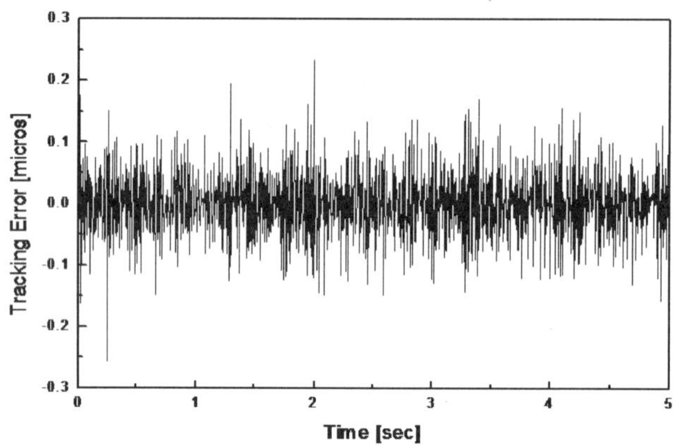

(b) 추종오차

[그림 10.8] 주기가 0.5초인 정현파에 대한 추종성능

2. 신경망자가조정(SELF-TUNING) PID 제어기를 이용한 수조 레벨 제어

1) 시스템 분석

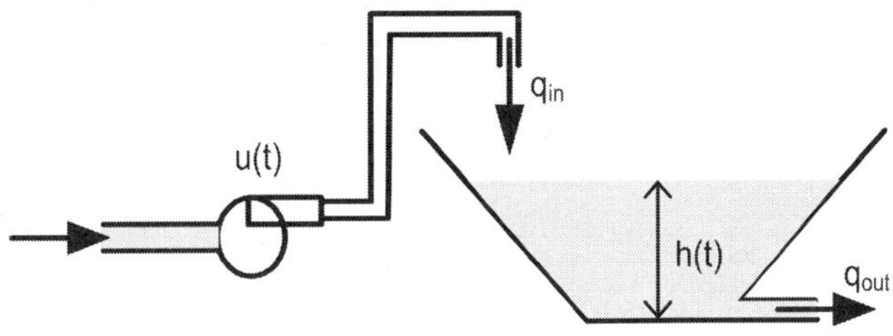

[그림 10.9] 수조시스템

위 시스템의 운동방정식은 다음과 같다.

$$\dot{h}(t) = \frac{1}{A(h)}\left(Ku(t) - C_D a\sqrt{2gh(t)}\right)$$

$$A(h) = \frac{A_{max} - A_{min}}{h_{max}} h + A_{max}$$

위 식에서,

u(t) : Electrical potential input of water pump (0< u(t)< 12V)

h(t) : Level water in the tank (cm)

A(h) : Horizontal section of the tank (cm^2)

h_{max} : Maximum water level

A_{max}, A_{min} : Maximum and minimum section

k : Proportional ratio (depend on the power of pump)

a : Section ofdrain way (cm^2)

g : Accelerationof gravity 981 cm/sec^2

C_D : Drainage ratio

해석을 위해 사용된 파라메터는 다음과 같다.

[표 10.2] 수조시스템에서 사용된 파라메터 값

Parameters	Value
h_{max}	50cm
A_{max}	200cm^2
A_{min}	100cm^2
a	1cm^2
k	300cm^3/sec
C_D	0.6

선정된 파라메터값을 사용하여 수조시스템의 모델을 Matlab/Simulink를 이용하여 아래 그림과 같이 구성하였다.

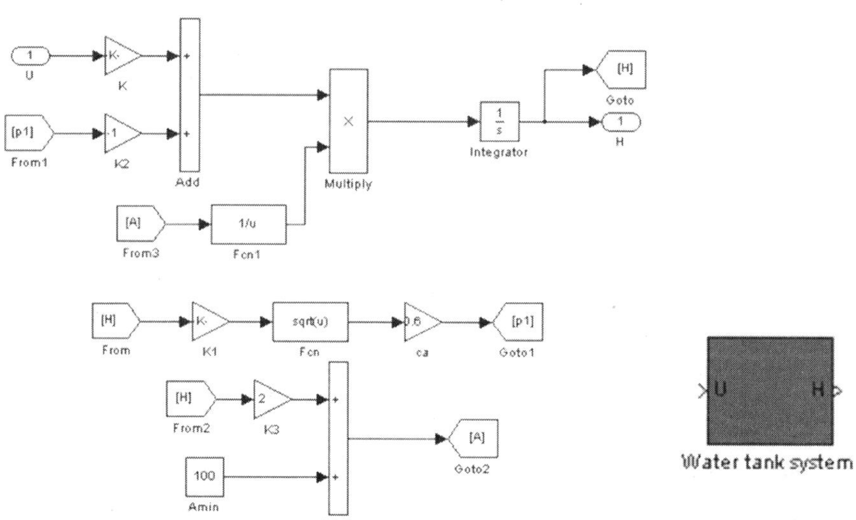

[그림 10.10] Matlab/Simulink를 이용한 수조시스템의 모델링

위 블록선도에서 입력값은 전압이고 출력값은 수조면의 높이이다.

2) 신경망을 이용한 자가조정 PID 제어기

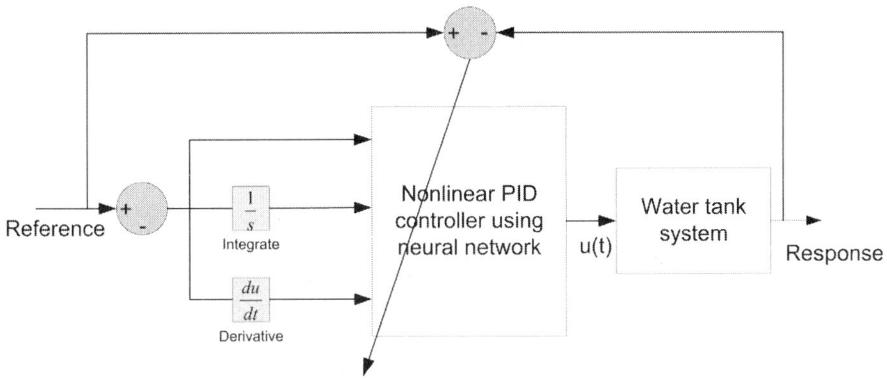

[그림10.11] 제어시스템구조

PID 제어기는 구조가 간단하고 성능이 우수하므로 산업현장에서 많이 사용되고 있는 제어기 시스템이다. PID 제어기의 게인을 설계(선정)하는 방법은 Ziegler-Nichols 법, 근궤적법(root locus) 등을 이용하기도 한다. 하지만, 일반적인 PID 제어기는 한 번 게인이 정해지면 작동 중에는 게인이 고정되어 있으므로 플랜트 내부의 비선형 요소나 외부로부터 유입되는 외란 등의 문제가 발생할 때 제어 성능이 떨어지는 단점이 있다. 따라서, 시스템의 비선형 문제나 외란 등의 문제를 대처할 수 있는 지능적 제어기의 필요성이 높아지고 있다. 본 연구에서는 신경망과 PID 제어기를 결합한 지능제어기가 제안되었다. 제어대상은 수조(water tank)의 높이를 조절하는 것이다. 제안된 신경망 PID 제어기 시스템은 [그림 4]와 같다.

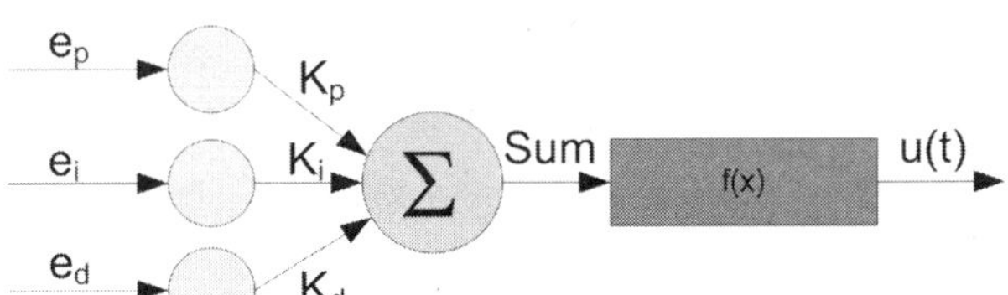

[그림 10.12] 신경망 PID 제어기시스템

그림에서 보는 바와 같이 시스템의 3 입력은 오차값, 오차값의 미분, 그리고 오차값의 적분이다. 이 3 입력은 비선형 활성함수인 시그모이드 함수 내부로 들어가게 된다.

시그모이드 함수는 다음과 같이 정의된다.

$$f(x) = \frac{2(1-e^{-xY_g})}{Y_g(1+e^{-xY_g})}$$

위 식에서 Y_g는 시그모이드 함수의 곡률형태를 결정하는 상수이다. 본 연구에서는 $Y_g = 0.5$를 사용하였다. 위 회로에서 보는 바와 같이 PID 제어기의 게인은 신경망의 가중치(weight) 값으로 설정되어 있다. 신경망은 일반적으로 사용하고 있는 역전파(back propagation) 알고리즘을 이용하여 학습오차를 최소화하는 방법을 사용하였다. 이와 같은 튜닝방식으로 시스템의 비선형을 적응하도록 적절한 제어 게인값이 튜닝된다. 출력층에서 있는 시그모이드 함수로 들어가는 입력신호는 다음 식과 같다.

$$sum(t) = K_p(t)e_p(t) + K_i(t)e_i(t) + K_d(t)e_d(t)$$

위식에서,

$$e_p(t) = ref(t) - h(t)$$

$$e_i(t) = \int e_p(t)$$

$$e_d(t) = \frac{de_p(t)}{dt}$$

여기서, $ref(t)$와 $h(t)$는 각각 기준신호와 수조의 높이응답을 나타낸다. 최급하강법(gradient descent method)을 이용하여 다음과 같이 신경망의 가중치를 계속 업데이트 한다.

$$k_p(t+1) = k_p(t) - \eta_p \frac{\partial E}{\partial k_p}$$

$$k_i(t+1) = k_i(t) - \eta_i \frac{\partial E}{\partial k_i}$$

$$k_d(t+1) = k_d(t) - \eta_d \frac{\partial E}{\partial k_d}$$

여기서, η_p, η_i, η_d 는 경험적으로 결정되는 학습율 값이다. 일반적으로 학습율의 값이 크면 학습은 빨리 되지만 학습성능의 좋지 못하고, 반대로 학습율의 값이 적으면 학습 성능은 좋아지지만 학습시간이 많이 걸리는 단점이 있다. 신경망을 학습하기 위한 학습오차값은 다음과 같이 정의된다.

$$E(t) = \frac{1}{2}(ref(t) - h(t))^2$$

체인룰(chain rule expansion)을 이용하여, 다음과 같은 식이 유도될 수 있다.

$$\frac{\partial E}{\partial s_p} = \frac{\partial E}{\partial h}\frac{\partial h}{\partial u}\frac{\partial u}{\partial sum}\frac{\partial sum}{\partial k_p}$$

$$\frac{\partial E}{\partial k_i} = \frac{\partial E}{\partial h}\frac{\partial h}{\partial u}\frac{\partial u}{\partial sum}\frac{\partial sum}{\partial k_i}$$

$$\frac{\partial E}{\partial k_d} = \frac{\partial E}{\partial h}\frac{\partial h}{\partial u}\frac{\partial u}{\partial sum}\frac{\partial sum}{\partial k_d}$$

그리고 다음의 관계식을 고려하자.

$$\frac{\partial E}{\partial h} = -(ref(t) - h(t)) = -e_p(t)$$

$$\frac{\partial u}{\partial sum} = f'(sum(t))$$

$$\frac{\partial sum}{\partial k_p} = e_p(t); \frac{\partial sum}{\partial k_i} = e_i(t); \frac{\partial sum}{\partial k_d} = e_d(t)$$

$$\frac{\partial h}{\partial u} = \frac{\Delta \partial}{\Delta u} = \frac{h(t) - h(t-1)}{u(t) - u(t-1)}$$

$$f'(sum) = \frac{4e^{-sum \cdot Y_g}}{\left(1 + e^{-sum \cdot Y_g}\right)^2}$$

위 식들을 결합하면 비선형 파라메터에 대한 적응공식이 다음과 같이 유도된다.

$$k_p(t+1) = k_p(t) - \eta_p e_p(t) e_p(t) \frac{4e^{-sum \cdot Y_g}}{\left(1 + e^{-sum \cdot Y_g}\right)^2} \frac{h(t) - h(t-1)}{u(t) - u(t-1)}$$

$$k_i(t+1) = k_i(t) - \eta_i e_p(t) e_i(t) \frac{4e^{-sum \cdot Y_g}}{\left(1 + e^{-sum \cdot Y_g}\right)^2} \frac{h(t) - h(t-1)}{u(t) - u(t-1)}$$

$$k_d(t+1) = k_d(t) - \eta_p e_p(t) e_d(t) \frac{4e^{-sum \cdot Y_g}}{\left(1 + e^{-sum \cdot Y_g}\right)^2} \frac{h(t) - h(t-1)}{u(t) - u(t-1)}$$

간단하게 표현하기 위해 아래의 조건이 성립한다고 가정한다.

$$\frac{\partial h}{\partial u} = \frac{\Delta h}{\Delta u} = \frac{h(t) - h(t-1)}{u(t) - u(t-1)} = constant$$

3) 시뮬레이션 및 검토

수조에 대한 동적방정식과 1절에서 언급된 파라메터들을 이용하여 Matlab/Simulink 기반으로 시뮬레이션 프로그램을 작성하였다. 전체 제어회로는 [그림 10.13]에 나타나 있다. 제안된 비선형 신경망 PID 제어기의 제어성능을 검토하기 위해 일반적인 PID 제어기와 Fuzzy 제어기와 성능을 비교하였다. 제어기의 추종궤적은 다단스텝(multi step) 및 정현파 신호(sinusoidal signal)을 사용하였다.

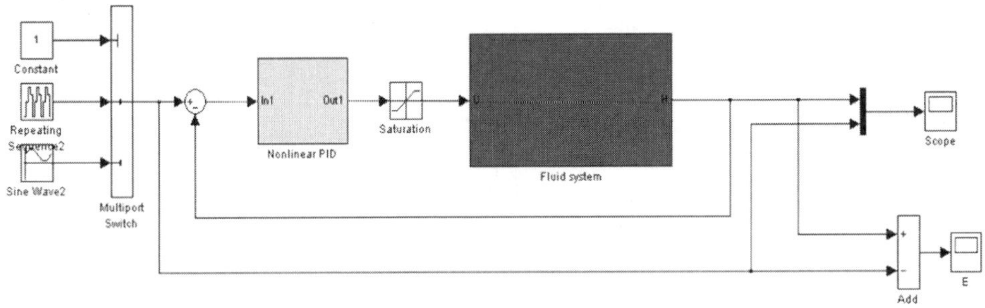

[그림 10.13] Control diagram

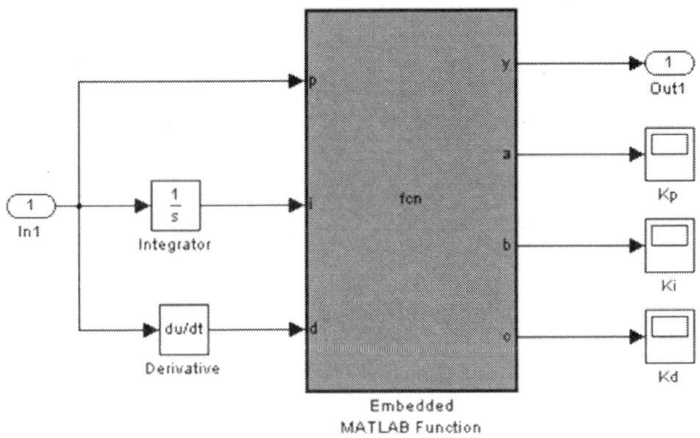

[그림 10.14] Sub-function of nonlinear PIDcontrol

4) 다단 스텝(Multi-step) 추종 테스트

추종 테스트에서의 성능과 오차는 [그림 10.15]와 [그림 10.16]에 나타나 있다. 그림에서 보는 바와 같이 제안된 제어기는 자가조정(self tuning) 능력이 있기 때문에 PID 나 fuzzy 제어기 보다 목표에 수렴하는 속도가 빠르게 나타났다. 또한 30초가 지난 시점에서 기준 궤적이 계단적으로 감소하는데, 이 영역에서도 제안된 제어기가 빨리 기준궤적에 수렴하는 것을 알 수 있다.

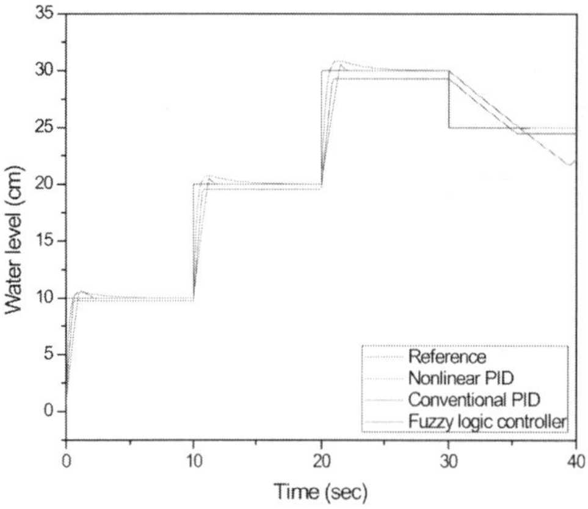

[그림 10.15] Response of the system

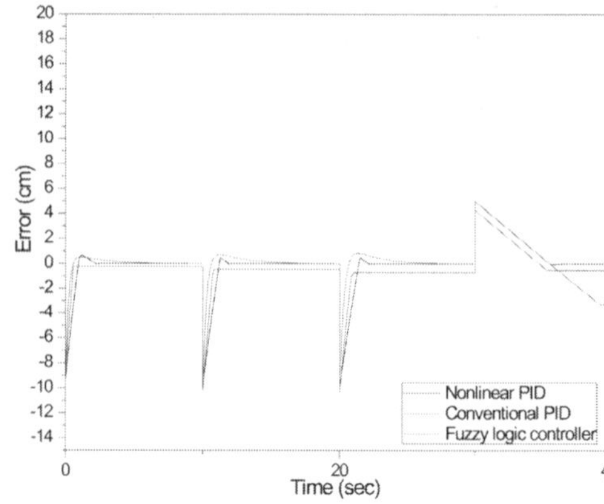

[그림 10.16] Error of the system

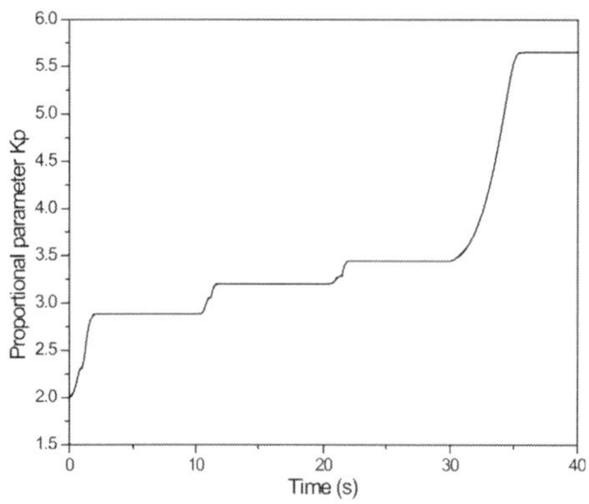

(a)

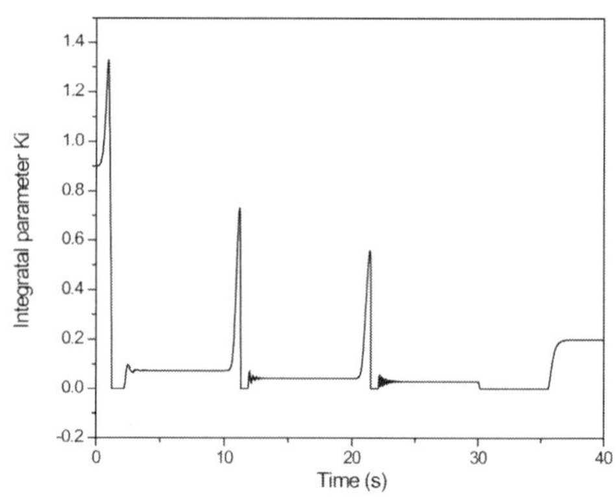

(b)

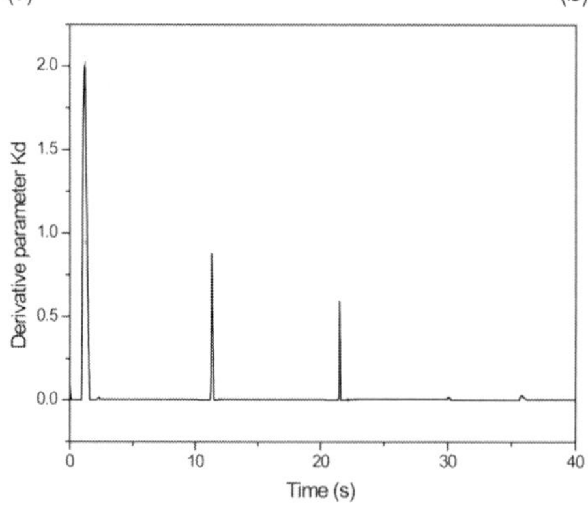

(c)

(a) K_p parameter, (b) K_i parameter, (c) K_d parameter

[그림10.17] Controller parameters of nonlinear PID algorithm:

4) Sinusoid 궤적 추종 테스트

삼각함수 형태의 기준 궤적을 다음과 같이 생성하였다.

$$ref(t) = 5\sin(0.1t) + 15$$

추종 테스트에서의 성능과 오차는 [그림 10.18]과 [그림 10.19]에 나타나 있다. 이 경우에서도 제안된 제어기는 PID 나 fuzzy 제어기 보다 목표에 수렴하는 속도가 빠르게 나타났다. [그림 10.20]는 시간에 따른 PID 제어기의 게인이 튜닝되고 있는 모습을 보여주고 있다.

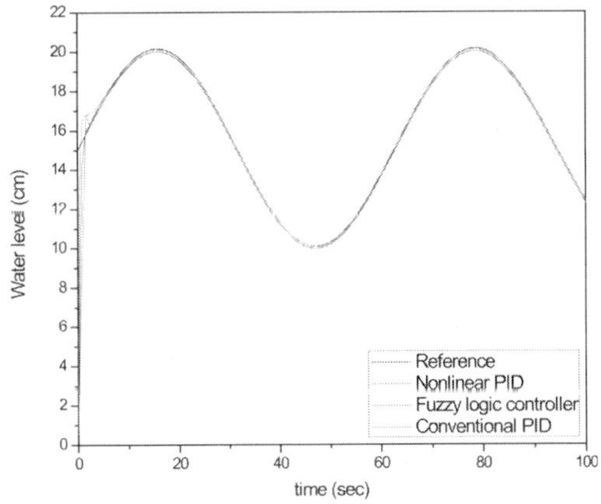

[그림10.18] Response of the system

[그림 10.19] Error of the system

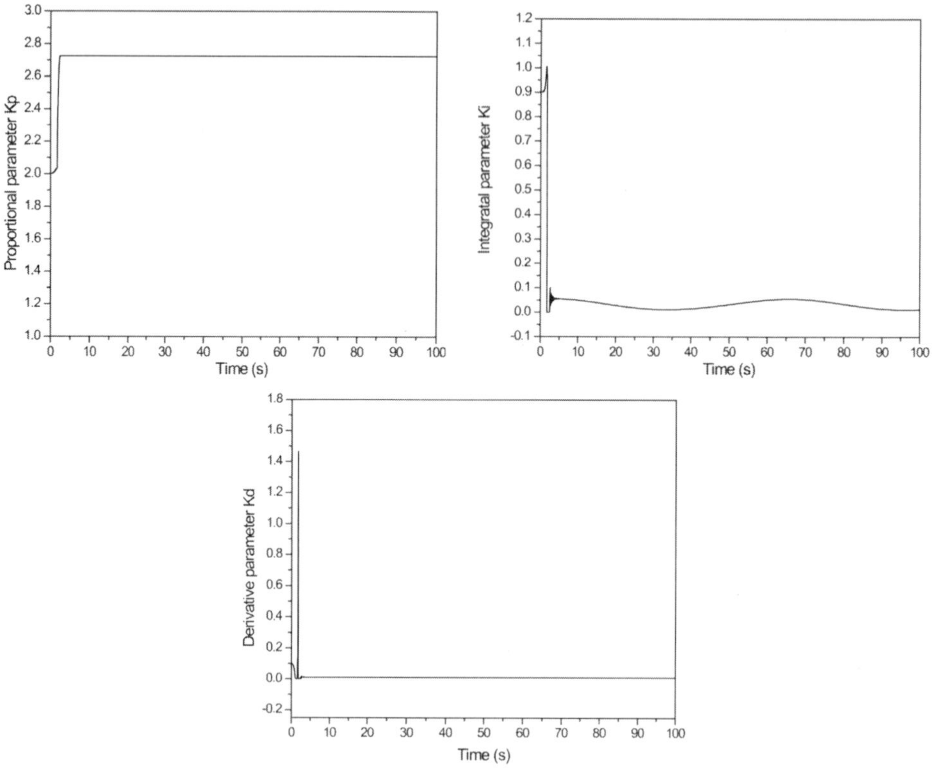

[그림 10.20] Controller parameters of nonlinear PID algorithm

5) 결론

본 연구에서는 신경망을 이용하여 비선형 PID 제어기의 게인을 실시간적으로 튜닝하여 기준궤적의 추종성능을 향상할 수 있음을 보였다. 제안된 제어 알고리즘은 수조의 높이를 제어하는 시스템에 적용되었다. 제안된 제어기는 일반 PID 제어기, Fuzzy 제어기와 성능을 비교하였는데, 제안된 제어기는 self tuning 능력이 있기 때문에 PID 나 fuzzy 제어기 보다 목표에 수렴하는 속도가 빠름을 알 수 있었다. 제안된 제어 알고리즘은 비교적 간단하고 계산시간도 많지 않기 때문에 비선형 특징을 갖는 시스템을 실시간 제어에 유용하게 적용될 수 있다. 아래 프로그램은 제안된 제어기의 MATLAB 코드이다.

```
%%% Nonlinear self tuning PID by using neural network code:
function [y, a, b, c] = fcn(p, I, d)
persistent  kp  ki  kd  sum

% Create  initial  value  of  PID
if isempty(kp)
   kp = 2 ;
   ki = 0.9 ;
   kd = 0.1 ;
   sum = 0
end

% Declare  the  variable
net_in1 = [0  0]' ;
nct_out1 = [0  0]' ;
d_f_hid = [0  0]' ;
net_in2 = 0 ;
nu_p = 0.01 ;  % Learning  rate  of  kp
nu_i = 0.01 ;  % Learning  rate  of  ki
nu_d = 0.01 ;  % Learning  rate  of  kd
Y = 0.5 ; % factor  of  output  function
out = 0 ;
sum = 0 ;
del = 1 ;
sum = p*kp+i*ki+d*kd;
out = 2*(1-exp(-1*sum*Y))/(Y*(1+exp(-sum*Y)));

% Update  PID  controller  parameter
kp=kp+nu_p*p*p*4*exp(-1*sum*Y)/(1+exp(-1*sum*Y))^2*del;
```

```
ifkp < 0
   kp = 0 ;
end
ki = ki+nu_i*p*i*4*exp(-1*sum*Y) / (1+exp(-1*sum*Y))^2*del;
ifki < 0
   ki = 0 ;
end
kd = kd+nu_d*p*d*4*exp(-1*sum*Y) / (1+exp(-1*sum*Y))^2*del;
ifkd < 0
   kd = 0 ;
end
%Output control signal
y = out ;
a = kp ;
b = ki ;
c = kd ;
```

찾아보기